KB042209

의사결정과
문제해결

박종구

Decision Making and Problem Solving

박영사

　　행정학의 '초점과 소재(focus and locus)' 문제는 학문으로서의 정체성 논쟁과 더불어 늘 관심과 논란의 대상이 되어왔다. 이 책은 행정학의 전통적인 '초점과 소재'의 범위에서 외연을 넓혀보고자 시도한 결과물이다. 우선 초점과 관련하여 '의사결정'의 문제는 행정행위를 둘러싸고 있는 핵심요소(H. Simon)임에도 불구하고 그동안 간과되거나 '정책결정'을 논하면서 같이 묶어 처리되어온 것이 사실이다. '문제해결'이라는 개념도 경영학이나 공학에서는 매우 보편적으로 사용되고 있고, 전공영역인 '관리과학(MS/OR)'과 맥을 같이 하는데도 행정학 교재에서는 매우 생경한 용어이다. 그러나 소위 4차산업혁명 시대의 핵심과제가 AI나 첨단 IT기술을 활용한 '창의적 문제해결'이라고 보면 행정학의 초점을 다시 조준하거나 확장해야 할 시점에 와 있다고 본다.

　　한편 행정학의 소재(locus)는 전통적인 정부 관료제에서 거버넌스 협치 이론의 영향으로 민간영역에까지 관심이 미치고 있지만 여전히 통치와 규제의 대상으로 인식되고 있거나, 시장과 민간부문의 다양한 조직과 기관들이 갖고 있는 특성이나 공공부문과 주고받는 상호 역동성에는 별로 주목하지 못하고 있다. 더구나 의사결정 주요 주체인 집단구성원 개개인의 심리상태나 그 변화과정과 영향요인에 대해서는 여전히 관심의 촉수가 제대로 닿지 않고 있는 실정이다. 정부와 민간영역의 상호의존성이 급격히 늘어나는 오늘날의 현실을 볼 때 이제는 행정학의 소재도 범위를 대폭 확장해야 본다고 생각하며 그런 뜻에서 이 책에서는 정부나 정책관련 분야뿐만 아니라 기업과 민간영역, 개인차원의 사례도 포함시켰다.

　　행정학을 가르쳐 오면서 강의실에서 느끼는 자괴감중의 하나는 대체로 학생들의 학습동기 수준이 일부를 제외하고는 상당히 낮다는 점이다. 그 이유 중의 하나는 행정학이 다루고 있는 소재와 초점이 자신들의 현재 삶이나 미래에 지향하는 방향과 너무 동떨어져 있다는 인식에서 비롯되고 있는 것 같다. 이는 행정학에서 다루고 있는 내용이 거의 '장관학'의 수준이라는 학계 안팎의 일부 비판과도 무관치 않으며, 자신의 현재 삶, 혹은 가까운 미래에 필요한 밀착된 내용이 아니라 막연한 먼 훗날의, 그것도 그 길을 걷게 될지 아닐지 확신하지도 못하는 상황에서 고위관료급에게나 필요한 거시담론이나 법제도와 이론 소개로 채워진 내용에 급격히 흥미를 잃는다는 점이다. 행정학의 큰 틀이나 실체를 제대로 파악하기도 전에 흥미를 잃어버리는 이러한 조로현상을 극복하고, 미래를 준비하는 젊은이들에게 보다 매력적인 전공으로 다가서기 위해서라도 행정학의 '초점과 소재'에 대한 심도 있는 고민이 필요한 시점이다. 곁들여 행정학의 교육방법과 교육목표도 많은 혁신이 필요하지만 여기서는 논의를 약하도록 한다. 다만 '학습자 주도'와 '공감과 협업과정을 통한 창의적 문제해결 역량'을 함양하는 방식으로 방법과 목표의 전환이 필요하다고 생각한다.

이 책은 크게 세 파트로 이루어져 있다. 제1편에서는 의사결정의 모형들을 다루고 있다. 주로 정부의 정책결정과 연계되거나 파생된 모형들이지만 가능하면 개인의 일상생활과 일반적인 조직 상황과 연결시키려고 노력하였다. 이를 통하여 의사결정을 바라보는, 혹은 설명하는 다양한 관점과 프레임에 관해 이해를 하고 이를 구체적 의사결정 상황에 적용할 수 있는 역량을 길러주기 위한 것이다.

제2편은 문제해결을 위한 관리기법을 다루고 있다. 의사결정의 모형들을 이해한 후 문제해결을 위한 분석적 기법들을 학습한다면 도움이 될 것이다. 이런 뜻에서 행정학과 경영학에서 다루고 있는 MS/OR에서 사용하는 분석기법들을 소개하였다. 분석기법이 지닌 속성상 수리적 접근방식이 포함되지만 필요한 최소의 영역으로 국한하였다. 이런 수리적 분석 훈련과정이 문제해결

과 의사결정에 도움을 줄 것임을 확신한다.

제3편에서는 '좋은 의사결정과 창의적 문제해결'이라는 '전통 행정학'에서 다루지 않는 다소 생경한 주제를 다루었으며 그 안에서 이미 공공실무나 경영현장에서 상당히 보편적으로 활용되고 있는 '디자인 씽킹', 'TRIZ' 등의 기법을 소개하였다.

이 책은 결국 의사결정에 관한 프레임의 이해와 문제해결을 위한 분석적이고 창의적인 접근방법에 대한 훈련을 위한 것이다. 이는 행정학을 포함한 사회과학도뿐만 아니라 전공에 관계없이 대학과정에서 쌓아야 할 중요한 덕목과 소양이라고 생각한다. 또한 늘 결정 장애로 고민하고 있는 일반인에게도 속 시원한 해답은 줄 수 없지만 해결의 실마리를 찾아가는 데 이 책이 일말의 도움은 줄 수도 있지 않을까 생각해 본다. 이 책의 내용은 독창적 산물이라기보다는 이미 정립된 기존의 이론과 선행연구의 결과물들을 사례와 함께 새롭게 정리하여 제시하고자 노력하였다. 하지만 처음 구상했던 내용과 수준의 절반도 제대로 구현하지 못한 아쉬움을 밝힌다.

별로 부지런하지 못한 성품에다 이런저런 대학보직 외도로 제대로 차분히 학문에 정진하지 못한 지난 시간이 아쉽다. '少年以老 學難成(소년은 쉬 늙고 학문은 이루기 어렵다)'이라는 옛 성현의 말씀이 새삼 폐부를 후비는 요즈음이다. 그런 아쉬움과 조바심에 많이 부족한 내용이지만 일단 세상에 내놓는다. 겸허하게 질정을 기다리며 내용의 보완을 다짐한다.

대부분의 한국대학 현실이기도 하지만, 더 이상 풀타임 대학원생 조교가 없는 인문사회계열 교수로서, 처음부터 끝까지 홀로 책을 준비하는 과정은 참으로 고통스러웠다. 많이 떨어진 집중력과 기억력과 사투하면서 부족하지만 결과물을 만들어냈다는 사실이 대견스러울(?) 정도이다. 물론 그러한 사정이

책 내용의 부실이나 내용상의 오류가 있다면 그에 대한 면책사유가 될 수 없음은 잘 알고 있다.

제작과정에서 대폭적인 체제변경과 몇 차례의 내용수정을 묵묵히 감내해준 전채린 과장님을 비롯한 박영사 편집진과 이영조 차장님께 감사를 전한다. 중간 단계에서 원고를 꼼꼼히 일독하며 내용상 문제점이나 체계상의 여러 소중한 의견을 제시해준 석사과정 때 조교 최윤정 박사에게 특별한 감사를 표한다(그가 조교로 있을 때 가장 연구생산성이 높았다). 약학대학원 과정 마지막 방학에 귀국했다가 참고문헌과 부록 자료정리를 도와준 막내딸에게도 고마움을 전하며, 별로 생산적이지 못하면서 분주하게 오가기만 했던 지난 세월을 묵묵히 함께해준 아내에게, 적당한 위로나 고마움의 표현을 찾기가 어려운데 대한 아쉬움을 전한다.

병상에서 삶의 마지막 과정을 외롭고 힘들게 통과하고 계시는 아버님께 부족하지만 이 책을 바친다. 녹녹치 않았던 생애를 통해 체득한 삶과 죽음에 대한 여러 통찰을, 오랜 시간 동안 무언의 눈빛으로, 몸짓으로 전해주셨다. 감사와 사랑을 이 책과 함께 바친다.

2019년 8월 불암산 자락에서
저자 씀

PART I 의사결정과 의사결정모형

의사결정과 문제해결 기법

<사례 목차>

의사결정과
의사결정모형

이 책은 의사결정과 문제해결의 제반 맥락을 살펴보고, 전반부에서는 의사결정에 관한 이론적 모형을 살펴본 다음, 후반부에서는 구체적인 의사결정과 문제해결에 대한 기법을 다루고 있다. 이 과정에서 다양한 의사결정 사례를 병행해서 살펴보면서 의사결정의 성공·실패 요인을 밝혀보도록 하였다. 이를 통해 본서의 궁극적 목표는 개인이나 조직, 국가적 차원에서 늘 봉착하는 의사결정과 문제해결 과정에 필요한 논리적 사고체계와 합리적 판단 능력을 배양하는 데 있다.

제I편은 의사결정과 의사결정 모형에 대해서 다룬다. 제1장에서는 의사결정의 중요성과 의의, 그리고 의사결정과 여러 가지 관련 개념들에 대해 살펴본다. 제2장은 범용적 의사결정 모형에 대한 논의로 여기에는 합리모형, 만족모형, 사이바네틱스모형, 점증모형, 그리고 혼합주사모형, 최적모형이 포함된다. 제3장에서는 정책결정을 포함한 집단적 의사결정모형인 회사(연합)모형, 조직모형, 쓰레기통모형과 공공선택론, 그리고 Allison 모형을 살펴본다.

01 서론

| 사례-1 | 희비교차의 결정적 모멘텀: Microsoft vs. IBM |

컴퓨터산업 초기에 세계적으로 절대적 강자였던 IBM이 개인용 컴퓨터 부문에서 몰락하고 무명의 마이크로소프트가 혜성처럼 등장하면서 시장을 장악하게 된 결정적 계기는 무엇일까? 단 한 번의 의사결정 때문이다.

개요: 1981년 빌 게이츠는 IBM에 MS-DOS의 사용권을 주는 대신 IBM으로부터 IBM을 제외한 모든 PC에 관한 사용권을 양도받았다. 이 계약은 마이크로소프트에게 엄청난 성공을 가져다주었지만 IBM에게는 결정적 추락의 계기가 되었다.

IBM은 1981년 자사 상표를 부착한 개인용 PC를 개발하면서 절대적 우위를 지키고 있었던 컴퓨터 본체 하드웨어에 집중하면서 컴퓨터 심장에 해당하는 마이크로 칩은 인텔로부터, 운영체제는 시애틀에 있는 잘 알려지지 않은 작은 회사로부터 공급받기로 한 것이다. 즉, 돈이 되는 컴퓨터 본체는 자신들이 만들고 '비핵심 분야'를 아웃소싱 함으로써 시간도 절약하고 수익성도 높이려고 했다. IBM은 자신들이 생산한 본체 없이 마이크로소프트 브랜드만으로는 별 의미가 없다고 확신했다. 그러나 빌 게이츠는 달랐다. 그는 컴퓨터의 미래는 하드웨어가 아닌 소프트웨어에 달려 있다고 판단했고 소프트웨어를 적용하는 데 일종의 표준이 필요할 것으로 예견했다. 빌 게이츠는 다른 회사로부터 불과 50달러에 사들인 Q-DOS를 MS-DOS로 이름을 바꾸어 이를 산업의 표준으로 정착시키게 되면서 엄청난 이익은 물론 업계를 평정하는 위치로 우뚝 서게 된 것이다. IBM의 개인용 컴퓨터는 출시하자마자 상업적으로 성공했다. 그러나 개인용 PC 판매에서 얻은 수익의 대부분을 두 하도급자에게 나누어 주어야 했다. IBM과 마이크로소프트의 최초 계약에 따라 IBM은

MS-DOS의 개발비용을 제공해야 했고 마이크로소프트만이 제3자에게 이 시스템의 사용권을 줄 수 있었다. 이것이 IBM이 쇠퇴하게 된 결정적 원인이 되었다. IBM은 10여 년 이상 다른 어떤 회사보다 컴퓨터를 많이 생산했으면서도 오히려 PC부분에서는 계속 적자를 보았고 돈을 벌어 독점적인 지위를 확보한 곳은 인텔과 마이크로소프트이다.

출처: Stuart Crainer, 「75가지 위대한 결정」. 2009, 더난출판사.

≫ 생각해보기

위의 사례를 살펴보면서 여러분들은 의사결정이란 무엇이라고 생각하며, 그 중에서 가장 중요한 요소는 무엇이라고 생각하는가? 또한 성공적인 의사결정과 실패한 의사결정을 만드는 차이는 무엇일까?

1절 의사결정이란?

"인생은 탄생(Birth)과 죽음(Death) 사이에 존재하는 선택(Choice)의 연속이다."

"우리가 한 결정이 바로 우리 자신이다(We are our choices)"
-Jean Paul Sartre

"천국이란 누구도 의사결정을 내릴 필요가 없는 그런 곳이다."
-Herbert Hoover 미국 31대 대통령

의사결정은 중요한 직책에 있는 사람들이 내리는 중대한 문제에 대한 결정을 의미할까? 답은 당연히 '그렇지 않다'이다. 사람은 살아가면서 끊임없이 모습과 생각도 변하고, 살아가는 환경도 계속 바뀐다. 그런 끊임없는 변화 속에서 인간은 늘 크고 작은 선택을 해야 하고, 자신의 선택에 대한 책임을 져야 한다. 지금 여기에서 바로 내가 선택하고, 내가 결정하고, 내가 책임지는 나의 삶을 '내가' 사는 것이다.

그런 의미에서 실존주의 철학자 사르트르는 인생은 탄생(birth)과 죽음(death) 사이에 존재하는 선택(choice)의 연속이라고 갈파했다. 그런데 문제는 이러한 선택이 만만치 않다는 점이다. 물론 자장면이냐, 짬뽕이냐 정도의 가벼운 선택도 있지만(그래도 항상 선택하지 않은 것에 대한 미련은 남는다) 많은 경우 선택의 기로에서 망설이게 되며 때로는 중압감으로 스트레스를 받기도 한다. 그래서 미국의 후버대통령은 오죽했으면 천국이란 곳은 아마 '결정을 내리지 않아도 되는 곳'으로 보지 않았을까?

개인이나 조직, 국가는 일상생활이나 업무수행에 필요한 의사결정을 끊임없이 내려야 한다. 우선 개인적 차원에서 보면 오늘 비올 확률이 30%라는 일기예보를 듣고 우산을 가지고 나갈까, 그냥 갈까를 고민하게 된다. 우산을 가지고 나갔는데 종일 비가 안 왔다면 맑은 날에 우산을 들고 다녀야 하는 불편함을 감수해야 하고, 만일 우산을 안 가지고 갔는데 갑자기 비가 내렸다면 옷이 젖을 위험을 감수해야 할 것이다. 여기서 우리는 우산을 들고 다니는 불편함보다 비에 젖는 당혹스런 상황을 피하고 싶다면 아침에 우산을 챙겨 나가게 될 것이다.

또한 오늘 점심에 무엇을 먹을까?라는 선택의 상황에서 어제는 무얼 먹었는데 맛이 있었다 또는 없었다는 경험적 정보와 현재 내 주머니 사정을 고려해 결정을 내리게 될 것이다. 이러한 일상적이고 소소한 결정이야 어떤 결과를 가져와도 큰 문제가 되지 않지만 직업이나 배우자 등 순간의 선택이 평생을 좌우하고 한 번 선택하면 바꾸기 어려운 중차대하고 장기적 결정은 이야기가 달라진다.

이는 조직이나 회사도 마찬가지이다. 수없이 생겨났다가 사라지는 기업을 통해 알 수 있듯이 한순간의 잘못된 판단에 의해 기업과 조직의 희비와 존

멸이 엇갈리기도 한다. 사업다각화를 통해 요즘 뜨고 있는 새로운 시장에 진입할 것인지 말 것인지, 새로운 제품을 개발할 것인지, 기존 제품의 성능과 품질을 업그레이드시킬 것인지, 시장출고는 언제하고 가격은 어떻게 정할 것인지, 새로운 기업인수합병을 도모할 것인지, 포기할지, 올해 신입사원 채용 규모는 얼마나 할 것인지 등등 기업의 성패나 존망과 결부된 크고 작은 의사결정을 내려야 한다.

이는 국가적 차원에서도 별반 다르지 않다. 역사적 흐름을 보더라도 한 국가의 흥망성쇠의 계기가 한순간의 의사결정(정책결정)과 밀접히 관련이 있는 경우가 많고 국가의 운영통치 행위자체가 의사결정과 관련되어 있다. 행정과 정책의 모든 영역이 결국 이 의사결정이라는 문제와 분리할 수 없다 볼 수 있다.

정부 차원에서 올해 공무원 급여는 몇% 인상할 것인가? 신규 고속전철의 노선은 어느 지역을 통과하게 할 것인가? 등 늘 크고 작은 의사결정 상황에 직면하고 있다.

저명한 행정학자 Michael Harmon과 Herbert Simon은 "행정은 공공의사결정과정"이라고 보고 있다. 구체적으로 Michael Harmon은 「행정을 위한 조직론(Organization Theory for Public Administration)」(1986)에서 행정에 대해

① 사람(주민, 시민, 국민)에게 영향을 미치고
② 공공의 이름으로 이루어진
③ 공공자원을 사용하는 의사결정을 다룬다.

라고 정의하였다. 즉, 행정의 가장 중심 구성요소는 의사결정이며 '의사결정은 행정행위의 주위를 맴도는 핵심'이라는 의미이다. 다시 말해 행정학의 각론 영역인 조직, 인사, 재무, 정책 등의 마지막 귀결점은 결국 의사결정의 문제라는 것이다. 경영학에서도 경영의 핵심적 가치를 의사결정이라고 보는 학자들이 많다. Des Dearlove는 「핵심 경영 의사결정(Key Management

Decisions)」(1998)에서 "의사결정은 경영의 핵심이며 의사결정 과정이 없는 경영은 진공상태와 같다"고 주장하고 있다.

이와 같이 의사결정은 일상의 사소한 일에서부터 개인이나 조직, 더 나아가 국가의 명운을 좌우할 수 있는 중요한 문제에까지 모든 문제에 대한 선택을 포괄한다. 그 한순간의 선택으로 인해 결정을 내린 주체는 소망하던 바람직한 결과를 얻기도 하지만 하루아침에 견딜 수 없는 후회와 몰락, 패망의 비참한 최후를 맞기도 한다. 동서고금의 역사를 통해 그러한 사례는 너무나 흔하게 접할 수 있다.

그러나 이렇게 중요한 의사결정이 정보의 홍수와 최첨단 IT시대에 살고 있는 현대인들에게 점점 더 어려운 문제로 인식되고 있다. 다음은 의사결정의 어려움을 가중시키는 요소들의 일부분을 열거하고 있다. 여러분들의 경우는 어떠한지를 한 번 체크해 보기 바란다.

참 고 읽 기

의사결정은 왜 점점 어려워지는가?

- **정보 과부화:** 의사결정과 관련된 정보들이 쏟아진다. 그러나 많은 정보가 서로 상반되고 신뢰도 역시 불확실하다.
- **급속한 변화와 증가하는 불확실성:** 계속 변화하는 목표에 대해 적응적인 결정을 내려야 한다. 오늘은 사실이었던 것이 내일은 허구가 될 수도 있다. 그로 인해 불확실성의 증가로 이제는 불연속성이 규범이 되었다.
- **전례 부족:** 참고할 만한 전례가 거의 없는 가상 조직과 같은 새로운 조직 모델 안에서 올바른 결정을 내려야 하고, 새로운 기술이나 AI, 가상화폐 등에 관한 결정을 내려야 한다.
- **더 잦아지는 결정:** 기존의 표준화된 작업 절차가 이제는 개인 고객이나 개인 공급자, 개인 파트너, 개별 제품, 개별 사례에 맞춘 의사결정들로 대체되었다.

- 더 보편화된 주요 결정: 오늘날과 같은 수평적인 조직 안에서는 많은 사람들이 잠재적으로 조직 전체의 운명에 영향을 줄 수 있는 많은 결정들을 내리고 있다. 이런 결정들은 이전에는 조직 내 최고위층에 의해서만 이루어졌던 것들이다.
- 상충하는 목표와 의사소통에서의 문제발생 증가: 단기적인 성과뿐만 아니라 장기적인 성과를 위해서도 미리 실험해 보고 '학습'해 두어야 한다. 물론 단기적 결과들이 아직 나오지 않은 상황에서 말이다. 또한 문제의 성격이 복합적이고 문제끼리 엉켜있는 상황에서 부서 중심주의와 단일 문제 해결 중심주의에 근거한 시각으로는 훌륭한 해결책을 마련할 수 없다.
- 실수의 정정 기회 감소와 위험 증가: 급변하는 일상 속에서 실수를 만회하고 신뢰를 재정립하기 위한 시간이 부족하다. 또한 승자가 모든 것을 갖는 사회에서는 승자들이 점점 소수가 될 수밖에 없다. 그리고 그런 승자들 속에 포함되지 못하면, 당연히 중심에서 밀려나는 자신을 발견하게 될 것이다.

출처: J. Edward Russo & P. j. H Schoemaker, 2010, 「이기는 결정」, 학지사, 22-23.

2절 의사결정의 분류와 구성요소

1. 의사결정의 분류

1) 의사결정의 주체: 개인적 의사결정론 vs. 집단적 의사결정론

의사결정주체가 '개인인가? 집단인가?'의 구분에 의한 분류이다. 개인적 의사결정은 '개인으로서의 의사결정자가 어떻게 의사결정을 하는가?'라는 문제에 초점을 맞추며 심리학적 의사결정론에서 많이 다루고 있다.

집단적 의사결정은 의사결정 참여자들이 집단적으로 상호 영향을 미치면서 의사결정을 하는 경우이다. 여러 사람이 동일 문제에 대한 결정을 놓고 의사소통, 협동, 타협, 협상, 대립하는 경우로, 집단의사결정은 개인이 아니라 집단적인 현상으로써의 의사결정을 연구하기 때문에 자연히 집단의 특성에 따라 각기 다른 이론이나 모형이 제시된다.

개인적 의사결정, 집단적 의사결정, 국가적 의사결정은 개인의 의사결정 논리와 동질적 속성을 공유하고 있는 경우도 많다. 특히 국가적 차원의 의사결정(정책결정)은 개인적 요소와 집단적 요소 모두 포함하고 있다고 볼 수 있다. 즉, 국가의 중요한 정책결정은 대통령이 최종결정을 하나 좀 경미한 사항은 주무장관, 차관이 결정하기도 하며(개인적 의사결정), 의회에서 다수결에 의한 정책결정을 할 때는 집단적 성격이나 개인의사결정 논리를 어느 정도 유추적용할 수 있다고 볼 수 있다. 집단적 의사결정의 경우도 사실상 몇몇의 개인 혹은 최고 권력자의 의중에 따라 실질적으로 결정되는 경우도 있다. 이러한 이유 때문에 개인의 의사결정 논리를 적용하여 정책결정을 설명하는 경우가 많다.

2) 의사결정의 내용: 정형적 vs. 비정형적 의사결정

의사결정은 그 내용에 따라 정형적 의사결정과 비정형적 의사결정으로 나눌 수 있다. 정형적 의사결정은 과거에 많이 다루어 왔던 문제와 내용에 관한 경우로 개인이나 조직의 경험 속에 이미 의사결정 절차나 해결책이 축적되어 있는 경우를 의미한다. 이 경우 과거 의사결정의 결과가 성공적이었다면 그에 입각한 정형적 결정을 내리면 될 것이다.

반면에 비정형적 의사결정은 의사결정자가 과거에 접하지 못한 새로운 유형의 문제에 대한 의사결정이다. 따라서 새로운 문제를 해결하기 위해서는 과거와 다른 새로운 접근이 필요할 것이다. 다른 조직이나 국가의 유사 사례를 찾아보든지, 기존의 방식들의 융합을 통해 새로운 대안을 모색하든지 등의 방법 등을 통해서이다.

3) 조직 계층 구조: 운영적 vs. 관리적 vs. 전략적 의사결정

(1) 운영적 의사결정

이는 조직의 하위 계층에서 담당하는 의사결정으로 주로 일상적인 조직운영과 관련된 의사결정을 말한다. 팀별 작업공정 순서를 점검하거나 재배정을 한다거나, 병가자에 대한 대체근무 할당을 어떻게 할지에 관한 결정 등은 일상에서 늘 일어나는, 운영적 차원의 결정이다.

(2) 관리적 의사결정

조직 중간계층의 관리자급에서 필요한 의사결정으로 단위부서 조직의 효율적 업무수행과 사업성과를 만들어 내는 데 필요한 의사결정을 의미한다. 인력과 예산의 배정 및 할당, 사업추진 방식의 결정, 인사고과 평정 등은 관리적 의사결정의 예라고 볼 수 있다.

(3) 전략적 의사결정

이는 조직의 최상층부에서 이루어지는 결정으로 주로 조직의 나아갈 방향과 목표설정과 관련이 있다. 조직의 강점과 약점, 그리고 외부환경의 변화추이를 바탕으로 과연 우리 조직은 무엇을 지향하며 어디로 나아가야 하는지에 대한 결정이다. 새로운 상품개발에 뛰어들 것인가? 기존 제품의 개선에 주력할 것인가? 적대적 기업인수를 할 것인가? 차세대 전투기 도입기종을 무엇으로 할 것인가? 등의 문제는 전략적인 의사결정이 필요한 예이다.

4) 대안의 수: 대안 선택적 vs. 가부 선택적 의사결정

의사결정의 대안의 성격과 관련하여 대안 선택적 의사결정과 가부 선택적 의사결정으로 구분할 수 있다. 대안 선택적 의사결정이라 함은 둘 이상의 사람, 사물, 행동 노선, 상황 대안 가운데 하나를 선택하는 것을 의미하며, 가부 선택적 의사결정이라 함은 특정 상황에서 제시된 하나의 대안에 대해 받아들일지 혹은 거부할지에 대한 의사결정을 의미한다.

2. 의사결정의 구성요소

의사결정이 이루어지기 위해서는 다음의 구성요소들이 필요하다.

1) 의사결정자(Decision maker)

의사결정을 내리는 주체가 개인인가, 집단(조직)인가, 국가인가에 따라 의사결정의 성격이나 내용이 달라질 수 있다.

2) 의사결정 정보(Information)

정보의 수준에 따라 완전 정보, 불완전 정보로 구분할 수 있고 불완전 정보도 자연상황(통제불가 요인)의 발생확률을 알고 있느냐에 따라 불확정적 상황하의 의사결정(Decision Making under Uncertainty)과 모험적 상황하의 의사결정(Decision Making under Risk)으로 분류할 수 있다.

위의 표에서처럼 의사결정을 위한 정보가 전혀 없다면 이는 정보획득을 위해 노력해야 하는 단계이고 완전한 정보가 갖추어졌다면 의사결정이 끝난 것이나 다름없기 때문에 의사결정 상황이라고 보지 않는다.

3) 대안(Alternatives)

의사결정자가 선택할 수 있는 대안을 의미하며, 여기에는 사람, 사물, 행동, 상황 등이 포함될 수 있다.

4) 의사결정 시기(Timing)

의사결정이 일어나는 시기를 의미하며 적기가 강조된다.

3절 정책결정, 전략적 의사결정, 문제해결과의 관계

1. 정책결정

정책결정이란 다양한 정의가 존재하나 일반적으로 바람직한 사회상태를 이룩하려는 정책목표와 이를 달성하기 위해 필요한 정책수단에 대하여 권위 있는 정부기관이 내리는 공식적인 결정」을 의미한다. 정책결정은 정책학이란 학문영역에서 주로 다루는데 정책학의 요체도 역시 의사결정으로 볼 수 있다. 다만 바람직한 결정 자체뿐 아니라 결정을 위한 정책형성과정, 집행, 평가, 그리고 정책결정과정에서의 참여자, 환경과의 교류성, 체제 등을 총괄적으로 다룬다. 즉, 정책과정 = 정책형성 + 정책결정 + 정책 집행 + 정책평가 + 정책환류를 포함하는데 정책 결정 분야에서의 의사결정도 국가차원에서의 의사결정주체가 국가라는 점 외에는 본질적으로 결국 의사결정의 한 분야로 볼 수 있다.

참 고 읽 기

공공의사(정책)결정의 특징

1. 합법적인 상황하에서의 협동적 집단 노력(group effort)의 과정 및 결과이다.

2. 중앙 및 하부정부조직과의 책임연계성을 가지며 그들의 상호관계에 의해서 영향을 받는다.

3. 정치적 과정 안에서 발생한다.

4. 이윤극대화를 목표로 하는 사기업 의사결정과는 여러 면에서 구별된다.

가. 공공부문은 국방, 교육, 보건 영역에서 보는 것처럼 조직규모가 크고 복잡성을 특징으로 한다. 또한 공공분야는 많은 경우 배분적 기능을 수행하는데 행동적 노력이 필요한 경우가 많다.

나. 공공조직은 대개 다목적 기능들(multiple objectives)을 수행하고 있다. 사기업은 이윤극대화가 유일한 목표인 반면 공조직은 대개 여러 가지의 목적을 동시에 수행한다.

예를 들어 교육의 경우 국민 전반적 교육수준의 향상도 중요한 목표이지만 특정분야에 적정인력수급도 중요한 목적의 하나이다. 고급인력만 과다 배출시 다양한 영역에 적정 인력 수급에 차질을 가져오게 된다. 즉, 목표의 상충성이 불가피한 측면이 있다.

다. 공공의사결정은 정치적 환경과 절연될 수 없다. (정치성)

공공의사결정을 둘러싼 사회 여론과 압력 및 이익단체의 압박 등으로부터 자유로울 수 없는 측면이 존재한다.

라. 사기업은 조직의 효율성을 평가 할 수 있는 준거기준(이윤)이 명확하나 대부분 공공서비스는 효율성, 효과성의 측정이 곤란한 경우가 많다.

출처: Nigro & Nigro., 「Modern Public Administration」, 1980, Harper & Row

2. 전략적 의사결정

전략적 의사결정은 대개 두 가지 의미로 사용된다. 첫째는 조직의 목표 달성과 나아갈 방향 설정과 관련 조직상층부의 의사결정은 대개 전략적인 성격을 띠는데 이를 전략적 의사결정이라고 한다. 이 전략적 의사결정은 외부환경과 조직내부의 진단을 필수요소로 하는데 이를 통해 조직내부의 강점과 약점, 외부환경의 우호적 기회와 위협적 요인을 밝혀 의사결정에 반영하기 위함이다. 이를 보통 SWOT(Strength, Weakness, Opportunity, Threat) 분석이라고 한다.

〈표 1〉 SWOT전략

구분		외부환경	
		기회적 요인(O)	위협적 요인(T)
조직내부	강점(S)	SO전략	ST전략
	약점(W)	WO전략	WT전략

조직내부의 강약점과 외부환경의 기회·위기 요인이 결합하여 SO, ST, WO, WT 상황에 적합한 전략이 도출될 수 있으며, 이를 전략적 의사결정이라고 한다. 이는 조직이나 국가적 차원에서 적용될 수 있으나 개인차원의 의사결정에도 당연히 적용될 수 있다. 예를 들어 본인의 취업전략을 설정하는데 있어 본인의 강점과 약점을 잘 알고, 본인을 둘러싼 외부환경(전공과 관련한 전망, 취업시장 현황 등)을 잘 분석한다면 훌륭한 의사결정 전략들을 개발할 수 있을 것이다.

또 다른 의미의 전략적 의사결정이란 일반적인 의사결정 과정을 보다 전략적으로 접근하자는 것이다. 이를 위해서는 의사결정의 결과로 얻고자 원하는 목표를 명확히 정의하여 설정하고 목표달성을 위한 대안들과 이를 비교평가할 수 있는 충분한 정보를 확보하여 최선의 대안을 선택하는 과정을 의미한다. 여기서 중요한 것은 문제의 인지와 목표설정에서부터 최종 대안의 선택과정까지를 관장할 수 있는 '전략적 틀(strategic frame)'의 설정 여부이며, 이는 일상적 의사결정과 구별되는 점이라고 볼 수 있다. 이러한 전략적 틀은 의사결정을 위한 결정, 혹은 앞으로 살펴볼 존 듀이의 '상위틀(meta-frame)'과 같은 맥락의 개념으로 볼 수 있다.

3. 문제해결(Problem Solving)

1) 의사결정과 문제해결

　　의사결정과 문제해결은 상당부분 중첩된 영역과 공통적 속성을 지니고 있다. 많은 경우, 의사결정이란 개인이나 조직이 봉착하고 있는 문제에 대한 해결을 위한 과정이다. 그러나 아래에 몇 가지 예에서 살펴볼 수 있듯이 문제해결은 꼭 일반적인 의미의 의사결정 과정을 포함하지 않을 때도 많다. 말 그대로 당면한 문제에 대한 해답(solution)을 찾는 과정일 경우도 많기 때문이다. 또한 경우에 따라서는 궁극적인 문제해결을 위해 중간에 대안을 선택하는 의사결정과정이 필요한 경우도 있다. 이와 같이 의사결정과 문제해결은 상당부분 공통적인 속성을 지니고 있으나 어느 개념이 다른 개념을 포괄하는 상위개념이라고 보기 어렵다.

　　다음과 같은 문제는 해결을 위한 답을 찾는 과정이지만 **문제4)** 같은 경우는 의사결정 속성을 포함하고 있다고 볼 수 있다.

　문제 1 연속되는 4개 직선으로 9개 점 연결하기(John Adair, 2008)

백지 위에 아래와 같은 9개의 점을 정사각형 형태에 맞추어 그린다. 그런 다음 4개의 이어지는 직선을 그어 9개의 점을 연결하는 문제이며 이때 펜이 종이에서 떨어져서는 안 된다. (제한시간 3분)

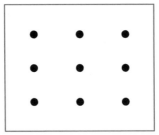

문제 2 6개의 성냥개비로 4개의 정사각형 만들기(John Adair, 2008)

6개의 성냥개비(없다면 같은 길이의 이쑤시개, 나무젓가락 등도 가능)를 이용하여 정삼각형 4개를 만든다. 단 성냥개비를 부러뜨려서는 안 된다. (제한시간 3분)

문제 3 낙타 유산 분배하기

아랍의 유목민이 낙타 17마리를 유산으로 세 아들에게 남기면서 큰 아들은 1/2, 둘째 아들은 1/3, 셋째 아들은 1/9 이상씩 나누어 가지기를 원했다. 어떻게 분배해야 할까? 단 낙타를 죽여 나눠 가질 수는 없다. (제한시간 5분)

문제 4 호랑이 음식 공급문제

○○대공원이 경영난으로 인해 예산삭감을 발표했다. ○○대공원 호랑이 사육부장도 예산삭감방침에 따라 호랑이들에게 제공하던 음식관련 예산도 감축하려고 한다. 메뉴의 변경은 하지 않고 기존에 제공하던 뼛가루 반죽과 고기메뉴를 그대로 제공하는 대신에 호랑이들이 예민해지지 않게 하기 위해서 기본적인 1일 영양필요량인 단백질 500단위와 탄수화물 960단위는 충족시켜야 하고, 예산문제 때문에 필요이상의 음식은 공급 중단하기로 했다. 또한, 급격하게 음식의 양이 줄어들면 호랑이들이 스트레스를 받기 때문에 1일 최소 6kg의 음식물을 제공해야 한다. 이러한 조건들을 만족시키면서 호랑이들의 식대를 최소화하려면 각각의 음식을 얼마나 제공해야 하는가?

위의 예제에서 보는 바와 같이 문제는 다양한 내용과 형식, 수준상에서 존재한다. 문제1, 2와 같은 경우는 일상에서 재미로 테스트해 보는 퀴즈 수준이며, 문제3은 옛날부터 전래되어 오는 문제해결 능력을 측정하는 경우이다. 문제4는 현대 경영이나 행정에서 봉착하는 보다 복잡한 문제로 이를 해결하기 위해서는 일반적인 상식수준에서 접근하면 어렵기 때문에 보다 체계적이고 과학적 접근방식과 해결능력을 요구한다.

문제의 해: 고정관념 부수기(사고 틀의 유연화)

문제해결이 쉽지 않는 많은 이유 중의 하나가 고정관념에 사로잡혀 있거나 지금까지의 '사고의 틀'을 벗어나지 못하기 때문이다. 앞의 문제들 중 1번은 생활퀴즈 수준인데도 어려움을 겪는 이유는, 바로 작은 점들 주변에 무의식적인 또는 눈에 보이지 않는 틀을 짜놓고 그 안에서만 문제를 풀려고 했기 때문이다. 스스로 설정한 틀과 한계를 벗어날 때 비로소 해결의 실마리를 찾을 수 있다.

문제 1 연속선 4개 연결하기(보이지 않는 틀과 해답)

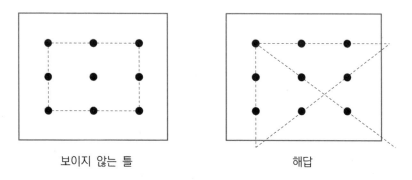

보이지 않는 틀   해답

문제 2 성냥개비 6개로 정삼각형 4개 만들기

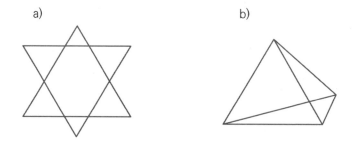

a)   b)

문제 2번의 경우 a답은 정답으로 볼 수 없는데 그 이유는 정삼각형의 숫자가 4개가 넘기 때문이다. 정답 b를 찾기 어려운 이유는 앞의 경우와 마찬가지로 평면상에서 문제의 해를 찾으려는 고정관념에 사로잡히기 때문이다.

문제 3 17마리 낙타 유산 나누기

이는 탈무드에 나오는 이야기로 아들들은 아무리 궁리를 해봐도 부친의 유언대로 나눌 수 있는 방법을 찾지 못하고 끙끙대고 있는데 지나가던 현자가 아주 쉽게 문제를 해결해 주었다. 그는 자기가 타고 가던 낙타 한 마리를 보태 18마리를 만든 후, 첫째 아들에게는 1/2인 9마리를, 둘째 아들에게 1/3인 6마리를, 셋째 아들에게는 1/9인 2마리를 나누어준 후 남은 1마리를 다시 자기가 돌려받아 타고 떠났다는 이야기이다. 한 마리만 더해 생각하면 쉽게 해결할 수 있는데 고정관념에 벗어나지 못해 문제해결이 어려웠던 것이다.

문제 4 호랑이 식대 삭감 문제

이는 앞의 문제들처럼 생활의 지혜를 동원하거나 상식의 틀을 깬다고 해서 해결할 수 있는 문제가 아니다. 호랑이 음식물 공급을 예산범위 내에서 합리화해야 하는 현실적인 문제를 놓고 비용최소화를 위한 목적함수를 설정한 후, 영양가, 음식물 양, 비용 등의 제약조건을 역시 수식으로 설정하여 궁극적으로 최적해를 찾아가는 선형계획법을 통해 해답을 찾을 수 있다. 이 책의 후반부에 문제해결 기법의 하나로 선형계획법을 다루는데 그 부문에서 답을 구할 수 있을 것이다.

4절 의사결정 모형

1. 의사결정 모형이란?

의사결정 현상을 설명하기 위해, 혹은 의사결정 절차를 가이드하기 위한 다양한 이론적 모형(theoretical model)이 존재한다. 건축물을 지을 때 미리 축소된 모형을 만들어 완성된 모습의 이해를 돕는 것처럼 우리는 모형을 통해 현실세계에 대한 이해를 높일 수 있다. 이러한 모형들이 구체적 현실에 대한 설명력이나 적합성이 높을 때 '이론(theory)'으로 승격될 가능성이 높다고 볼 수 있다. 보통 학술적인 의미에서 모형(model)이라 함은 '현실 세계에 대한 개념적 압축(conceptual abstract of reality)'이라고 정의할 수 있다.

현실세계는 복잡계이며 다양한 행동주체가 등장하고 또한 여기에는 그들 사이의 경쟁과 상호작용, 그리고 시시각각 변하는 주변 환경과의 교류를 통해 변화무쌍한 현상을 만들어낸다. 이러한 현상을 설명하기 위한 의사결정 모형은 의사결정 현상을 어떤 프레임으로 바라보느냐의 문제와 관련이 있다. 모든 현상을 완벽하게 설명해 줄 수 있는 모형이란 현실적으로 존재하지 않으나 동일 현상을 어떤 프레임을 통해 보느냐에 따라 현상에 대한 설명과 그 내용이 달라질 수 있다. 이는 우리가 원형, 혹은 삼각형이나 사각형의 틀로 볼 때, 혹은 다른 색깔의 안경을 통해 볼 때 사물의 모양이나 색깔이 다르게 보이는 것과 마찬가지 이치로 볼 수 있다. 그래서 사물이나 현상을 이해하는 데 어떠한 틀로 바라볼 것인가의 문제는 의사결정 모형뿐만 아니라 학문연마나 현실적인 삶을 사는 데에도 매우 중요한 문제이다.

〈표 2〉 고객불만에 대한 상이한 사고의 틀의 예

	프레임 I	프레임 II
구매 행위	교류 행위	관계 형성
고객의 불평	잠재적 소송	회사 이미지 정보 제공자
협상	경쟁: 승리-패배	협동적 문제 해결: 승리-승리
경쟁자	고객을 빼앗아가려는 사람이나 조직	이득을 빼앗아가려는 사람이나 조직
시간	유한자원, 무한자원	무한자원: 관계 형성의 기초
훈련	비용	투자
업무 집단	잘 운행되는 기계의 부품	스포츠 팀
조직	계약들의 집합체	사람들의 공동체

출처: J. Edward Russo & P. j. H Schoemaker, 2010, 「이기는 결정」, 학지사.

표로 정리된 위의 예에서 보듯이 프레임 I과 II는 동일한 경제행위에 대해 완전히 상반된 사고의 틀을 보여주고 있다. 예를 들어 고객의 불평에 대해 프레임 I에서는 잠재적 소송거리로 보는 데 비해 프레임 II는 회사 이미지의 간과했던 한 부분에 대한 정보를 제공하고 있다고 보는 것이다. 이러한 상이한 틀에 따라 향후 대처방식이나 그 결과는 판이하게 다르게 나타날 것이다.

이와 같이 해결해야 할 문제나 의사결정에 대해 어떤 틀로 바라보느냐에 따라 상당히 다른 의사결정의 결과를 가져올 수 있다. 이러한 사고의 틀은 다음에서 살펴볼 의사결정 모형과도 밀접히 연관되어 있다.

2. 의사결정 모형의 유형

의사결정 현상을 설명하는 모형들은 의사결정자를 바라보는 인간관에 따라 합리모형과 인지모형으로 구분할 수 있고, 의사결정을 연구하는 목적에 따라 규범론과 실증론, 의사결정 주체에 따라 개인모형과 집단모형으로 나눌 수 있다. 이외에도 다양한 분류방식과 이에 따른 모형들이 존재한다.

1) 인간관에 의한 구분: 합리모형 vs. 인지모형

(1) 합리모형(Rational Model)

합리모형은 의사결정자가 최선의 결과를 기대할 때 의사결정 과정에서 따라야 할 논리나 절차를 밝히는 모형으로서 의사결정자가 목표달성의 극대화 또는 문제해결의 최적화를 구하는 것을 목표로 한다. 이때 의사결정자는 의사결정에 필요한 완전한 정보를 획득할 수 있고, 망라적으로 대안을 찾아낼 수 있으며, 이들 대안을 비교평가하기 위한 충분한 지적 능력과 시간 등을 가지고 있다고 가정한다. 이러한 전지전능에 가까운 인간형은 고전경제학 성립의 기초가 된 '경제인(economic man)'이라고 볼 수 있다.

이러한 기본 가정하에 가장 바람직한 결과를 얻기 위해서 의사결정자가 따라야 할 규범적 절차를 제시한 것이 합리모형으로 볼 수 있다. 규범적(normative)인 동시에 처방적(prescriptive) 성격을 지닌다.

(2) 인지모형(Cognitive Model)

심리학의 인간 인지과정을 배경으로 제시된 인지 모형은 기본적으로 인간의 능력에는 한계가 있기 때문에 합리모형에서와 같은 모든 요소를 고려한 전지전능에 가까운 의사결정은 이루어질 수 없다고 본다. 즉, 현실의 의사결정자는 완벽한 지적 능력을 지니고 있지도 않으며 대안도 망라적으로 찾아낼 수 없고, 대안을 비교분석할 정보나 시간도 충분치 않다고 본다. 실제 의사결정이 일어나는 현장을 보면 대부분의 결정이 합리모형에서처럼 합리적으로 이루어지지 않는다는 실증적 측면을 강조하고 있다. 또한 기술적(descriptive), 경험적(empirical) 특성을 지니고 있다.

Herbert Simon의 만족모형과 Simon & March의 조직 모형, 그리고 Simon & March & Cyert의 회사모형 등이 인지모형으로 분류될 수 있다.

2) 연구목적: 규범론과 실증론

(1) 규범론(Normative Model)

일반적으로 규범론이라 함은 '무엇이 바람직한 것이며 이를 위해 무엇을 어떻게 해야 하는가?'에 관한 모형이라고 볼 수 있다. 즉, 규범론은 당위의 세계(ought to, sollen)를 다루며, 바람직한 목표가 이미 결정되어 있다면 목표달성을 위한 최선의 수단 선택에 초점을 맞춘다. 이런 의미에서 처방적(prescriptive) 모형이라고 볼 수 있다. 합리모형이 가장 대표적인 규범모형이며 Dror의 최적모형, 점증주의 모형도 어느 정도 규범적 성격을 지니고 있다.

(2) 실증론(Positive Model)

실증론은 실제 현실에서 발생하고 있는 현상을 기술(describe)하고 설명(explain)하는 목적의 이론으로 의사결정 모형 중 인지모형이 여기에 속한다. 실제 현실세계에서 무엇이 어떻게 되어가고 있는지를(sein, being) 보여주는 이론이라고 말할 수 있다. 경험에 의해서 현상을 파악하고 파악된 현상으로 모형의 타당성을 검증하는 성격을 지닌다. 만족모형, 조직모형, 회사모형 등이 여기에 속한다.

3) 결정주체: 개인 vs. 집단

(1) 개인적 의사결정론

개인의 의사결정을 연구의 대상으로 하는 경우이다. 즉, '개인으로서 의사결정자가 어떻게 의사결정을 하는가?'라는 문제에 초점을 맞추며 심리학적 의사결정론에서 많이 다루고 있다. Herbert Simon의 인지과정론(cognitive process)이 가장 널리 알려져 있는데(만족모형) Simon은 문제해결 측면에서 개인의 의사결정을 설명하고 있다(Cybernetics모형).

(2) 집단적 의사결정론

집단적 의사결정론은 의사결정자가 집단적으로 상호영향을 미치면서 의사결정을 하는 경우이다. 여러 사람이 동일 문제에 대한 결정을 놓고 협동, 타협, 협상, 대립하는 경우이다. 집단의사결정은 개인이 아니라 집단적인 현상으로서의 의사결정을 연구하기 때문에 자연히 집단의 특성에 따라 각기 다른 이론이나 모형이 제시된다. March & Simon의 조직 모형, March & Cyert의 회사모형, 쓰레기통 모형 등이 여기에 속한다.

4) 제 유형들의 관계와 모형구분

〈표 3〉 모형의 분류

	규범적	실증적
합리적	ⓐ 합리모형, 최적모형 의사결정기준이론 비용편익(효과)분석	ⓑ 공공선택론, 게임이론
인지적	ⓒ 점증주의, 만족모형	ⓓ 만족모형, 조직모형 회사모형, 점증주의

(1) 합리모형 그룹(A와 B)

의사결정자는 자신의 효용극대화를 위해 노력하며, 완벽한 수준의 합리성을 지니고 있다고 가정하고 있다.

- 합리규범모형(A): 인간이 합리적인 의사결정을 하려면 '이렇게 해야 한다'는 논리를 제시하는 게 주목적이다. MS/OR 모델들이 이에 속하며, 주로 분석적 논리나 기법을 이용한다.
- 합리실증모형(B): 의사결정자가 합리적인 결정을 한다고 전제하면 '결과적으로 특정한 현상이나 결과가 나타날 것'이라고 예측하

려는 의도를 지닌 모형으로 주로 경제학에서 많이 이용한다. 즉, 이 모형들은 특정한 현상이 나타나게 된 원인을 인간이 합리적인 의사결정을 하기 때문인 것으로 설명한다. 예를 들어 특정 상품의 가격은 수요가 공급을 초과하면 상승하고, 반대로 공급이 수요를 초과하면 가격하락이 일어난다는 논리이다. 가격이론, 게임이론, 공공선택론, 공공재(public goods) 이론 등이 이에 속한다. 그러나 합리모형에서는 규범적, 실증적 양자의 구분이 모호한 경우도 많으며, 합리모형의 어느 것이나 A와 B의 성격을 어느 정도 동시에 지니고 있다.

(2) 인지모형 그룹(C와 D)

인간의 능력은 합리주의에서의 가정처럼 전지전능하지 않다고 보며 주로 실증적, 경험적으로 접근하려는 특성을 지니고 있다.

- 인지규범모형(C): Lindblom의 점증주의를 들 수 있으나 점증주의는 실증적 측면도 내포하고 있다.
- 인지실증모형(D): Simon의 행태론적 의사결정론, Simon의 만족모형, Simon & March의 조직모형, March와 Cyert의 회사모형 등이 이에 속한다.

Simon의 만족모형은 의사결정자가 최선의 해결책을 탐구하기보다는 만족할 만한 대안을 발견하면 의사결정을 끝낸다는 점에서 의사결정을 현실적으로 기술하고 있다. 바꾸어 생각해 보면 제약된 능력을 지닌 인간에 의해서 현실적으로 이루어지는 의사결정을 설명하는 데 그치지 않고 '이러한 인간의 제한적 능력을 전제로 하여 바람직한 의사결정을 위한 논리를 전개해야 한다'라고 주장하고 있다는 측면에서 규범적 측면도 가지고 있다고 보는 것이다.

1. 의사결정은 일상의 사소한 일뿐 아니라 개인이나 조직, 더 나아가 국가의 명운을 좌우할 수 있는 중요한 문제에 대한 선택을 포괄하는 개념이며, 그 선택으로 인해 긍정적이거나 부정적인 결과를 가져오게 된다. 그러므로 선택을 하기 전에 의사결정의 속성을 이해하는 것이 매우 중요하다.

2. 의사결정이 이루어지기 위해서는 의사결정자, 의사결정정보, 대안, 의사결정 시기의 구성요소를 고려하여야 한다.

3. 전략적인 의사결정을 하기 위해서는 SWOT(Strength, Weakness, Opportunity, Threat) 분석을 통해 부합하는 전략을 세우는 것이 중요하다.

4. 문제해결을 합리적으로 하기 위해서는 창의적인 접근, 즉 사고의 틀을 유연화하는 것이 필요하다. 또한 수직적 사고 기법을 적용했을 때 나타나는 고정관념을 버리게 됨으로써 문제의 해결책에 대한 접근이 용이하다.

5. 의사결정 모형이란 의사결정 현상을 개념적으로 압축한 것으로 현실을 기술하거나 설명하기 위한 도구이다. 의사결정자의 합리성 정도에 따라 합리모형과 인지모형으로 구분할 수 있고, 연구목적에 따라 규범모형과 실증모형으로 나눌 수 있다.

01 의사결정에 관한 다음의 기술 중 잘못된 것은?

① 의사결정은 바람직한 결과를 가져오기 위한 선택의 행위이다.

② 의사결정은 조직의 책임이 있는 사람이 내리는 권위 있는 결정이다.

③ 의사결정자가 원하는 결과 상태를 마음속에 가지고 있다면 의사결정이 끝난 상태라고 보며 의사결정상황이라고 보지 않는다.

④ Michael Harmon은 행정행위의 가장 중요한 핵심은 의사결정이라고 보았다.

02 다음 중 의사결정의 구성요소가 아닌 것은?

① 의사결정자

② 대안

③ 완전정보

④ 의사결정 시기

03 전략적 의사결정과 문제해결에 대해 바르게 기술한 것은?

① 전략적 의사결정은 조직 상층부의 의사결정을 의미한다.

② 전략적 의사결정은 조직의 환경보다는 내부여건을 보다 충분히 고려하여야 한다.

③ 문제해결은 의사결정의 상위개념이다.

④ 창의적 문제해결을 위해서는 '사고의 틀'을 유연하게 가져야 한다.

정답 01 ② 02 ③ 03 ④

04 창의적 문제해결을 하기 위한 방법으로 바르지 않은 것은?

① 사고의 틀을 유연하게 한다.

② 수직적 사고를 한다.

③ 수평적 사고를 한다.

④ 고정관념을 버린다.

05 수평적 사고에 대한 설명으로 바르지 않은 것은?

① 수평적 사고는 무엇이 다른지 찾는다.

② 신중히 고려해 한 번에 한 단계씩 사고의 단계를 넘는다.

③ 뜻밖의 기회를 적극 활용한다.

④ 전혀 아닐 것 같은 방향을 탐구한다.

정답   04 ②   05 ②

02 범용적 의사결정 모형

이 장에서 다루는 의사결정 모형은 개인이나 조직적 상황, 더 나아가 국가의 정책결정 상황에도 적용이 가능한 범용적 의사결정 모형들이다. 이런 면에서 다음 장에서 살펴볼 집단적 의사결정 상황에만 배타적으로 적용되는 모형들과 구별된다.

1절 합리모형(Rational Model)

사례-2 KTX 경부고속철도 차량기종선정

1992년 새로이 출범한 김영삼 정부는 전임 6공화국 시절에 착수한 대형 국책사업의 마무리 책임을 떠안고 있었다. 대표적인 사안이 이동통신 사업자 선정과 경부고속 전철의 기종선정 사업이었다. 그중 고속철도 기종선정은 무려 2조에 가까운 단군 이래 최대 국책사업이란 점에서 최종 기종선정의 향방에 대해 전임정부 시절부터 무성한 이야기들이 쏟아져 나왔다. 또한 입찰에 응한 회사가 독일, 프랑스, 일본 3개 회사로 선진기술 수준 과시와 각국의 자존심까지 겹쳐 치열한 외교전까지 벌어지고 있었다. 수차례 입찰사 심사 끝에 일본의 신간센은 탈락하고 최종적으로 프랑스 알스톰사의 TGV와 독일 지멘스사의 ICE가 남게 되었다. 1992년 6월에 있은 6차 수정제의서에서 정부는 무려 138개의 최종기종 평가기준을 밝혔다.

≫ 생각해보기

여러분이 고속전철 기종선정 평가책임자라면 어떠한 기준들을 가장 우선적으로 고려했을까? 가장 중요하다고 생각하는 기준을 순서대로 3개를 나열하고, 그 근거를 제시하시오. 그리고 어떤 절차에 의해 최종적인 결정을 내려야 할까?

1. 서론

합리모형은 고전경제학의 기반이 되는 모형으로 자기효용의 극대화를 위해 노력하는 합리적 인간관을 전제로 제시된 의사결정 모형이다. 주로 경제학과 정책학, 관리과학(MS)에서 사용되는 모형으로서 게임이론(서양장기, 과점기업들의 생산량조정), 통계적 결정이론, 가격이론, 사회후생경제학(Social Welfare Economics)등의 총체적 분석(comprehensive analysis), 공공선택론(Public Choice Model) 등이 합리모형을 근간으로 하여 전개되어 왔다.

합리모형은 설정된 목표달성과 관련하여 바람직한 결과를 얻기 위해 따라야 할 의사결정의 절차와 과정을 제시한 규범적 성격의 모형이며 이후 전개되는 다양한 대안적 의사결정 모형들의 비판적 출발점이 되고 있다. 흔히 일반적으로 의사결정 과정을 언급할 때 암묵적으로 합리모형을 전제로 하듯이 합리모형은 의사결정의 원형(prototype)이라고 볼 수 있으며. 이로부터 사회과학의 다양한 영역에 이론적 토대를 형성하는 데 중요한 영향을 끼쳐왔다.

2. 합리모형의 전제와 인간관

1) 의사결정자는 완벽에 가까운 지적능력을 구비하고 있다.
   ① 의사결정자는 달성해야 할 목표달성과 관련된 대안들의 망라적으로 탐색할 수 있다.
   ② 각 대안들의 결과 상황에 대한 정보를 충분히 얻을 수 있다.
   ③ 각 대안들을 비교·평가할 수 있는 지적 능력을 갖추고 있다.

2) 대안탐색, 결과정보, 수집 및 분석, 그리고 비교평가에 필요한 충분한 시간적 여유가 있다.

3) 자신의 효용극대화를 위해 노력하는 자기중심적(Self-Interested) 인간으로 자신의 선호도를 정확히 파악 할 수 있다고 본다. 이는 경제학에서 '경제인(Economic-Man)'으로 불리며 일종의 완벽한 이성인을 의미한다고 볼 수 있다.

3. 합리모형의 의사결정 절차

1) 목표설정(Goal Setting)

의사결정의 출발점은 문제를 확인하고, 이를 명확히 하여 정의를 내리고, 달성해야 할 목표를 설정하는 것이다. 목표달성을 위해서는 우선 해결해야 할 문제를 확인하고(identify problem) 명확히 인식하는 것 (clarifying problem)이 필요하다. 즉, 문제정의가 명확할 때 비로소 바른 방향의 목표설정(goal setting)이 이루어질 수 있기 때문이다. 보통 문제인식, 의제설정 또는 문제정의(problem definition)를 거쳐 목표설정이 이루어진다.

의사결정단계에서 문제의 정의는 의사결정의 내용과 방향을 어느 정도 규정하게 된다고 볼 수 있다. 이는 문제의 해결을 위한 치료적 목표의 경우 해결할 목표를 명확히 하면 바로 의사결정 목표를 결정하는 것과 동일하다고 볼 수 있기 때문이다. Wineberry는 문제정의는 스스로의 정의 속에 자신의 해결책을 어느 정도 내포하고 있다고 보고 있는데, 예를 들어 날이 갈수록 미세먼지 문제가 심각해지고 있고 그중에서도 중국으로부터 유입되는 오염물질의 비중이 가장 크다고 인식한다면 중국과의 외교적 협상이나 공동 대응노력 강구가 중요한 해결책의 방향이 될 것이다.

그렇지 않고 국내 발생 오염물질이 더 비중이 크다고 인식한다면 저감조치를 위한 노력이 먼저 선행되어야 할 것이다.

한편, 목표에는 문제해결을 위한 소극적, 치료적 목표가 있고, 새로운 것을 창조하려는 적극적, 창조적 목표도 있을 수 있다. 바람직한 목표설정을 위해서는 문제의 올바른 핵심 파악(문제의 정의)이 무엇보다 중요하고, 그 다음으로 문제해결의 가능성을 검토(feasibility) 해야 한다. 아무리 옳은 방향으로 문제를 파악했다 하더라도 문제해결 가능성이 거의 없다면 이는 목표로서 무의미하기 때문이다. 그 다음, 목표의 우선순위 및 달성수준을 결정해야 한다.

2) 대안 탐색(Searching Alternatives)

목표설정이 끝나면 문제해결이나 목표달성을 위한 대안들을 망라적으로 탐색해야 한다. 만일 선택할 수 있는 대안이 하나 밖에 없다면 이는 의사결정이 끝난 상태로 볼 수 있다. 즉, 둘 이상의 대안이 존재할 때 의사결정론적 상황으로 의미가 있다고 볼 수 있다.

대안을 탐색하는 방법으로는 문헌이나 인터넷 등을 통한 선행사례나 다른 조직, 다른 국가에서 사용하여 성공한 경험이 있는 사례, 이들 사례들 간의 조합 등을 통해 만들어낼 수 있고 브레인스토밍 등의 기법을 사용하여 보다 창의적 탐색을 시도할 수 있다.

여기서 총체적 합리주의(comprehensive rationalism)의 경우 대안의 탐색을 망라적으로 할 것을 요구한다. 즉, 이론적으로 목표달성과 관련이 있는 대안을 빠짐없이 찾아낼 것을 요구하나 현실적으로 이루어지기 어려운 일이다. 또한 비판론자들의 지적처럼 어디까지가 망라적인지 알 수 없기 때문이기도 하다. 또 다른 문제는 망라적으로 빠짐없이 많은 대안을 발굴한 경우, '항상 보다 나은 결과를 도출할 수 있는가?'하는 의문이다.

인지심리학에서는 선택의 폭이 너무 많을 경우 오히려 선택이 어려워지거나 아예 선택을 포기해 버리는 사례연구 결과가 많다. 따라서 대안은 가능한 한 망라적으로 탐색하려고 노력하되 실제 다음 단계인 결과예측 대상 대안은 적절한 수로 제한할 필요가 있을 것이다.

3) 결과예측(Predicting Consequences)

이는 각 대안을 추진했을 때 나타나리라고 예상되는 결과상황(conse-quences)을 예측(predict)하는 단계이다. 예측의 목적은 결과가 가장 좋으리라 예상되는 최선의 대안을 발굴하는 것이므로 예측되는 결과는 가능한 한 자세해야 하며, 또한 비교가 가능해야 한다.

예를 들어 어떤 학생이 재학 중 어학실력 향상을 목표로 잡았을 때 이를 달성하기 위해 ① 1년간 해외 어학연수 ② 2년간 영어학원 수강 ③ 독학 자습의 세 가지 대안이 있다고할 경우 어느 대안이나 결과는 어학능력이 향상되고, 비용은 ①과 ②는 비슷하게 들고 ③은 거의 들지 않는다는 식으로 예측을 한다면 별 의미가 없다. 보다 구체적으로 비용은 각기 얼마가 소요되고 예상되는 어학능력 향상 수준은 토익기준으로 몇 점씩 향상될 수 있다 등으로 구체적이어야 한다.

4) 대안 평가(Evaluating Alternatives)

이는 예측한 대안들이 가져올 결과들이 어느 정도 바람직한지를 비교, 판단하는 단계이다. 이를 위해서는 비교·평가를 위한 판단의 기준이 필요한데 여기에는 문제의 성격에 따라 다양한 기준이 사용될 수 있다. 앞의 사례문제인 고속전철 기종 선정의 경우, 제시된 기준이 바로 프랑스 TGV와 독일 ICE 기종을 비교·평가를 위한 기준으로 볼 수 있다. 그런데 이러한 평가기준은 불가피하게 어느 정도 평가자의 가치판단이 개입할 수밖에 없다.

일반적으로 국가 정책결정에 많이 사용되는 기준은 다음과 같은 것이 있으나, 이는 다른 차원의 의사결정(개인, 조직)에서도 사용할 수 있다.

(1) 대안 평가기준

① 효과성(effectiveness)

효과성은 '목표달성의 정도(degree of goal achievement)'로 정의된다. 보통 정책의 효과(effect)는 ① 주효과(main effect)와 ② 부수적 효과(side effect)로 이루어진다.

예를 들어 특정지역에 대선공약을 실천하기 위해 지방공항을 건설한다고 할 경우, 주효과는 빠른 교통수단 제공을 통한 인적·물적 수속능력의 향상이고, 부수적 효과는 그 지역의 고용창출과 경제 활성화가 기대된다. 또한 그 지역에 문화재로서 가치가 있는 유적지가 있거나 생태 환경적으로 보존 의미가 높은 지역이라면 공항건설로 인해 부정적인 부수효과가 나타날 것이다.

다음 <표 4>에서 쓰레기 수거와 도로포장 사업에 관한 효과성 측정요소를 살펴볼 수 있다.

〈표 4〉 쓰레기 수거와 도로포장의 효과성 측정

	쓰레기 수거	도로포장
투입	쓰레기 수거를 위한 인적·물적 자원	도로포장을 위한 인적·물적 자원
산출	수거된 쓰레기(ton)	포장된 도로(㎞)
효과	깨끗해진 주변환경	안전하고 신속한 차량통행

효과성은 '목표달성의 정도'라고 정의되지만 이를 나타내는 방식으로는 여러 가지가 있다. 우선 달성된 목표를 나타내는 절대수

치가 있고, 목표대비 달성정도, 과거 대비 향상 정도로 표현할 수
도 있다.

각 사업과 관련된 투입과 산출요소를 가지고 효과성을 측정하면
다음과 같다.

가) 달성된 목표를 나타내는 절대수치

    ⓐ 쓰레기 수거 예산 100억 원(투입) → 1,000 톤의 수거된 쓰
레기(산출) → 도로청결도 95%(효과)

    ⓑ 도로포장 예산 100억(투입) → 10km 포장된 도로(산출)
→ 도로 포장으로 통행속도 평균 20km/h 증가(효과)

나) 목표 대비 달성정도

    ⓐ 쓰레기 수거 $= \dfrac{\text{달성된 목표}}{\text{계획된 목표}} = \dfrac{800\text{톤}}{1,000\text{톤}} = 80\%$

    ⓑ 도로포장 $= \dfrac{\text{달성된 목표}}{\text{계획된 목표}} = \dfrac{9\text{km 포장}}{10\text{km 포장}} = 90\%$

다) 과거대비 향상 정도

    ⓐ 쓰레기 수거: 전년도 도로청결 만족도 80%
→ 올해 만족도 90%: **10% 향상**

    ⓑ 도로포장: 전년도 구간 통행속도 30km/h
→ 올해 45km/h: **15km/h 향상**

효과성은 의사결정 목표달성의 기준으로, 대안을 비교할 때 가장
많이 사용하고 있다. 그 이유는 목표달성의 극대화를 기할 수 있
는 대안을 판별하는 기준이 되기 때문이다. 그러나 효과성 기준
은 비용을 고려하지않는 문제점이 있다. 아무리 목표달성을 극대

화하는 대안이라도 비용이 지나치게 들면 분명히 문제가 있다고
볼 수 있다.

〈표 5〉 지방공항 건설의 효과성 비교

A 후보지	구분	B 후보지
연 5만 명	수송능력	연 8만 명
1,000억	비용	2,000억

<표 5>의 지방공항 건설효과인 수송능력을 보면 A후보지의 경
우 연 5만명, B후보지의 경우 연 8만 명으로 B후보지가 뛰어나지
만 비용까지를 고려하면 반드시 B후보지가 낫다고 할 수 없다.
그래서 목표달성이 극히 중요하여 비용이 아무리 들더라도 목표
달성의 극대화를 이루어야 할 경우 효과성이 의사결정의 가장 주
요한 기준이 된다. 이러한 경우의 예로는 국가적 차원의 경우 국
가의 존립과 관계되는 전쟁, 외교나 집권을 위한 정당 선거전략
등이며, 개인적 차원에서는 원하는 학교입학을 위해 고액과외를
하는 경우 등을 생각해 볼 수 있다.

② **효율성(efficiency)**

효율성은 능률성이라고도 하며, 투입과 산출의 비율, $\dfrac{\text{산출}}{\text{투입}}$ 혹은,
$\dfrac{\text{산출}}{\text{비용}}$ 으로 나타내며, 비용편익분석이 대표적인 효율성 측정방식
이다.

예를 들어 1,000억원을 들여서 100km포를 포장했다면, 효율성은
$\dfrac{100\text{km}}{1,000\text{억}} = \dfrac{1\text{km}}{10\text{억}}$ 가 될 것이다.

이때 비용은 의사결정자가 직접 지불하는 비용뿐 아니라 직·간접적으로 발생하게 되는 희생(사회적 희생)이나 기회비용까지 포함된다.

효율성의 관점에서 최선의 대안을 찾기 위해서는
ⓐ 동일한 비용으로 최대의 산출을 얻거나
ⓑ 동일한 산출을 위해서 최소의 비용을 들이는 대안을 찾아야한다.

이는 주로 자원이 제한적인 상황에서 최적분배를 도모하고자 할 때 많이 사용하며 효과성뿐 아니라 비용까지도 고려하는 장점이 있다.

③ 형평성(equity)

형평성 혹은 공정성은 정부 정책과 관련하여 많이 사용하는 평가기준으로 공정성(fairness), 정의(justice)의 개념과 밀접한 관련이 있다.

Frohock은 형평성을 '동일한 것은 동일하게, 서로 다른 것은 다르게 취급하는 것'이라고 정의하였는데 여기서 '동일한 것을 동일하게'는 수평적 형평성(horizontal equity)을 의미하며, '다른 것은 다르게'는 수직적 형평성(vertical equity)이라고 한다.

수평적 형평성의 예로는 모든 선거권자가 동등한 한 표의 투표권 행사한다든지, 동일한 노동에 동일한 임금 적용, 동일한 구간에 대해 고속도로 통행료가 동일한 경우다. 이는 기계적 공평성이라고도 한다.

한편 수직적 형평성은 인간의 존엄성과 인격 면에서는 동일하나 다른 차이가 있는 측면은 차이 있게 취급해야 한다는 원칙이다.

'서로 차이 있는 상황에 있는 사람을 보다 평등하게 만들기 위해' 행해지는 것으로 나쁜 환경에 처해 있거나 사회적 약자에게 보다 적은 부담으로 많은 혜택이 돌아가도록 하는 것이 배분적 정의(allocational justice)에 부합한다고 본다.

정책대안의 비교평가기준으로서의 형평성은 수직적 형평성으로 보는 경우가 대부분이며 이때 형평성의 의미는 정책효과와 정책비용의 배분이 사회정의에 합치되는 정도를 의미한다. 이 기준은 앞에서 본 효과성이나 능률성과 모순 또는 충돌될 가능성이 있는데 가장 효과적, 효율적 대안이 형평성의 원칙에 어긋날 수 있다. 예를 들어 시립 문화회관을 건립하는 경우, A후보지의 비용편익 분석결과는(B/C) 1.2이고 B후보지는 1.0일 경우, 효율성의 측면에서 A후보지가 B후보지보다 나으나 A후보지는 주로 고소득층 거주지이고 B후보지는 중·하 소득층 거주지라면 문화적 소외 가능성이 큰 계층지역인 B지역에 건설하는 것이 형평성 측면에서는 바람직하다고 볼 수 있을 것이다.

형평성은 경제적 합리성 측면에서 보면 중요하지 않으나 정치적 합리성 측면에서 보면 대단히 중요한 기준이라고 볼 수 있다. 즉 형평성의 기준을 통해
ⓐ 정책의 효과가 보다 많은 사람에게 돌아가고
ⓑ 사회적 약자에게 보다 많은 혜택을 주지만 비용부담은 덜어주고
ⓒ 경제적 능력이 있는 자에게 보다 많은 부담을 부여하면 사회·경제적 약자의 사회적 반감, 저항이 줄어들어 사회적 안정을 기할 수 있는 것이다.

대안의 비교·평가기준으로는 효과성, 효율성, 형평성외에도 민주

성, 주민 숙원도, 혹은 저항정도 등을 고려할 수 있다.

한편, 기업이나 일반조직의 의사결정 상황에서도 효과성, 효율성, 형평성 등의 거시기준들이 사용되기도 하지만 보다 상황에 적합한 미시기준들이 사용되는 경우가 많다. 예를 들어 특정기업이 A, B, C 세 가지 대안을 검토한다고 할 때, 중요한 평가기준은 소비자 선호도, 마켓점유율 등이 고려될 것이다.

개인의 의사결정 상황의 경우, 판단기준은 더 구체적일 것이다. 새로운 핸드폰 구매 시 디자인, 가격, 컬러 등 아주 디테일한 기준들이 적용될 것이며, 이는 전적으로 의사결정자의 주관적 판단에 달려 있다고 봐야 할 것이다.

(2) 평가기준간의 가중치 부여: 쌍대비교법(Paired Comparison Method)

대안을 비교·평가할 때 가장 중요한 기준을 단독으로 적용하면 될 것이지만 현실 세계에서는 하나의 기준보다는 여러 기준을 동시에 고려해야 할 경우가 많다. 이때 여러 기준을 통합하여 단일 기준을 만드는 것이 바람직하지만 이 또한 어려운 문제이다. 왜냐하면 각 기준을 얼마만큼의 비중으로 적용할 것인가는 평가자의 가치판단이 개입할 수밖에 없기 때문이다.

여러 기준에 대한 가중치 부여 방법으로는 평가기준을 두 가지씩 상호 비교해 가면서 가중치를 부여하는 쌍대비교법(Paired Comparison Method)이 있다. 예를 들어 효과성, 효율성, 형평성 세 가지 평가기준을 동시에 적용하려고 할 때 가중치 부여를 위해 쌍대비교법은 다음과 같은 일련의 질문과 답을 통해 진행된다.

ⓐ 효과성은 효율성보다 2배 중요한가?(2:1), 만일 아니라면 얼마나 중요한가?(예:1.5:1)

ⓑ 효율성은 형평성보다 2배 중요한가?(2:1)

ⓒ 효과성은 형평성보다 4배 중요한가?

만일 '그렇다'라는 판단이 서면 효과성, 효율성, 형평성의 관계가 4:2:1로 성립한다고 볼 수 있다. 만일 아니라면 다시 처음으로 돌아가서 조정을 시도해야 한다.

평가기준	효과성	:	효율성	:	형평성
	2	:	1		
			2	:	1
가중치	4	:	2	:	1

사례-3 고속전철 기종선정 기준 및 평가결과

교통부와 한국고속철도공단이 고속전철 기종선정 기본계획에서 제시했던 조건은 다음과 같다.

(1) **수송능력**은 1개 열차당 1천명 이상이 탑승할 수 있을 것.

(2) **최고시속** 300km 이상을 낼 수 있고 평균 240km 속도로 운행할 수 있을 것.

(3) 열차자동제어장치, 열차집중제어방식, 종합정보설비 등의 **신호 및 통신체계**를 갖출 것.

(4) **소음기준치**로서 평균 65db 이하, 터널 73db 이하, 선로변은 선로 중심으로부터 25m 거리에서 93db 이하일 것.

(5) 한국에 이전할 기술내용 및 기술이전방법, 계약형식, 관리공정, 기술교육, 기술이 전자의 요구사항, 기타 필요한 특별정보사항 등을 망라한 **기술이전 계획서**를 제출할 것.

(6) 최소한 총 계약금의 50%에 해당하는 **자재 및 장비의 제조가 한국 내**에서 이루어질 것.

(7) 차량 등에 관한 특허소유권, 기타 기술보유사항 등을 포함한 모든 **지적재산권에** 대한 복사권리와 판매권을 보장할 것.

(8) 제의자는 한국정부의 국가경제 및 재정목표에 최대로 일치되도록 하는 것을 전제로 **소요자금의 적기조달방안과 최선의 금융조건을** 제시할 것.

이상의 조건을 포함한 138개 항목에 걸친 평가기준으로 40여 명의 전문가 평가단이 심사한 결과 프랑스의 TGV는 차량기술 및 운행분야에서 상대적 우위를 보였고 독일의 ICE는 통신기술 및 자동제어분야가 뛰어난 것으로 평가되었다. 최종적으로 100점 만점에 TGV가 87점, ICE가 86점으로 근소한 차이를 보였다. 이는 실제 평가 총점수 3만점을 기준으로 할 때, 300점의 차이로 프랑스 알스톰사의 TGV가 최종 기종으로 선정되었다.

5) 최선대안 선택

대안들을 평가하기 위한 기준과 가중치가 부여되고 이 기준에 입각하여 대안들에 대한 평가가 끝나면 최종적으로 선택을 하게 된다. 예를 들어 취업희망 기업의 선택기준으로 미래비전, 급여수준, 통근거리를 선정하고 쌍대비교법을 통해 가중치를 4:2:1로 부여했다고 할 경우 그에 따른 취업희망 기업의 1,2,3 순위를 평가할 수 있다.

〈표 6〉 대안과 평가기준 결과표

평가기준 대안	미래비전	급여수준	통근거리	합 계
(가중치)	4	2	1	
기업 1	대(3) × 4 =12	중(2) × 2 = 4	대(3) × 1 = 3	19
기업 2	중(2) × 4 = 8	소(1) × 2 = 2	중(2) × 1 = 2	12
기업 3	소(1) × 4 = 4	대(3) × 2 = 6	소(1) × 1 = 1	11

(대:3 중:2 소:1)

위와 같은 평가 단계를 거쳐 기업1을 취업희망 우선 대안으로 선정할 수 있다.

4. 합리모형에 대한 비판

1) 총괄적 비판

(1) 합리모형에서 의사결정자는 고도의 분석적 능력을 소유하고 충분한 시간과 정보를 가지고 최선의 노력을 기울일 수 있고, 또한 그러할 것이 요구된다. 그러나 현실세계에서의 의사결정자는 개인이든 조직이든 간에 시간 능력, 노력, 정보 모두가 대부분 부족하거나 불충분하다.

(2) 합리적, 분석적 결정은 지나치게 시간, 노력, 비용이 많이 요구된다. 또한 많은 경우 문제의 성격상 분석적 해결이 어렵다.

(3) 의사결정이 조직적이나 집단적으로 이루어지는 경우 분석적·합리적 접근에 제약이 많다. 정치적 이해관계 상충으로 합리성보다는 흥정이나 타협하는 경우가 많다. 또한 합리성과는 거리가 먼 집단논리가 지배하는 경우가 많고, 정치 세력들이 자기 집단의 이익을 위해 의도적으로 합리적 결정을 방해하는 경우가 많다.

(4) 현실의 의사결정은 합리적·분석적으로 이루어지는 경우도 있지만, 많은 경우 습관, 직관에 의해 이루어진다.

2) 각 단계에 대한 비판

(1) 목표의 성격

합리모형에서는 달성해야 할 목표가 주어져 있는 것으로 가정하나 문제나 목표가 명백히 주어져 있는 경우는 드물고 근본적으로 의사결정자의 주관적 가치에 따라 설정되는 경우가 많다. 따라서 목표설정은 합리적, 분석적 결정대상이 아니라 정치적 결정대상(예: 지방공항 건설, 무상보육)인 경우가 더 많다. 특히 국가 정책의 경우 목표가 정확히 정의되지 않은 경우가 많다. 예를 들면 대도시 교통문제 해결같이 막연한 목표인 경우나 교통체증, 만원버스나 전철, 대중교통의 질 낮은 서비스처럼 달성해야 할 목표가 여러 가지인 경우도 많다. 또한 경기부양, 실업문제를 해결하기 위해 정부 주도 SOC사업이나 공공투자를 과하게 하게 되면 인플레이션 발생 같은 목표 상호 간의 모순이나 상충이 발생하는 경우도 많다.

(2) 대안의 탐색

합리모형은 모든 대안들이 주어져 있는 것으로 가정하고 있으나 이를 어떻게 탐색해야 하는지는 언급이 없다고 비판하고 있다. 특히 Herbert Simon은 모든 대안의 망라적 탐색이 불가능하다고 보는데, 그 이유는 시간이 부족하거나 의사결정자의 인지능력 부족으로 머릿속에 떠오르는 몇 개만 검토하고, 거기서 만족할 만한 대안이 발견되면 의사결정이 끝나는 경우가 많다고 보는 것이다.

(3) 결과 예측

모든 대안들이 가져올 결과 상황에 대한 예측이 현실적으로 어렵다. 이는 기본적으로 미래 예측의 어려움 때문이다. 예를 들면, 도로포장의 결과 평균 통행속도가 20㎞/h 증가할지의 여부를 미리 알기 어렵다. 이는 '상황의 불확실성' 때문인데 불확실성의 발생원인은 미래상황이 다양한 요소들로부터 영향을 받고 이러한 요소들은 상호 결합하여 또 다른 영향을 미칠 수 있기 때문이다.

(4) 대안의 비교평가

가. 대안들이 가져올 미래 결과(비용과 효과)를 평가해서 단일 지표로 만들 수 있는 방법을 찾기 어렵다. 예를 들어 지방공항 건설의 경우 직접비용은 건설에 투입되는 인적, 물적 자원과 토지보상비용 등일 것이다. 간접비용은 주민설득 및 이해 조정 비용 등일 것이며 건설의 효과는 사람과 물류이동이 원활해지면서 지역경제가 활성화될 수 있지만, 과거 기존의 지방공항 건설 예처럼 이를 낙관할 수만은 없다. 이러한 미래가치와 서로 다른 이질적 가치를 종합화하여 비교 평가하기가 쉽지 않다.

나. 대안평가 기준을 단일화하기 어렵다. 앞에서 살펴본 쌍대비교법을 통하여 지표를 종합할 수도 있지만 여전히 이는 어려운 문제이다. 예를 들어 효과성, 효율성, 공평성 등의 가치를 종합할 때 사람마다 가치관에 따라 그 비중을 달리 볼 수 있기 때문에 이를 하나로 만들어 내기란 쉽지 않은 문제이다. 이는 특히 참여자들이 다양한 경우 서로의 가치관 차이 때문에 단일기준으로 만들어 측정한다는 것이 매우 어려운 일이다. 또한 개인의 가치관도 시간이 흐르면 달라질 수도 있고, 또한 많은 경우 개인은 자기의 가치기준이 무엇인도 모르는 경우도 많기 때문이다.

5. 합리성의 분류와 제약요인

1) 합리성의 분류

(1) 정치적, 경제적, 기술적 합리성

가. 정치적 합리성은 정책결정의 합리성이라고도 하며, 이는 주로 정책결정 과정에서 다수의 의견이 중시되는 민주성과 관련이 있다.

나. 경제적 합리성은 목표달성과 비용절감 정도를 포괄하는 개념으로

주로 능률성과 밀접한 관련이 있다. 즉, 보다 적은 비용으로 얼마나 많은 효과를 얻을 수 있느냐와 관련이 있다.

다. 기술적 합리성은 일정한 수단이 목표를 얼마나 잘 달성했느냐의 문제로 주로 효과성과 관련이 있다. 이는 목표달성의 정도, 대안의 평가 기준으로 중요하다.

(2) 실질적 합리성 vs. 절차적 합리성

가. 실질적 합리성(substantive rationality): '적절한 행동 대안이 실질적으로 선택되는 정도'를 의미하며 가장 최선의 대안이 선택되면 실질적으로 합리적인 것으로 간주된다.

실질적으로 합리적인 해결책(대안)은 하나 밖에 없다. 그런데 문제는 선택된 대안이 최선의 것인지 아닌지를 알 수 없는 경우가 많다. 이유는 대안을 모두 다 탐색하기도 어렵고 완벽한 분석이 어렵기 때문인데, 이때는 실질적 합리성이 있는지 없는지 알기 어렵다. Simon은 경제학이 이러한 실질적 합리성의 고정관념에 사로잡힌 학문이라고 비판하고 있다.

나. 절차적 합리성(procedural rationality): 대안 선택을 위해 사용된 절차가 인간의 능력에 비추어 볼 때 얼마만큼 효과적이었는지의 정도를 의미하며, 실질적 최선의 대안 여부와는 관계없이 대안 선택을 위해 밟은 절차가 적합하면 절차적 합리성이 있다고 본다. 즉, 의사결정과정이 이성적 사유과정(reasoning)을 밟고 있으면 절차적 합리성이 있다고 본다.

Simon은 실질적 합리성(포괄성, 총체성)은 포기되고 있고, 만족할 만한 대안선택 위한 절차적 합리성이 추구될 뿐이라고 보고 있다.

(3) 주관적 합리성 vs. 객관적 합리성

가. 주관적 합리성(subjective rationality): 의사결정자의 지식한계 내에서 최선의 대안을 선택했을 경우를 의미하며 이는 실질적 합리성과 동일하다.

나. 객관적 합리성(objective rationality): 진실로 최선의 대안을 선택했을 경우를 의미하며 절차적 합리성과 동일하다. 그러나 절차적 합리성의 결과가 객관적으로 비합리적인 의사결정일 수도 있기 때문에 객관적, 실질적 합리성이 이상적이라고 볼 수 있다. 그러나 이는 현실성이 없기 때문에 Simon은 주관적, 절차적 합리성이 오히려 중시되어야 한다고 보았다.

2) 합리성의 제약요인

(1) 가치선호의 갈등

이는 개인들이 가지고 있는 다양한 가치선호에 기인하거나 사실에 대한 정확한 지식의 결핍으로부터 올 수 있다. 그러나 사실에 대한 정확한 지식도 가치 선호의 갈등해결을 완벽히 해결해 주지는 못한다. 성장이냐 분배냐, 민주성이냐 능률성이냐 등에 대한 가치선호에 대한 갈등은 완벽하게 해소하기 어렵다. 또한 특정사회에서 전반적으로 받아들여지고 있는 기존의 확립된 가치체계는 새로운 시도, 변혁, 보다 나은 대안 시행을 어렵게 만들고 있다.

(2) 감정적 요소

인간이 본래적으로 지니고 있는 감정적 요소는 합리적 선택을 가로막는 중요한 요인으로 감정에 의해 지배받거나, 감정을 현명하게 처리하지 못하는 것을 의미한다. 인간은 정도의 차이 있으나 이 요소로부터 완전히 벗어나기 힘들다. 하나의 선택은 선택되지 않은 것의 포기를 의미하고 그 과정에서 여러 감정적 요인에 의해 영향을 받게 된다.

(3) 습관과 기억에 의한 관성적 경향

습관과 기억은 새로운 사고 작용을 저지시킨다. 습관과 기억은 행위의 보수성을 강화시키고 유사한 상황이나 자극에 대해 유사한 반응으로 대처하게 하는 경향이 있다. 모든 인간은 행위 지속적 관성을 지니고 있으며, 특정 행위를 시작하거나 관심이 일어나면 상당기간 동일한 방향을 지향하는 경향을 보이게 되며 이는 보다 나은 가능성을 차단시킨다.

(4) 비용의 과다

의사결정에 소요되는 시간, 노력, 비용 등이 과다해지면서 더 합리적 대안 탐색 노력을 포기하게 된다.

3) 합리적 결정을 제약하는 심리적 오류

사례-4　심리적 오류

〈사례 1〉

소비자 선호도 조사에서 두 그룹의 실험 참가자들은 초콜릿의 품질을 평가해야 했는데, A그룹은 초콜릿 한 상자를 받았고 B그룹은 달랑 두 조각을 받았다. 한 상자를 받은 A그룹과 두 조각을 받은 B그룹은 초콜릿의 품질을 누가 더 높게 평가 했을까? 이 실험은 여러 차례 되풀이 되었는데, 결과는 항상 같았다.

〈사례 2〉

백화점은 '빅 찬스! 오늘만 한정 판매'라고 광고를 한다. '오늘뿐입니다!'를 강조한 전단지는 고객들에게 상품을 살 수 있는 시간이 별로 남지 않았다는 신호를 보낸다. 왜 이러한 마케팅 전략을 쓸까?

<사례 3>

화랑 운영자들은 전시된 작품에 오픈하자마자 몇 작품에 붉은 점을 찍는다. 붉은 점의 의미는 "이 그림은 팔렸습니다"라는 뜻이다. 왜 사실과 다른 이러한 전략을 쓸까?

올바른 의사결정을 가로막는 많은 요인이 있다. 상황적 요인이나 조직 체제적 요인, 심리적 요인 등이 바람직한 의사결정을 방해하는 대표적인 요인들로 볼 수 있다. 여기서는 그 중에서도 심리적 요인을 중심으로 의사결정의 오류를 유발하는 대표적인 요인들 몇 가지를 살펴본다.[1]

(1) 틀 짓기 효과(Framing Effect)

말의 뉘앙스에서부터 사물을 보는 관점에 이르기까지 광범위하게 사용되는 개념인데 상대가 만들어 놓은 틀에 영향을 받기도 하고, 자기 자신이 틀을 정해놓고 복종할 때도 많다. 그러나 기존과 다른 기준으로 틀 짓기를 적용한다면 많은 경우 결정은 달라질 것이다.

예 실험 참가자들에게 두 종류의 메모가 적힌 고기를 보여준다. 첫 번째 고기는 "98% 무지방"이라고 적혀 있고, 두 번째에는 "1% 지방포함"이라고 적혀 있었다. 실험참가자들은 첫 번째가 두 번째보다 지방을 두 배나 더 포함하고 있는데도 첫 번째 고기를 선택한다.

(2) 확증편향(Confirmation Bias)

보고 싶은 것만 보고 믿고 싶은 것만 믿는 경향을 의미한다. 새로운 정보들이 우리가 갖고 있는 기존의 이론이나 세계관, 그리고 확신하고 있는 정보들과 모순되지 않는다고 보는 경향을 의미한다. 이러한 확증

---

1 「스마트한 생각들」, 2014에서 부분 수정인용

편향에 빠지면 우리가 알고 있는 기존의 지식과 모순되는 새로운 정보들(일명 '확인되지 않은 증거')은 받아들이지 않고 걸러내려는 경향이 나타난다.

예 자신이 좋아하는 특정 연예인이나 정치가가 있다면 이들에 대한 평가나 인식은 무조건 긍정적이고 호의적인 데 반해 싫어하는 대상에 대해서는 비록 좋은 소식이 있어도 우연히 혹은 어쩌다가 운좋게 얻은 결과로 보는 현상을 말한다.

우리 사회가 봉착하고 있는 이념적 성향에 따른 대립현상도 확증편향으로 설명될 수 있다. 즉, 좌우 이념적 성향에 따라 명백한 증거가 있음에도 불구하고 사건의 객관적 실체를 믿지 않으려 하거나 이념성향에 부합하는 주장이나 증거만을 믿으려 하는 경우이다.

(3) 사회적 검증(Social Proof)

강아지라는 것이 명백함에도 불구하고 사람들은 주변사람 열 명 중 아홉 명이 고양이라고 주장하면 틀린 줄 알면서도 '고양이'라고 인정한다. 다른 대부분의 사람들이 행동하는 것처럼 자신도 따라 행동해야 옳다고 생각하는 것이다.

예 1950년 사회심리학자 솔로몬 애쉬의 실험은 집단적인 강요가 건전한 인간의 사고 능력을 얼마나 왜곡시키는지를 보여주고 있다. 참가자들에게 길이가 다른 끈들을 보여주고 애쉬가 선택한 끈을 보여주면서 그것을 기준삼아 더 길면 '길다', 동일하면 '같다', 더 짧으면 '짧다'라고 진술하도록 했다. 먼저 피험자들은 한 명씩 방안에 들어가 실험에 참여했는데, 그들은 모두 쉽게 올바른 끈의 길이를 진술했다. 두 번째 실험에서는 피험자가 다른 일곱 사람과 함께 방에 들어갔다. 일곱 명은 모두 피험자를 속이기 위해 투입된 연기자로 긴 선을 보며 "짧다"

라며 틀린 답을 하였다. 다른 사람들의 답을 들은 피험자는 자신의 대답할 차례에 집단의 결정을 받아들이고 틀린 답을 선택했다.

(4) 대비효과(Contrast Effect)

한 개의 사물을 보여주고 그 가치에 대해 말하라고 하면 명확하게 판단을 내리지 못한다. 그러나 뭔가 추하고 값싸고 부족한 것을 뒤이어 보여주면 앞에 본 것이 더 아름답다거나 더 값지다거나 더 크다는 식으로 판단한다. 절대적인 기준을 갖고 판단을 내리기 어려운 것이다.

예 두 개의 물통에 하나는 미지근한 물로 채우고, 하나는 얼음물로 채운다. 그리고 오른손을 1분 동안 얼음물 속에 넣는다. 그런 다음 두 손을 동시에 미지근한 물속에 집어넣는다. 그러면 아마 왼손의 물이 미지근하다고 느끼고, 오른손은 아주 뜨겁다고 느낄 것이다.

(5) 매몰 비용의 오류(Sunk Cost Fallacy)

이미 지불하였거나 투자한 비용이 아까워서 다른 합리적 선택에 제약을 받는다는 뜻으로 대부분의 사람들은 일상생활에서 수시로 이런 오류에 빠지곤 한다.

예 경영대학 학생이 대학 3학년을 마치면서 자기의 적성이 지금의 전공과 전혀 다른 공학 쪽이라는 것을 깨닫지만 지금까지 투자한 시간과 노력 때문에 졸업 때까지 기존 전공을 유지하는 것은 개인적 차원에서의 매몰비용 때문일 것이다.
국가적 차원에서도 뒤늦게 그러한 정책이 꼭 사회적으로 바람직한 것이 아니라는 증거들이 나타나도 그동안 투입된 예산이나 진행된 과정을 포기하기 어려워 지속하게 되는 경우도 많다.

(6) 가용성 편향(Availability Bias)

가용성 편향성은 자신의 경험 혹은 자주 들어서 익숙하고 쉽게 떠올릴 수 있는 것들을 가지고 세계에 대한 이미지를 만드는 것이다. 또한 자신이 알고 있는 지식이나 이론만으로 모든 현상을 설명하려하거나 자신 주변에서 얻을 수 있는 도구만을 가지고 문제를 해결하려는 경향도 의미한다. 특정분야에서 몇 번의 작은 성공을 거둔 사람은 다른 모든 문제 역시 같은 방법으로 해결하려는 오류에 빠진다. 이것은 파리에 가서 런던 지도를 펼치는 것만큼 바보 같은 일이다.

예 경제학자들이 사회현상을 경제변수만 가지고 설명하려 들거나 정치학자들이 정치적 변수로만 설명하는 것도 가용성 편향으로 볼 수 있으며 이를 환원주의 오류라고 한다.
또는 기성세대가 과거의 자신들의 경험을 바탕으로 현재의 젊은 세대가 처하고 있는 어려움은 모두 노력의 부족으로 몰아 부치거나 의사결정자가 가지고 있는 수단(예: 돈)을 동원해서 모든 것을 해결하려는 경향도 포함된다.

(7) 희소성 오류(Scarcity Fallacy)

사람들은 선택할 수 없는 물건이 있으면 그것을 더 매력적으로 평가한다. 이것은 일종의 저항 반응인데, 심리학에서는 '로미오와 줄리엣 효과'라고 부르기도 한다. 즉 부모의 반대나 주위의 장애는 로미오와 줄리엣의 경우처럼 연인들의 사랑을 더 깊게 하는 효과가 있다는 것이다. 희소한 것에 대한 사람들의 전형적인 반응은 '특별하다'는 것이다. 희소성은 우리로 하여금 객관적인 평가 기준을 상실하게 한다.

앞의 서두의 문제 사례는 희소성 오류에 대한 예들이라고 볼 수 있다. 평가용으로 초콜릿을 한 상자 받은 그룹보다 달랑 두 개를 받은 그룹이 항상 더 높은 평가를 하게 되며, 오늘만 한정판매!라는 마케팅 전략은 물품이 얼마 없다는 희소성을 자극하는 전략이라고 볼 수 있는데 실제 필요여부와 관계없이 구매충동을 불러일으키는 경우가 많다. 갤러리의 붉은 점 전략도 같은 맥락에서 이해할 수 있다.

2절 만족모형(Satisficing Model)

여러분은 새로이 휴대폰을 구입하려고 관련정보를 모으고 시장조사를 하였는데 여러분이 고려하는 기능과 예산범위, 디자인을 충족시키는 휴대폰이 무려 20여 가지나 되었다. 어떻게 최종적인 선택을 하게 될까?

>> 생각해보기

여러분이 위와 같은 의사결정상황에 봉착했을 때 가장 가능성이 높은 본인의 의사결정 스타일을 생각해 보도록 하자.

1. 제시배경

만족모형은 H. Simon의 「행정행태론(Administrative Behavior)」(1976)에서 제시한 의사결정모형으로 합리모형에 대한 비판에서 출발하고 있다.

1) 가치판단의 어려움과 모호성

합리모형은 가치 판단의 문제에 대해서 특별한 언급이 없다. 그러나 문제의 정의 단계에서부터 문제를 어떻게 바라보느냐에 따라 가치문제가 개입될 수밖에 없고, 갈등·모순관계에 있는 목표 간의 우선순위를 결정하는 것은 가치판단의 문제이기 때문에 어려움에 봉착하는 경우가 많다. 또한 대안의 비교, 평가를 위한 기준도 가치의 문제와 연결되어 있기 때문에 이를 확정하기가 매우 어렵다.

2) 사실 판단의 어려움

가치판단뿐만 아니라 사실판단의 문제도 쉽지 않은 경우가 많은데 모든 대안을 탐색한다든지, 이들이 초래할 모든 결과 상황을 예측하기는 매우 힘든 문제이다. 또한 사실판단은 미래상황에 관한 사항이 많기 때문에 신이 아닌 이상 미래에 전개될 다양한 상황을 예측하기란 어려운 일이다. 이 둘 중 Simon은 사실 판단이 생각보다 더 어렵고 합리적 의사결정을 방해한다고 보았다.

3) 제한적 합리성(Bounded Rationality)

Simon은 인간이 가지고 있는 지적 능력, 시간, 비용, 정보, 노력에 한계가 있다고 보았다. 따라서 가능한 대안 모두를 탐색할 수도 없고 정보 수집도 불충분하다. 대안의 결과 역시 정확한 예측이 어렵기 때문에 최적 대안은 선택될 수 없다고 보았다. 그래서 의사결정자는 최적의 대안이 아니라 만족할 만한 대안을 선택하는 데 그치게 된다고 보았다. 앞서 합리 모형 인간관은 완벽한 합리성을 가진 경제인(economic man)인 데 반해 만족모형의 인간관은 제한적 합리성을 가진 행정인(administrative man)으로 보았다.

2. 만족모형의 내용

1) 경제인(economic man)은 목표달성의 극대화를 추구하나, 행정인은 만족할 만한(satisfactory, good enough) 대안의 선택에 그친다고 보았다.

2) 의사결정자는 모든 대안을 검토하지 않고 몇 개의 대안만 무작위적(random), 순차적(sequential)으로 탐색한다. 즉, 머리에 떠오르는 순서대로 대안의 결과를 예측해 보고 다음에 다른 대안으로 넘어간다. 이런 식으로 만족할 만한 대안이 나타날 때까지 계속된다. 만족의 여부는 의사결정자의 기대수준을 충족했느냐에 달려있다고 보았다. 만약 의사결정자의 기대수준이 높다면 웬만한 대안에 만족치 않고 만족할 때까지 대안탐색을 계속할 것이지만 기대수준이 낮다면 쉽게 의사결정에 도달하게 될 것이다.

3) 의사결정자는 복잡, 동태적 상황을 단순화시킨다. 가장 중요하고 적절하다고 생각하는 요소만 고려하여 결과를 예측한다. 이는 정보처리상의 인지능력의 제약, 불확실성, 자료부족 때문이다. 이 만족모형은 Chester Barnard의 「최고의사결정자의 기능(Function of Executive)」에 의해 영향을 받았으며 후의 Simon & March의 조직 모형, Lindblom의 점증주의에 깊은 영향을 주었다.

3. 평가

1) 장점

(1) 실제 현실세계에서 일어나는 의사결정과정의 실체를 밝혔다. 따라서 기술적, 경험적, 실증적 모형으로 볼 수 있다.

(2) 규범적·처방적 면에서도 일정부분 공헌하고 있다고 본다. 이는

의사결정은 합리모형의 절차에 지나치게 집착하면 직·간접적이거나 유·무형의 과도한 비용이 소요된다는 점을 지적하고 있다.

2) 단점

(1) 만족할 만한 대안을 찾은 후에 대안 탐색을 중단해 버리면 검토되지 않은 대안 중에서 더 좋은 대안이 있을 수도 있다. 이러한 측면에서 안일하고 보수적 경향이 팽배한 관료제 안에서는 이런 식의 의사결정 모형을 권유할 수 없다. 어렵더라도 최선의 대안을 모색하도록 노력해야 한다.

(2) 만족여부는 의사결정자의 기대수준에 달려 있기 때문에 객관성이 부족하다. 즉, 의사결정자의 기대수준이 높으면 한없이 탐색하게 되며, 의사결정자의 기대수준이 낮으면 몇 개만 탐색하면 된다. 개인의 기대수준도 상황에 따라 유동적일 수 있다. 예를 들어 이성과의 데이트가 처음에는 만족스러웠으나 지속할수록 불만족스럽게 변할 수도 있다.

(3) 중대한 의사결정의 경우에는 이 방식을 따르기 어렵다. 중대한 의사결정의 경우 분석적 의사결정이 이루어질 가능성 크며 이 만족모형은 단순하고 가벼운 상황에 적용할 수 있다고 볼 수 있다.

사례-6　휴대폰 구입 방식 〈해〉

앞에서 사례로 들은 휴대폰 구입의 경우, 여러분이 새로 구입하려는 휴대폰이 기능이나 디자인, 그리고 예산 범위 중 여러분이 고려하는 범위를 충족시켜준다면 결정에 큰 어려움이 없을 것이다. 그러나 그러한 범위 안에서 있는 휴대폰이 20여 가지나 된다면 무엇을 사야 할지 고민스럽게 된다. 이 경우 어떤 식의 선택을 하게 될까? 대부분 첫 번째 휴대폰부터 검토해 나가다가 기능, 디자인, 가격면에서 뭔가 느낌이 와 닿는 제품을 발견하면 거기서 마음의 결정을 하게 되는 경우가 많다. 그때부터는 다른 대안은 별로 눈에 들오지 않게 된다. 20여 가지나 되는 휴대폰의 종류를 모두 비교하여 순위를 매겨 최상의 대안을 고르기는 사실상 쉽지 않다. 이런 점에서 보면 선택의 폭이 넓고 많을 때는 합리모형보다는 만족모형에 의한 접근이 현실에서는 보다 많이 일어난다고 볼 수 있다.

3절 사이버네틱스 모형(Cybernetics Model)

혼다, 소형 오토바이 쪽으로 방향을 틀어 시장을 획득하다

1959년 일본 오토바이회사인 혼다(Honda)는 '아메리칸 혼다 모터스'라는 간판을 내걸고 미국 법인을 설립했다. 미국 회사인 할리데이비슨과 영국 회사인 BSA, 트라이엄프, 노튼, 이탈리아 회사인 모토-구치가 지배하고 있던 미국 시장에 혼다가 처음으로 도전장을 내민 것이다.

당시 일본 제품은 신뢰를 받지 못했다. 일본 제품은 열등하고 서양 제품을 값싸게 모방한 싸구려 제품으로 인식되었다. 따라서 미국 시장에서 혼다가 성공할 가능성은 거의 없어 보였다.

혼다는 미국 시장을 파고들기 위한 전략적 요충지로 로스앤젤레스를 선택하고 그곳에서 터를 잡았다. 혼다는 미국 시장에 250cc와 350cc의 오토바이가 가장 적절하리라 믿었다. 그러나 제품에 대한 신뢰도는 예상 외로 낮았으며, 연료 유출과 클러치에 문제가 생겨 출시부터 난관에 부딪혔다.

혼다의 영업사원들은 업무용으로 혼다가 일본에서 내수용으로 새로 개발한 50cc 오토바이를 타고 다녔다. 흥미롭게도, 혼다가 시판하려고 한 대형 오토바이에 대한 반응은 시큰둥한 반면 미국에서는 생소했던 이 소형 오토바이가 다니는 곳마다 관심을 불러일으켰다. 스포츠용품점과 소매점에서 영업사원들이 타고 다니는 소형 오토바이에 대한 문의가 꼬리를 물었다.

결국 혼다는 소형 오토바이의 생산과 판촉으로 방향을 틀고 모든 힘을 쏟아부었다. 소형화 전략은 성공했고 드디어 혼다는 미국 시장에 성공적으로 입성했다. 혼다 오토바이를 사기 위해 고객들이 떼지어 몰려들었다. 1960년대 오토바이 구매자의 65%가 처음으로 오토바이를 구매한 사람들이며 대부분이 혼다의 소형제품을 구매했다. 혼다는 초기 4년 동안 미국에서 판매되는 오토바이의 절반가량을 독식했다. 1974년까지 미국에서 50cc 오토바이를 1,000만

대 이상 판매했다.

출처: Stuart Crainer, 「75가지 위대한 결정」. 2009, 더난출판사.

≫ 생각해보기

혼다가 미국 오토바이 시장에 성공적으로 진입할 수 있었던 원인은 무엇일까?

1. 개관

사이버네틱스 모형(Cybernetics Model)은 기계자동제어 장치의 메커니즘을 인간의 의사결정 상황에 적용시킨 모형이다. 사이버네틱스란 여러 의미로 사용하는데 인공두뇌학이라고도 한다. 기계와 동물을 포함하여 제어(control)와 교류, 통신(communication)에 관한 일반이론으로서 Weiner가 수학적 정보이론으로 체계화하였다. 즉, 사이버네틱스(Cybernetics)란 시스템의 제어와 통신에 관한 이론으로, 인간의 행동(결정)은 역동적인 환경과의 상호작용을 통해 이루어지며 항상 특정한 목표를 염두에 두고 이루어지는 것은 아니라는 것이다. 특히 변화무쌍한 정보의 양과 흐름은 의사결정 상황을 불확실성하에 놓는 경우가 허다하다. 따라서 이 모형은 인간의 결정 행동과 관련하여 제어기능의 조절과 통제를 통한 지속적인 적응에 초점을 맞추고 있다. 사이버네틱스 모형은 만족모형의 연장선상에서 상황의 변화에 따른 지속적 대응을 강조하고 있다.

예를 들어 미사일이 비행기 격추시키기 위해선 비행기와의 거리에 관한 정보를 미사일의 자동 조정 장치에 계속 반영시킴으로써 탄도 조절을 해야 한다. 이는 인간이 목표를 달성키 위해 자신의 행동을 정보(information)와 환류(feed back)를 통해 계속 조정해 나가는 것과 같다.

또 다른 예로 공무원 시험 준비를 하는 학생이 작년 시험에서 행정학이 어려웠고 어느 교재에서 시험문제가 많이 나왔다는 정보를 얻었고, 모의고사를 보았더니 어느 과목이 부족했다면 자신의 공부 방식을 조절하는 것과 마찬가지이다.

2. 의사결정방법

1) 적응적 의사결정(Adaptive Decision Making)

(1) 사전에 구체적으로 정의되어 설정된 목표가 존재할 필요는 없다. 과업수행과 관련된 시행착오 과정을 통해, 또한 정보와 환류 과정을 통해 목표가 설정되고 그 과정 중에서도 변경하거나 새로운 추가 설정도 가능하다. 예를 들어 행정학 공부를 열심히 하다보니까 자신감이 붙어 공무원 시험 준비를 시도해야겠다고 목표를 정하는 경우이다.

(2) 대안의 결과에 대한 정교한 예측이나 고려는 하지 않는다. 다만, 중요변수를 바람직한 상태로 계속 유지하려고 노력한다. 이는 자동온도 조절장치와 비슷하다고 볼 수 있으며, 이를 비목적적 적응과정(non-purposive adaptive process)이라고 한다.

2) 불확실성의 통제(Uncertainty Control)

합리모형은 대안의 결과예측 시 새로운 정보가 추가되면 이를 통해 대안 결과에 대한 불확실성을 감소시켜 나가지만, 사이버네틱스 모형에서는 환류과정 통해 들어오는 정보에 따라 시행착오적 적응을 계속해 나간다. 불확실성의 문제는 중요치 않다.

3) 학습과정(Learning Process)

의사결정자가 어떤 문제에 대응하여 선택한 대안 중에서 좋은 효과를 보면 계속 그 대안을 선택하고 나쁜 결과가 나오면 다른 대안으로 변경한다. 이런 과정을 통하여 의사결정자는 어떤 상황에 있어서는 어떤 대안이 좋고 또 다른 어떤 때는 어떤 대안이 좋다는 식의 도구적 학습(instrumental learning) 과정을 통해 의사결정을 한다. 계속적으로 축적되면 표준운영절차(SOP), 프로그램 목록이 되며 이런 과정은 개인 의사결정 상황에도 적용 가능하다.

4절 점증주의 모형(Incremental Model)

| 사례-8 | 정부재정규모 변화추이 |

(단위: 조원, %)

	2011	2012	2013	2014	2015	2016	2017	2018
중앙정부 총지출 규모 (최종예산)	309.1	325.4	342.0	355.8	375.4	386.4	400.5	428.8
(GDP대비, %)	20.5	21.3	21.0	21.0	21.7	21.6	21.9	23.6

자료: 기획재정부, 「한국통합재정수지」, 「나라살림 예산개요」

》 생각해보기

위 정부지출 규모 변화추이를 볼 때, 우리나라 정부 예산은 어떤 방식으로 변해 왔다고 말할 수 있을까?

1. 서론

점증주의 모형(Incremental Model)은 Lindblom이 「The Science of 'Muddling Through」(1959)라는 논문에서 주창한 의사결정모형으로 그에 의하면 현실의 정책은 점증적으로 결정되며(실증적), 또한 점증적으로 결정되는 것이 바람직하다고(규범적) 주장하였다. 이는 Herbert Simon의 만족모형에 영향을 받았으며 다원주의적 사회배경을 토대로 제시된 의사결정 모형이다. 다원주의 사회에서는 가치의 상대성이 인정되며 각 분야별 여론주도 엘리트 계층이 다르기 때문에 각 영역의 가치를 제도 내에서 반영하기 위해서는 기존의 질서 안에서 소폭적 변화를 가하는 방식으로 정책을 결정하는 것이 바람직하다고 보았다.

이 모형 역시 현실의 의사결정 상황을 무시하고 지나치게 분석적이고 규범적인 합리모형의 비판에서부터 출발하고 있으며, Simon이 개인적 의사결정론의 기초를 확립한 데 반해 점증주의 모형은 Simon의 이론적 기초 위에서 국가 정책결정에 초점을 맞추고 있다.

점증모형은 합리모형의 여러 문제점 중에서도 정책결정자의 문제(분석능력, 시간, 정보, 경비 등의 부족), 대안비교 기준의 모호성, 혹은 대안평가의 기준 부재가 특히 문제이기 때문에 현재의 정책에서 소폭적 변화만을 대안으로 고려하는 것이 바람직하다고 보았다.

이 모형은 정치적 결정에 내재된 가치판단, 사실판단의 문제, 그리고 그들의 상호작용에서 나타나는 변수, 참여자, 관련 집단 등 정책결정의 복잡성 문제에 주목하였다. 그리하여 정책결정의 정치적 의미와 그 파급효과 등에 관심을 기울였다.

2. 내용

1) 현재정책 ± α

기본적으로 점증주의 모형은 현재의 상태에서 소폭적 변화를 추구하며 이런 면에서 보수적이라고 볼 수 있다. 특히 예산 결정시 점증적 성향의 결정이 일어난다. 따라서 이 방식에 따르면 현재 정책을 근본적으로 재검토하거나, 현재 정책과 질적으로 아주 다른 정책 대안을 고려하는 일이 거의 없게 된다. 즉, 합리모형이 현 정책만 아니라 모든 새로운 정책대안을 광범위하게 고려할 것을 요구하는 데 반해 점증모형은 현 정책에서 약간 수정, 보완된 대안만 고려하게 된다. 이러한 측면에서 지엽적 접근(branch method)이라고 불린다. 따라서 아무리 중요하고 훌륭한 대안이라도 현재의 정책과 전혀 방향성이 다르다면 고려하지 않는다고 볼 수 있다.

우리나라의 정책 예를 보면 앞의 사례문제의 경우처럼 정부예산은 대체로 점증적 변화성향을 보여 왔다고 볼 수 있다. 또한 대학입시제도나 사법개혁도 결국 크게 대폭적으로 달라지는 경우가 없다.

2) 제한적 분석 · 비교

합리모형은 대안이 가져올 결과를 분석 예측하고 이에 근거하여 각 대안을 비교하지만 점증모형은 정책대안 결과를 모두 분석하지도 예측하지도 않는다. 중요한 결과라도 예측에서 누락된 경우 많으며 제한적 비교 검토를 한다.

3) 계속적 정책 결정(Consecutive Decision Making)

시간, 능력, 정보, 경비 등이 부족한 상황에서 의사결정자가 한꺼번에 정책을 획기적으로 결정하지 않고 조금씩 서서히 기존정책을 수정, 보완해 나가야 한다. 이는 정책을 결정할 때 현재의 정책에서 약간만 변화시킨 대안만 고려하면 그만큼 예측가능성이 높기 때문이다. 또 만일 예측이 어렵다면 일단 불완전한 정책을 시행해 보고 결과를 봐서 수정하거나 보완하고자 한다.

이를 Lindblom은 계속적 비교, 연속적 평가와 분석, 연속적, 순차적 정책결정으로 보았다. 또, Lindblom은 정책이란 치료적 성격이 짙다고 보는데 이는 문제가 발생해야 비로소 그 문제의 해결을 위해 정책적 노력을 기울이게 되기 때문이다. 그런데 그러한 문제는 근본적 해결은 어렵고 부분적 치료만 가능하기 때문에 정책은 계속 수정 · 보완되어야 한다고 본다.

4) 부분적 분산적 정책결정(Piecemeal-Disjointed Decision Making)

정책결정은 부분적 · 분산적으로 이루어진다. 특히 정책대안의 분석,

평가가 사회적으로 분산된다. 하나의 정책은 여러 구성요소의 복합체적 성격을 띠는 경우가 많아서 독임주의 체제에서처럼 모든 의사결정을 단일 주체의 입장만을 반영할 수는 없다.

A부분에 대해서는 CEO의 관점, B는 관련 부서의 의중, C부분은 노동조합의 입장이 반영되는 경우 많다. 예를 들어 수질오염과 수질관리에 대한 관련 기관의 입장은 담당업무의 상이성 때문에 전부 다를 수가 있다.

- 환경부: 하천, 강 수질 관리
- 보건복지부: 수돗물 수질기준
- 국토교통부: 하천 댐 공사 계획
- 수자원공사: 수량 확보
- 지방자치단체: 수돗물 공급

5) 목표와 수단의 상호 의존성

현실적으로 볼 때, 정책결정은 대부분이 정책목표와 수단이 동시에 결정되는 경우가 많다. 왜냐하면 첫째, 정책목표와 가치에 대한 합의가 어렵기 때문이다. 많은 공공정책의 경우 여러 목표 가치를 동시에 지니는 경우가 많고 그러한 목표들이 지닌 상대적 중요성에 대한 국민적 합의가 어렵기 때문이다. 둘째, 상충하는 목표와 가치를 통합할 수 있는 지표 작성이 어렵다. 셋째, 많은 경우 목표결정은 목표달성이 가능한 수단에 의해 좌우되기도 한다. 예를 들어 경제정책의 하나인 인플레이션 허용범위로 1% 이내가 바람직하나 경제여건상 실현가능성이 희박하기 때문에 3% 이내로 타협하게 되는 경우이다.

6) 의사결정 기준

점증주의론자들은 정책결정이 합리모형이 제시한 절차나 방법대로 되지 않는다고 본다. 그렇다면 달성할 목표가 명확하지 않을 때 이를 위한 수단 중에서 어느 것이 최선인지를 어떻게 판단하는가? 이는 새로운 정책에 대한 정책관련자들의 동의정도로 판가름 난다고 볼 수 있다. 일방적인 상대방의 지배(domination)가 아니라 타협(compromise)에 의한 방법을 선택해야 하기 때문이고, 점증주의 모형이 가치의 상대주의와 이를 기반으로 한 다원론적 입장에 근거를 두고 있기 때문이기도 하다.

3. 점증주의 평가

1) 실증모형으로서의 점증주의

(1) 기여

점증주의가 정책결정과정을 가장 잘 설명한 부분은 현실세계에서 관료들이 대부분 주먹구구식으로 결정한다는 사실을 지적한 것이다. 즉, 현재의 정책에 소폭적 변화만 추구함으로써 중요하고 새로운 정책대안이 무시되며 목표가 명백하지 않은 상태에서 정책수단에 대한 결정을 내리기도 한다. 또한 동의를 중시하여 목표달성이나 기타 객관적 기준 없이 타협, 흥정에 의한 정책결정을 하는 경우가 많다는, 현실의 정책결정과정의 핵심을 정확히 포착하였다는 점이다.

(2) 문제점

가. 현재 정책에서 소폭적 변화만을 고려한다. 그러나 '얼마만큼을 소폭으로 볼 것인가?'가 문제이다. 예를 들어 예산결정의 경우 10% 내외의 증감은 점증적이라고 보고 있으나 왜 10%가 점증의 판단기

준이 되어야 하는지는 근거를 제시하지 못하고 있다.

나. 실제 정책이 비점증적으로 결정되는 경우도 많다.

① 미국의 우주개발은 급격히 이루어졌으며 New Deal 정책도 마찬가지이다. 우리나라 지역개발비도 각종 선거 시 대폭 증가하는 현상을 보이고 있다.

② 미국정부 예산에 대해 Baily & O'connor에 의하면 증가율 10% 이상이 50% 이상으로 점증적으로 보기 어렵다. 우리나라의 과거 7~80년대 정부예산도 대부분의 경우 10% 이상 증가하고 있다.

③ 부처(성) 수준에서의 예산총액은 점증적 변화를 보이고 있으나 부처 내 세부사업은 소폭적인 증감을 하지 않는 경우가 많다. 세부사업에는 대폭적 변화가 있어도 이것이 결국 부성수준에서 상쇄되어 소폭적 변화를 보이는 것이다. 이는 국가예산 전체를 볼 때도 같은 경향이 나타난다.

정부사업 중 논란의 여지가 많은 사업예산은 대폭적 변화를 보이고 있는 경우가 많으며(예: 4대강 사업, 실업대책 사업) 경상비와 경직성 경비는 소폭 변화를 보이는 것이다. 점증모형은 정책결정의 결과가 꼭 점증적이지 않은 경우가 많아 이는 실증모형으로서의 점증주의의 문제점 중 하나이다.

2) 규범모형으로서의 점증주의

가. 합리적, 분석적 정책결정은 의사결정 비용이 많이 소요되기 때문에 결과로 얻게 되는 효과가 의사결정 비용보다 커야 한다. 점증주의는 의사결정 비용을 적게 들이기 위해 몇 개의 대안과 몇 개의 결과만을 고려하는 경우가 많다. 이러한 점에서 점증주의는 정책결정의 규범적 가이드라인을 제시하고 있다고 볼 수 있다. 그러나 중대한 정책문제는 비용이 많이 들어도 올바른 문제 해결이 바람직하

다. 이는 중요정책의 경우 한 번 잘못 결정되면 그 피해가 크기 때문이다. Dror는 이를 헌법상의 권리문제라고 파악하였고, Etzoni는 근본적 문제라고 보았다.

나. 상황이 복잡하여 대안의 결과가 매우 불확실할 때는 이를 극복하기 위해 소폭적 변화로 정책을 수정, 보완하는 것이 바람직하다. 그러나 처음의 결정이 잘못되면 점증주의적 접근방식으로는 이를 근본적으로 수정하기 어렵다. 예를 들어 미국의 월남전 개입이나 논란의 소지가 많았던 4대강 사업, 탈원전정책 등이 그러하다고 볼 수 있다. 이는 매몰비용(sunk cost)의 문제이기도 하다.

문제가 있으면 정책을 조금씩 수정, 보완해 나가고 시행착오를 통해 수정, 보완해 나가는 방식은 훌륭한 전략인 것 같지만, 실제에선 이런 학습이 일어나지 않는 경우가 많다. 예산상의 잘못이 계속 되풀이되면서 일어나고, 의원들의 외유성 여행, 사법부의 전관예우 등 수십 년째 문제를 제기하지만 없어지지 않는다.

다. Lindblom은 점증주의가 결코 분석을 무시하지 않는다고 주장하고 있다. 그러나 점증주의에서는 대안이나 결과에 대한 분석을 어떻게 하는지 구체적으로 제시하지 못하고 있다. 현실적으로 합리모형의 분석방법을 그대로 이용하고 있다.

라. 정치적 현재상태(status quo)만 지나치게 강조하고 있다는 점에서 반혁신적이며, 보수적이다.
① 점증주의는 정치적 실현가능성을 중시하며, 정책대안 비교 기준으로 관련자들의 동의 정도를 중시한다.
② 정치적 안정성을 중시하며 현재정책에 대한 근본적인 변화를

외면하고 있다. 정치적 안정성은 합리모형에서 간과하고 있는 중요가치이다. 특히 정권이나 장관이 바뀔 때마다 새로운 정책을 도입하는 것은 국민생활에 바람직하지 않은 영향을 준다.

③ 점증주의적 결정방식은 정치적 갈등을 줄일 수 있다.

예를 들어 '예산 = 기반(base) + 공정한 배분(fair share)'에 의해 결정되는 경우 전년도 예산(base)에 대해서는 논의치 않고 올해의 소폭적 증가를 어떻게 부처마다 공정하게 나누어 갖느냐에 초점을 맞춤으로써 갈등을 줄일 수 있다. 그러나 기존 정책에서 큰 변화를 거부한다는 점은 정치적 현실의 비호라는 비판을 받는다. 즉, 현재 상태에서 정치적으로 강한 집단이 계속적으로 지배하게 되므로 점증적 결정이 정치적으로 타당하려면 관련집단의 정치적 자원이 비슷하게 배분되어 있을 때만 가능하다. 그러나 이는 다원주의 전통이 확고히 자리잡은 국가에서만 가능하다.

5절 혼합주사모형(Mixed Scanning Model)

사례-9 | **축구 국가대표 선수 선발방식**

여러분이 우리나라 축구 국가대표팀 감독이라면 어떤 방식으로 대표팀 선수들을 선발할까? 앞에서 학습한 다양한 의사결정 방식을 이용하여 생각해 보자.

1) 합리모형에 의한 방식
2) 만족모형에 의한 방식
3) 점증모형에 의한 방식
4) 혼합주사모형에 의한 방식

≫ 생각해보기

각 모형에 입각해서 대표선수를 선발하는 방식을 기술하고 각 방식의 장단점을 적어보시오.

1. 개관

Amitai Etzioni가 제시한 혼합주사모형은 합리모형과 점증모형을 변증법적으로 결합을 시도한 正(these) - 反(antitheses) - 合(syntheses)의 合에 해당하는 모형이다. 즉, 합리모형의 지나친 엄격성과 점증모형의 근시성의 문제점들을 극복하고, 각 모형의 장점을 살리고자 융합을 시도한 모형이라고 볼 수 있다.

합리모형은 모든 대안을 찾아 대안결과를 전부 예측하도록 요구한다는 점에서 지나치게 엄격하고 이상적이며, 과도한 분석작업을 요구하고 있어 비현실적인 면이 있다. 한편 점증주의 모형은 근시적(myopic)이며 방향감각이 없다는 점, 방향이 틀려도 수정이 어려우며, 보수적이며 쇄신적이지 못하다는 점에서 비판을 받는다.

현실정책의 문제는 경우에 따라 합리모형에 입각한 정책결정방법도 필요하고 동시에 세부적 점증모형에 입각하는 방법도 필요하다. 따라서 양 모형을 통합하는 방식을 통해서 합리모형의 지나친 이상성을 현실화하고 점증모형이 갖는 보수성을 극복하여, 단기적 변화에 대처하면서 동시에 장기적 안목을 갖출 수 있도록 하고자 하는 것이 혼합주사모형의 제안배경이다.

2. 혼합주사 모형의 내용

1) 근본적 의사결정(Fundamental Decision Making) vs. 세부적 의사결정(Item Decision Making)

근본적 결정 혹은 맥락적 결정(contextual decision making)이란 개괄적, 총괄적, 전체적 방향 설정을 위한 결정이며 의사결정이 이루어질 테두리와 맥락을 결정한다. 이 단계에서는 세부적 내용, 구체적 사항들은 의도적으로 제외한다. 한편 세부적 결정(Item decision making)을 근본적 결정이 이루어진 다음에 근본적 결정을 구체화하고 집행하는 방법에 대한 결정을 의미한다. 주로 점진, 점증적으로 이루어진다.

〈표 7〉 혼합주사모형 결정 틀

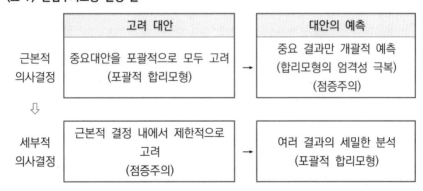

	고려 대안	대안의 예측
근본적 의사결정	중요대안을 포괄적으로 모두 고려 (포괄적 합리모형)	중요 결과만 개괄적 예측 (합리모형의 엄격성 극복) (점증주의)
세부적 의사결정	근본적 결정 내에서 제한적으로 고려 (점증주의)	여러 결과의 세밀한 분석 (포괄적 합리모형)

〈Etzioni의 예: 태풍발생 탐지를 위한 기상 관측 〉

① 합리모형 → 천체의 한쪽 끝부터 다른 끝쪽까지 샅샅이 정밀 관측한다. 그러나 이는 엄청난 분량의 자료이므로 사실상 분석이 불가능하다고 볼 수 있다.

② 점증주의 → 과거 태풍이 자주 발생한 지역과 그 주변에만 초점을 맞춘다. 그러나 이는 다른 지역에서 발생 가능한 태풍에 대해 전혀 예측이 불가한 문제가 있다.

③ 혼합주사 모형 - 2개의 성격이 다른 렌즈를 사용하여 탐사한다.
　　가. 어안렌즈 - 넓은 시야를 가진 어안렌즈를 통해 거시적으로 하늘 전체를 관측하여 문제가 있는 영역을 발견한다. 그러나 세밀한 관측은 하지 않는다. (근본적 결정)
　　나. 망원렌즈 - 어안렌즈를 통하여(거시적, 개략적 관측) 밝혀진 문제가 있는 지역에 대해 중점적으로 정밀검토를 하고 미시적 관측을 한다. (세부적 결정)

근본적 결정과 세부적 결정은 조직구조와 그 안에서의 결정권자의 역할을 이해해야 파악될 수 있는 개념이다. 근본적 결정은 정책결정의 각 단계에서 고려되는 여러 목표를 동시에 고려해서 그 목표들 간에 전체적 질서를 제공해주는 결정으로, 이는 그 의사결정자 자신뿐 아니라 하위조직이나 하위결정자들의 행위를 규정한다. 이는 그들의 행위에 대해서 일종의 평가적 근거(evaluative context)를 제공한다는 의미이다.

세부적 결정은 그러한 근본적 결정의 테두리 안에서 각 하위조직 또는 하위 결정권자와 특정의 개별적 목표를 달성시키기 위해 내리는 결정이다.

2) 근본적 결정 방법

(1) 검토대안(대안탐색)은 특정범위에 국한시키지 않고 광범위하게 탐색해 나간다. **(합리모형의 포괄성 채택)**

(2) 선정된 대안의 결과예측은 중요한 변수만 대강 예측한다. 이는 지나치게 엄격한 합리모형의 약점을 극복하고자 함이다. **(점증주의)**

3) 세부적 결정 방법

(1) 대안탐색은 근본적 결정의 테두리 안에서 대안을 추가하거나 삭제, 혹은 변경을 통하여 근본적 결정에서 검토한 대안에서 약간의 변화만 있는 대안들을 고려한다. **(점증주의)**

(2) 대안의 결과 예측은 선정된 소수 대안에 대해서 정밀하고 깊이 있는 분석을 시도한다. **(합리모형의 포괄적 분석)**

4) 양 결정의 경중 배합

의사결정자는 의사결정 과정에서 근본적, 세부적 결정 중에서 한곳에 더 가중치를 줄 수 있다. 즉, 근본적 결정을 자주 하면서 여기에 많은 노력과 시간을 투입할 수도 있고, 근본적 결정이 있은 후에 그 내용에 대한 전면적 검토 없이 그것을 수정, 보완하는 식의 세부적 결정을 위해 더 많은 시간과 노력을 투입할 수도 있다.

이 둘 중 어디에 더 비중을 두어야 하는가는,

(1) 전체적 탐사(조망)를 하지 않아서 발생할 가능성이 있는 피해의 크기는 현재의 정책에만 관심을 둠으로써, 미래에 입게 되는 점증주의의 피해 크기와 같다고 볼 수 있다. 예를 들어 국민연금제도는 현재 저부담 고혜택 구조인데, 미래의 기금고갈로 인한 재정파탄을 막기 위해서는 장기적, 거시적 관점에서 이를 정확히

진단하여 과단성 있는 개혁이 필요하다. 그렇지만 정치권에서는 당장의 득표만을 의식해 여전히 이를 외면하고 있다. 이는 결국 미래세대의 피해로 나타나게 될 것이다.

(2) 근본적 결정과 세부적 결정 양자에 대한 자원배분은 사회지도체제(Social Guide System)에 의해서 결정되어야 한다. 국가 정책결정의 경우 조직 상층부에서 근본적 결정을 하고, 정책 분석가, 관련분야 전문가들이 세부적 결정을 하게 된다.

(3) 근본적 결정(거시적 조감) 시기

국가차원에서 정기적인 거시적 조감이 필요한데 이는 대개 정권교체시, 대통령의 연두 국정연설, 정부의 내년도 예산 제안 시 이루어진다.

a. 정책 환경의 급격한 변화나 정권교체 등으로 근본적 결정의 상황이 바뀔 때

b. 전체적인 문제 상황의 변화 시

(4) 양 결정의 배분방식

배분방식은 두 가지인데, 혼합주사모형에 의한 의사결정은 근본적 결정과 세부적 결정의 지속적 교호작용에 의해 이루어진다. 집행과정에서도 수시로 거시적 탐사를 되풀이 한다. 두 결정의 경중은 정책결정권자가 자신이 생각한 대안이나 참모, 고문들이 건의한 모든 대안 중 적절하다고 생각되는 것을 검토하기 시작한다. 이런 대안들은 개략적으로 검토되는데, 이 중에서 집행 가능성이 없는 것, 결정권자의 기본적 가치에 변하는 것, 결정을 집행해 나가는 데 있어 지지를 얻어야 할 집단의 이익이나 가치에 상반되는 것은 제외한다. 그러한 검토과정 끝에 남은 것만을 대상으로 좀 더 상세하게 같은 검토를 반복해 최종으로 하나의 대안

만 남게 하든지 어느 것을 채택해도 무방한 단계에까지 이르게
한다.

3. 평가

1) 장점

(1) 합리모형의 지나친 지적 엄격성과 점증주의 보수성을 극복하는
모형이다.

(2) 모든 의사결정을 동일한 수준으로 보지 않는다. 즉, 근본적 결정
과 세부적 결정으로 구분하고, 근본적 결정이 세부적 결정에 중
대한 영향을 미친다고 보고 있다.

(3) 합리모형은 전체주의 사회체제를, 점증모형은 다원적 민주주의를
전제로 하고 있는 데 비해, Etzioni에 의하면 혼합주사모형은 능
동적 사회(Active Society)에 적합한 모형이라고 한다.

2) 약점

(1) 합리모형이나 점증모형에서 제시된 내용 이상의 특별히 새로운
면이 없다. 그렇기 때문에 합리모형, 점증모형과 동격 대우는 어
렵다.

(2) 능동적 사회에 대한 명확한 개념 정립이 없다.

사례-10　축구 국가대표팀 선수 선발 〈해〉

여러분이 우리나라 축구 국가대표팀 감독이라면 어떤 방식으로 대표팀 선수
를 선발할까? 앞에서 학습한 다양한 의사결정 방식을 이용하여 생각해 보자.

---

1) 합리모형에 의한 방식 선발

a. 전국에 등록된 고등학교, 대학교, 실업팀, 프로팀, 해외 프로 축구선수들을 빠짐없이 리스트를 작성하고 일정기간에 소집하여 개별, 혹은 팀별 테스트를 실시함.

b. 평가기준으로 다양한 요소(예 스피드, 드리블 능력, 슛팅 능력, 체력 등)에 가중치를 부여하여 개인별 점수화함.

c. 전체 후보 선수중 상위 일정숫자의 선수를 최종 엔트리 멤버로 선정

2) 만족모형에 의한 방식

a. 국가대표 선수 후보군(현 대표선수, 과거 대표선수, 프로 우승팀, 해외 프로 선수 등)의 리스트를 작성하고

b. 우선적으로 고려해야 할 선수들을 포지션별로 검토(선발테스트)해 나가다가

c. 만족할 만한 수준에서 엔트리 숫자가 채워지면 대표팀 선발 종료

3) 점증모형에 의한 방식

현재의 대표팀 선수들을 기본으로 하되 최근 뛰어난 활약을 보이는 국내·국외 선수들을 추가 후보군으로 선정하여 현재 포지션 선수들과 비교·평가하여 선정

4) 혼합주사모형에 의한 방식

가. 근본적 결정

a. 전국에 등록된 고등학교, 대학교, 실업팀, 프로팀, 해외 프로 축구 선수들을 빠짐없이 리스트를 작성하여 과거의 개인별, 소속팀별 기록을 서류상으로 검토하고 약 5배수의 후보군을 선발(합리모형)

b. 일정기간 동안 이들을 소집하여 개별, 혹은 팀별로 개괄적인 테스트를 실시하고 그 중에서 최종 엔트리의 3배수 결정(점증모형)

나. 세부적 결정

c. 3배수의 후보군 선수들에 대해 과거 기록과 기술위원회의 의견을

들어 일부 선수를 추가하거나 제외시키고 최종 후보군으로 확정(점증모형)

d. 최종 후보들을 소집하여 포지션별로 다양하고 심도있는 테스트 과정을 거쳐 최종 엔트리 확정(합리모형)

6절 최적모형(Optimal Model)

워크맨의 탄생

소니는 80년대 휴대용 비디오 카메라, 최초의 가정용 캠코더, 플로피디스크 등 세계 최초의 신제품들을 많이 출시했다. 그러나 가장 큰 성공은 모리타 아키오의 워크맨이다. 한때 세계 도처에 깔려 있던 워크맨의 탄생과정은 소니 신화의 핵심이다. 모리타는 젊은이들은 어디에서든 음악 듣기를 좋아한다는 사실에 주의를 기울였다. 길을 걸으면서 음악을 들을 수 있는 간단한 방법을 찾아내자는 것이 그의 '결정'이었다. 그 궁리의 결과물이 워크맨이다.

"나는 사전에 어느 정도 시장조사가 이루어져야 성공할 수 있다는 말을 믿지 않는다." 그는 덧붙여서 말했다. "대중은 무엇이 가능한지 모르지만 우리는 느끼고 있다."

그가 시장을 석권한 것은 우연이 아니었다. "만일 당신이 자신의 길이 언제나 최상이라고 만족하면서 살고 있다면, 당신에게 새로운 아이디어는 결코 떠오르지 않을 것이다"라고 모리타는 말한다. 또 최상의 결정을 내리는 데 반드시 분석과 교육이 필요한 것은 아니라고 주장한다. 사람과 함께 일한다면 때로 그를 포용하기 위해 논리를 뒤로 해야 한다.

출처: Stuart Crainer, 「75가지 위대한 결정」. 2009, 더난출판사.

≫ 생각해보기

워크맨의 탄생은 시장수요에 대한 분석적 접근이었을까? 아니면 시대 흐름에 대한 직관적 접근이었을까?

1. 서론

Dror의 최적모형은 「정책결정 재조명(Policy Making Re-examined)」 (1968)이라는 저서에서 제시된 모형으로 내용이 광범위 하여 'Dror의 정책학' 이라고 불린다. 최적모형은 일종의 혼합모형으로 볼 수도 있으나 합리모형에 더 가깝다. 즉, 합리모형을 근간으로 하여 새로운 개념의 '초합리성'의 접목을 시도하고 있다.

1) 정책결정에 필요한 지적 측면

Dror는 정책결정에 필요한 지적수준을 합리모형의 경제적 합리성에 초합리성을 추가적으로 요구하였다.

> 최적모형 = 경제적 합리성(Economic Rationality)
>   + 초합리성(Extra-Rationality)

(1) 경제적 합리성(Economic Rationality)

순수합리 모형은 여러 가지 현실적 제약으로 실제 의사결정 시 적용 하기가 쉽지 않으며, 설령 가능하다 해도 지나치게 많은 노력과 경비가 소요된다. 따라서 합리모형의 적용은 그것의 경제적인 이익이 있는 한도 까지만 제한할 필요가 있으며 이를 경제적 합리성이라고 한다.

즉, 경제적 합리성은 합리적 결정의 효과가 합리적 결정의 비용보다 큰 한도까지만 적용하도록 한다. 여기서 합리적 결정의 효과란 보다 분 석적으로 정책을 결정함으로써 정책의 질이 향상되는 정도를 의미하며, 합리적 결정의 비용이란 보다 많은 대안 탐색과 결과 예측의 정확성을 높이기 위해 투자하는 시간, 노력, 경비 등의 비용을 의미한다. Dror의 최적 모형은 합리모형의 분석 틀을 기본으로 하되 상황에 따라서 분석적 요구를 완화하여 이용한다(불완전 분석 합리모형).

(2) 초합리성(Extra-Rationality)

Dror는 경제적 합리성도 중요하지만 초합리성도 강조하여 양자의 적절한 조화가 필요하다고 보았다. 여기서 초합리성이란 직관(intuition), 판단(judgement) 등과 같은 인간의식의 저변에 존재하는 반무의식적(sub-conscience) 요소를 의미하며 이들 요소가 정책결정에 도움을 준다고 보았다.

가. 정책결정에 투입되는 자원(시간, 노력, 경비), 정책결정자의 능력은 제한적이며, 상황의 불확실성이 많다. 따라서 의사결정자의 직관이나 통찰력이 중요하다.

나. 어떤 경우에는 초합리성으로만 판단해야 하는 경우가 있다. 새로운 정책대안을 개발해 낼 때는 창조성이 필요한데 이는 초합리성의 영역이다.

다. 합리모형에 의해 문제해결이 가능한 경우라도 그를 기반으로 초합리적 방법에 의존하는 것이 때로는 나을 경우도 있다(heuristic learning).

Dror는 초합리성이 합리모형보다 중요하다는 것이 아니라 각자의 융합이 필요하다고 보았으며 정보에 입각한 직관(informed intuition), 과학적 근거를 둔 짐작(guesstimate)이 중요하다고 보았다. 즉, 초합리성은 막연한 감에 의지하는 것이 아니라 충분한 사전 정보와 분석을 바탕으로 그동안의 축적된 경험에 입각한 결정기제라고 볼 수 있다. 이런 의미에서 계량적, 질적 성격을 동시에 지니고 있으나 질적 모형에 보다 가깝다.

합리, 만족, 점증모형이 개인이나 집단의 의사결정에 적용할 수 있지만 Dror의 최적모형은 정책체제 전체가 어떻게 합리적으로 운영되어 소위 최적화에 도달할 수 있느냐에 보다 초점을 맞추고 있다.

직관의 이해

스위스에 있는 IMD의 재그디스 패리크가 직관에 대해 연구하면서 9개국의 최고 원로경영자 1,312명에게 "직관이 무엇입니까?"라고 질문했을 때 대답은 아래 표에서 보는 것처럼 각양각색이었지만 '모두가 신뢰할 만한 가치가 있는 것'으로 답했다.

〈표 8 직관이란 무엇인가?〉

내 용	%
논리적, 이성적인 수단에 의지하지 않는 의사결정이나 지각	23.4
본래의 인식, 납득이 가지 않는 이해, 내부로부터 오는 느낌	17.1
과거 경험의 통합, 축적된 정보의 처리	16.8
배짱	12.0
완벽한 데이터나 자료가 없는 문제해결과 의사결정	8.6
육감	7.4
자발적 지각이나 상상력	7.3
통찰력	6.7
잠재의식적 처리	6.1
본능	5.7

심리학자 프랜시스 본(Francis Vaughan)은 직관에 대해 '사람들은 일반적으로 어떤 순간 자신이 알고 있는 아주 작은 것만을 의식하며 이러한 의식하는 내용은 잠재의식에 속하는 것들이고, 이것은 과거에 의식적 또는 무의식적으로 배웠거나 경험한 것들이다. 뿐만 아니라 모든 인간에게 공통적이거나 자아한계를 초월한 보편적 진리도 잠재의식에 포함되어 있다. 이러한 잠재의식 속에 있는 거대한 지식이 순간적으로 작동하는 것이 직관'이라고 설명했다.

앞의 설문결과나 본의 설명처럼 초합리성이나 직관은 타고난 부분도 있지만 대부분은 관련된 혹은 관련되지 않은 다양한 분야의 축적된 경험과 교육, 학습이 가장 중요한 원천이라고 볼 수 있다.

출처: Stuart Crainer, 「75가지 위대한 결정」. 2009, 더난출판사.

2. 정책결정단계

최적모형은 초결정(Meta Policy Making)단계, 정책결정(Policy Making) 단계, 후정책 결정(post-Policy Making)단계로 이루어져 있다.

1) 초정책결정 단계: 정책결정에 대한 정책결정 단계(PM on PM)

초정책결정 단계는 최적모형의 가장 큰 공헌으로 평가되고 있는데 정책결정 체제를 하나의 전체로서 관리하는 단계를 의미한다. 즉, '특정 정책결정을 어떻게 해야 할 것인가'를 결정하는 단계로, 이 단계에서 보다 바람직한 방향의 정책을 결정하기 위한 전략을 결정한다.

- 1단계 : 가치처리(Process Values)
- 2단계 : 현실처리(Processing reality)
- 3단계 : 문제처리(Processing Problems)
- 4단계 : 자원의 조사, 처리, 개발(surveying, processing and developing resources)
- 5단계 : 정책결정체제의 설계, 평가, 재설계(designing, evaluating, and redesigning the policy making system)
- 6단계 : 문제, 가치, 자원의 배분(allocating problem, values and resources)

• 7단계 : 정책결정 전략의 결정(determine policy making strategy)

① 정책과 관련된 정책문제, 가치, 자원 등을 확인하고 이를 정책 결정 기관들에게 할당한다.
② 보다 바람직한 정책결정을 위한 정책결정 체제의 설계와 현재 정책결정 체제의 분석과 평가 및 이를 개선하기 위해 정책결정 체제를 재검토한다.
③ 합리모형, 점증모형 등의 정책결정의 주된 전략을 결정한다.

2) 정책결정 단계(Policy Making)

초정책결정 단계와 병행해서 진행되며 합리모형의 결정 방식과 유사하다.

• 8단계 : 자원의 하위배분(sub-allocating resources)
• 9단계 : 우선순위에 입각한 구체적 목표 설정(establishing operational goals with some order of priority for them)
• 10단계 : 우선순위에 입각한 중요가치 군의 설정(establishing a set of other significant values, with some order of priority for them)
• 11단계 : 좋은 대안을 포함한 중요 대안군의 마련(preparing a set of major alternative policies, including some good ideas)
• 12단계 : 각 대안의 가져올 주요 편익과 비용에 대한 신빙성 있는 예측(reliable predictions of signification benefits and costs of the various alternative)
• 13단계 : 각 대안이 초래할 예측편익과 예상비용의 비교 및 그를

통한 최선의 대안 발견(the predicted benefits and costs of the alternative and identifying the best areas)

- 14단계 : 최선의 대안이 초래할 편익과 비용에 대한 평가 및 그것이 좋은 것이냐 아니냐에 대한 결정(evaluating the benefits and costs of the best alternative and whether they are good or not)

3) 후정책 결정 단계(Post Policy Making)

정책집행 과정에서 환류되는 정보에 따라 정책내용을 수정하고 재 정책결정(Re-policy making)을 포함시킨다. 환류를 중요시한다.

- 15단계 : 정책집행을 위한 동기 부여(motivating the execution of the policy)
- 16단계 : 정책의 집행(executing the policy)
- 17단계 : 집행 후의 정책 평가(evaluation policy making after the policy has been executed)
- 18단계 : 의사전달과 피드백 통로를 통하여 모든 국면을 상호 연결시킴(inter-connecting all phases through communication and feedback channels)

3. 평가

1) 초합리성의 개념을 도입하여 통찰력, 직관, 판단 등의 초합리적 요소가 정책결정에서 합리적 분석에 못지않게 중요하다는 점을 강조하였으며 이는 일정한 공헌으로 인정받고 있다. 시간에 쫓기는 많은 정책 결정자들은 실제로 초합리적 요소에 많이 의존하고 있다. 그러나 지나치게 강

조하면 신비주의(mysticism)에 빠질 우려가 있으며 주먹구구식 결정을 미화할 우려도 있다.

2) 의사결정에 투입되는 노력, 경비, 시간 등의 비용을 인식하여 효과를 최대화할 수 있는 정책결정 전략을 선택하기 위해 의사결정모형을 신축성 있게 적용해야 한다는 점은 매우 의미가 있으며 합리주의의 지나친 이상주의 극복하는 측면으로 볼 수 있다. 또한 이 최적 모형을 사회적 변동 상황에서 혁신적 정책 결정이 거시적인 측면에서 정당화될 수 있는 이론적 근거를 제공하고 있다. 이는 점증주의의 보수적 측면을 극복하는 측면도 있다.

3) 정책결정의 여러 국면(초정책결정 - 후 정책결정)의 정책결정과정을 포괄적으로 체계화하여 거대한 정책학 패러다임을 형성했다. 그러나 이러한 광범위성 때문에 동시에 비판을 받고 있다. 즉, 최적모형은 정책결정체제의 구조 개선에까지도 도모하려고 하며 이를 위해서 인접학문인 헌법, 정치, 경제, 사회학 등의 핵심부분을 정책학으로 끌어들이고자 하였다. 초합리성의 개념은 심리학에서 원용한 개념이다.

4) 최적의 의미가 모호하며, 초합리성의 구체적 달성방법이 불명확하다는 비판도 받고 있다.

그러나 초합리성 개념의 도입과 후 정책결정단계의 환류의 중요성을 강조했다는 점에서 사소한 약점에도 불구하고 정책결정 발전에 공헌을 했다고 평가받고 있다.

1. 의사결정 현상을 설명하기 위한 모형은 합리성에 대한 가정의 차이에 따라 합리모형과 인지모형, 의사결정 연구목적에 따라 규범론과 실증론, 의사결정 주체에 따라 개인적 의사결정과 집단적 의사결정으로 구분한다.

2. 합리모형은 인간과 조직의 합리성, 완전한 지적능력, 정보에 대한 신뢰를 바탕으로 목표달성의 극대화 또는 문제해결의 최적 대안을 구하기 위해 따라야 할 과정이나 절차를 의미한다.

3. 합리모형은 문제인식 및 목표설정 → 대안탐색 → 결과예측 → 대안평가 → 최선 대안선택의 의사결정 절차에 의해 이루어진다.

4. 각 대안을 평가하기 위해서는 일정한 기준이 필요한데 공공부문에서는 효과성, 효율성, 형평성 등의 기준을 많이 적용한다.

5. 합리모형이론은 전제와 내용이 지나치게 이상적이고 규범적이며, 문제의 복잡성, 미래상황에 대한 불확실성, 적절한 정보의 결여, 예외적·비정형적 문제 해결에 적용이 곤란한 이유 등으로 비판받는다.

6. 만족모형은 행태론적 의사결정론과 관계된 것으로, 의사결정모형으로서 합리모형의 비판에서 출발하였다. 제한된 합리성, 만족화 기준의 지나친 주관성이 특징이다.

합리모형	만족모형
최적대안(극대화, 극소화) 선택	만족대안 선택
완전한 합리성	제한된 합리성
객관적 합리성	주관적 합리성
객관적 합리성에 기반을 둔 경제인	주관적 합리성에 기반을 둔 행정인

7. Cybernetics 모형은 합리모형과 대립되는 적응적, 관습적, 기계적 의사결정모형으로 적응적 의사결정(실내 자동온도 조절장치, 비목적적 적응모형), 불확실성의 통제(시행착오적 적응), 집단적 의사결정, 도구적 학습의 내용을 포함한다.

8. 점증주의 모형은 일반적으로 현실의 결정상황에 적용가능성이 매우 높은 점과 기존의 정책을 바탕으로 하기 때문에 정책이 수시로 변화하지 않아서 신뢰성에 대한 의문이 적다는 점은 바람직하고 긍정적이다.

9. 혼합주사모형은 합리모형의 절충, 능동적 사회(Active Society)에 적합, 정치적 이해관계의 조정 등과 같은 용소를 포함하고 있지 않기 때문에 불완전 분석적 합리모형에 불과하다는 비판을 받았다.

| | 합리모형 (집권주의) | 점증주의 (다원주의) | 혼합모형 (능동적 사회, 개도국) | | 혼합모형에 대한 비판 |
			근본적 결정 (합리모형)	세부적 결정 (점증모형)	
고려할 대안의 수	포괄적	한정적	포괄적 (전체를)	한정적 (중요한 것만)	한정성은 점증모형의 요소가 아니라 불완전 분석적 합리모형의 요소
각 대안의 결과예측	포괄적	한정적	한정적 (대충 보고)	포괄적 (자세히 본다)	

10. 최적모형

    1) 최적모형은 규범적·처방적 모형으로 경제적 합리성＋초합리성(주관, 직관, 판단 등)의 모형이다.

    2) 메타 정책결정단계(가치, 자원, 정책시스템 설계, 가치·자원의 할당, 정책결정 전략의 결정) → 정책결정 단계 → 정책결정 이후의 단계(동기부여, 집행, 평가, 환류)로 이루어져 있다.

01 다음 중 의사결정의 종류에 대한 분류로 적절치 못한 것은?

① 의사결정자의 지적 능력에 따라: 합리모형과 인지모형

② 의사결정의 연구 목적에 따라: 규범론과 실증론

③ 의사결정 문제의 성격에 따라: 정형적 혹은 비정형적 의사결정

④ 의사결정 빈도에 따라: 운영적, 관리적, 전략적

02 다음 중 합리모형의 설명으로 바르지 않은 것은?

① 합리모형은 인간의 이성과 합리성을 전제로 하여 정책과정을 설명한 것이다.

② 합리모형은 주어진 상황하에 목표 달성을 극대화할 수 있는 최선의 정책대안을 찾아내고자 한다.

③ 합리모형이론은 이상적이고 규범적 이론이다.

④ 합리적 의사결정 절차 중 결과 예측 단계에서 대안의 실행에 따른 결과를 정확하게 파악할 수 있다.

03 다음 합리모형의 의사결정 절차에 대한 기술 중 틀린 것은?

① 문제 인식 및 목표설정: 무엇을 목표로 하고 있으며, 결정해야 할 문제가 무엇인지 분명히 한다.

② 대안탐색: 가능한 모든 대안을 탐색한다.

③ 결과예측: 결과예측과 대안 실행의 결과가 다르게 나오면 합리적 의사결정으로 보지 않는다.

④ 대안평가: 대안선택의 명확한 기준을 세워 각 대안들을 평가한다.

정답 01 ④ 02 ④ 03 ③

04   합리모형에 대한 비판적인 사항으로 바른 것은?

① 짧은 시간 내에 정보를 수집할 수 있다.

② 분석적 결정은 비용이 적게 든다.

③ 현실의 의사결정의 경우 직관적 경우도 많다.

④ 조직이나 집단적으로 분석이 이루어지는 경우 개인적으로 이루어
    지는 경우보다 분석적 의사결정이 용이하다.

05   합리적 의사결정의 오류 요인이 아닌 것은?

① 매몰 비용의 오류(Sunk cost fallacy)

② 가용성 편향(Availability bias)

③ 대비효과(Contrast effect)

④ 효과성(effectiveness) 집중

06   다음 중 만족모형의 특징으로 바르지 않은 것은?

① 현실적으로 완전한 합리성 추구란 불가능하기 때문에 제약된 합리
    성을 추구한다.

② 합리모형의 한계를 보완한 것으로 인간의 심리적 만족화 수준에서
    대안을 선택한다.

③ 한정된 내용을 순차적으로 탐색하여 만족수준에 이른 대안을 발견
    하면 대안탐색을 중단하고 그 대안을 선택하는 현실적 이론이다.

④ 의사결정자들의 만족기준이 일치한다.

정답   04 ③   05 ④   06 ④

07 사이버네틱스(Cybernetics) 모형의 특징으로 가장 거리가 먼 것은?

① 적응적 의사결정

② 환경과 모험적 상호작용

③ 인과적 학습과정강조

④ 불확실성의 통제

08 점증모형의 비판적 이유로 타당하지 않는 것은?

① 정책대안의 탐색 및 분석과정에서 비용의 측면을 간과하고 있다.

② 지나치게 보수적이어서 쇄신을 저해한다.

③ 반복되는 타성에 젖어 정책결정을 하게 되면 새로운 정책대안을 소홀히 하기 쉽게 되는 경향이 있다.

④ 안정화된 상황에서 적용이 가능하나 위기와 같은 급변하는 환경에서의 적용은 무리가 따른다.

09 만족모형에 대한 설명으로 바르지 않은 것은?

① 실제 현실세계에서 일어나고 있는 의사결정과정의 실체를 밝혔다.

② 만족할 만한 대안을 찾은 후에 대안 탐색을 중단해 버리면 검토되지 않은 대안 중에서 더 좋은 대안이 있을 수도 있다.

③ 만족여부는 의사결정자의 기대수준에 달려 있다는 점은 객관성이 부족하다.

④ 중대한 의사결정의 경우에 매우 적합하다.

정답 07 ② 08 ① 09 ④

10 사이버네틱스(Cybernetics) 모형의 의사결정 방법에 대한 설명으로 바른
   것은?

① 적응적 의사결정을 위해 사전에 정의되고 설정된 목표가 반드시
   필요하다.

② 의사결정 시 대안의 결과에 대해 신중히 고려한다.

③ 의사결정자는 좋은 효과를 보면 계속 그 대안을 선택하고, 나쁜 결
   과를 보면 다른 대안을 선택한다.

④ 대안의 결과 예측 시 새로운 정보가 추가되면 이를 배척하여 불안
   을 감소시킨다.

11 혼합주사모형에 대한 설명으로 바른 것은?

① 합리모형의 비현실성과 점증모형의 보수성을 극복할 수 있는 전략
   을 제시하였다.

② 근본적 결정은 점진주의 모형에 따르고, 세부적 결정은 합리모형
   에 의해 이루어진다.

③ 혼합주사모형은 합리모형과 점증모형, 사이버네틱스 모형의 결합
   모형이다.

④ 기존 합리모형의 논리를 정부 정책결정자에 유추하여 국가 이익을
   극대화시키기 위해 최선의 대한을 선택하는 모형이다.

정답 ──────────────────────────────────
     10 ③ 11 ①

12 다음 중 혼합주사모형에 대한 설명으로 틀린 것은?

① 계층적인 정책결정방식을 특징으로 한다.

② 장기적인 전망하에 앞으로의 기본적 방향을 설정하고 상위 정책은 기본적 결정에 한다.

③ 맥락적 결정과 세부적 결정으로 이루어진다.

④ 점증적 결정은 정책 환경을 광범위하게 거시적으로 살펴서 고차원의 새로운 문제가 인지되는 전략적인 경우에 대처하기 위한 것이다.

13 "선례가 없는 비정형화된 정책결정에는 불가피하게 초합리적인 요소가 개입하게 된다"는 것을 강조하는 의사결정모형은?

① 합리모형

② 만족모형

③ 최적모형

④ 혼합주사모형

14 다음 중 Dror의 최적모형과 관계없는 것은?

① 초합리성

② 정치적 합리성

③ 정책결정을 위한 정책결정

④ 후정책결정

정답   12 ④ 13 ③ 14 ②

15 다음 중 다원주의적 사회에서 가장 적용가능성이 높은 의사결정 모형은?

① 합리모형

② 혼합주사모형

③ 점증모형

④ 최적모형

03 집단의사결정 모형

1절 서론

집단 의사결정이라 함은 두 사람 이상의 개인이 참여하여 이루어지는 의사결정을 의미한다. 집단의 특성에 따라 의사결정의 성격이나 내용이 여러 양태로 달라질 수 있다. 집단의 특성 중에서도 집단 구성원의 특성, 집단의 구조, 구성원들의 응집성 등은 중요하면서 서로 밀접하게 관련이 있다.

우선 집단 구성원의 특성으로는 교육수준, 소득수준, 출신 배경, 나이, 성별, 업무 경험수준 등 구성원 개개인이 가지는 사회인구학적 배경과 집합적으로 나타나는 이들의 특성을 의미한다. 교육수준이 높거나 특정 전문 영역의 구성원들로 이루어져 있다면 당연히 의사결정이 전문성도 높을 것이다.

다음으로 집단의 구조적 성격을 들 수 있다. 계층적 서열이 엄격하고 전통적 관료제적 성격을 띤 조직은 그렇지 않은 수평적 조직에 비해 의사결정 과정이 절차적, 수직적 성격이 강하게 나타날 것이다.

한편 조직원들 사이의 응집성(cohesiveness)의 정도는 집단 의사결정의 방식과 내용을 규정하는 중요한 척도의 하나라고 볼 수 있다. 응집성은 조직 구성원들 사이의 목표 공유 정도, 조직몰입, 내적 친밀감 등으로 구성된 복합적 개념인데, 응집성이 강한 경우는 의사결정에 참여하는 모든 개인들이 완벽에 가까운 일심동체가 되는 경우를 의미한다. 즉, 개인은 유기체의 구성요소의 한 부분, 예를 들어 팔, 다리, 심장 등으로 존재함을 의미하며, 철저한 통제, 완벽한 의사전달이 보장되는 조직으로 볼 수 있으나 현실적으로는 존재하기 어렵다고 볼 수 있다.

응집성이 중간인 경우 계층적 구조를 지닌 행정부 조직, 대규모 회사조직 등 보편적으로 존재하는 대부분의 조직이 이에 속한다고 볼 수 있다. 응집성이 약한 경우는 다양한 전공학과가 하나의 지붕 밑에 모여 있는 대학조직이나 독자성이 강한 각 영역의 연합단체 등에서 볼 수 있다. 응집성이 전혀 없는 경우는 개인의 단순 집합체로 볼 수 있다.

〈표 9〉 응집성을 기준으로 본 집단의사결정 모형

응집성	강	중		약	
구조	유기체적 조직	정부조직, 대회사 조직		개인의 단순집합	
의사결정모형		회사모형, 조직모형	쓰레기통모형	공공선택모형	
〈Allison모형〉	Model 1	Model 2		Model 3	

구성원들의 응집성을 기준으로 보았을 때, 회사(연합)모형, 조직모형은 응집성이 보통 수준인 대부분의 조직의 의사결정을 설명하는 모형이고, 쓰레기통모형, 공공선택모형은 응집성이 매우 약한 경우에 해당한다.

한편 Allison모형은 응집성의 정도에 따라 세 가지 모형, Model 1, 2, 3를 제시하고 있다.

2절 조직모형(Organization Model)

사례-12   공기업 구조조정

A공기업은 최근 공기업 경영 효율화에 대한 사회적 압력과 기획재정부의 지시로 조직 내 구조조정에 착수하게 되었다. 기획재정부는 현재 500여 명 규모의 조직 인원을 20% 정도 감축할 것과 부채규모를 120억원에서 50% 정도 줄일 것을 요구하고 있다.

A공기업의 김○○ 기획부장은 인원을 100명 정도 줄이면 업무를 도저히 정상적으로 수행할 수 없다는 점을 들어 이의를 제기하였으나 기획재정부의 입장은 강경하고 변화가 없다.

한편 A기업의 재무구조는 향후 기관이전 부지용도로 보유하고 있는 서울 근교의 나대지가 시가 약 100억원 정도로 평가되고 있으나 문제는 그린벨트로 묶여있어 매각이 쉽지 않은 형편이다.

A공기업의 입장에서는 이러한 대규모 인력감축과 부채감축을 위한 구조조정은 조직차원에서 처음으로 접하는 문제이기 때문에 전례도 없고 해서 어떤 식으로 접근해야 할지가 고민이다.

≫ 생각해보기

여러분이 구조조정 책임부서장인 김○○ 부장이라면 이 문제를 어떻게 접근해야 할까?

1. 조직모형의 의사결정 방식

조직모형은 Simon & March가 「조직론(Organizations)」(1993)에서 제시한 모형이며, 여기서 더 발전시킨 것이 Cyert & March의 회사의 의사결정 행태에 관한 회사(연합)모형이다. 조직모형은 Simon의 개인적 차원의 만족모형을 조직의 경우에 유추 적용시킨 모형으로 볼 수 있다.

조직모형에서는 두 가지의 의사결정 방식을 제시하고 있다.

1) 문제해결식 의사결정(Problem Solving Decision Making)

비구조화된 의사결정이라고 하며 다음과 같은 특징을 가진다.

(1) 조직에 환경으로부터 새로운 자극이 가해졌을 때 기존의 대응방식으로 대처해서는 만족스러운 결과를 가져오지 못한다고 판단될 때 주로 사용되며, 새로운 대안들이 제안되고 이 중 하나가 채택되는 과정으로 이루어진다. 새로운 대안 탐색 시 다른 조직에서 사용하는 프로그램을 원용하기도 하는데 이는 개발비용, 검증비용을 절약하기 위해서이다.

(2) 대안의 탐색, 검토는 개인적 차원의 만족모형에서처럼 무작위적, 순차적으로 떠오르는 대로 한다. 이러한 과정을 거쳐 만족대안이 발견되면 탐색을 중단하고 의사결정을 한다.

(3) 조직은 분업화의 이점이 있기 때문에 단계별로 보다 현명한 생각을 할 수 있고 의견을 모을 수 있으므로, 조직의 문제해결 능력이 개인보다 우수하다고 본다.

2) 프로그램화된 의사결정(Programmed Decision Making)
: 상례화된 의사결정

(1) 문제해결식 의사결정을 통해 채택된 대안은 하나의 프로그램이 되어 조직의 기억 속에 저장되고 향후 상례화된 의사결정 상황이 등장하면 그대로 적용된다. 즉, 이미 개발이 끝나 사용가치가 입증되어 프로그램 목록(repertory) 속에 저장되어 있는 프로그램 중에서 어느 하나를 선택하는 행위이다.

(2) 이는 습관적 의사결정이라고 하는데, 습관적 의사결정은 비슷한 자극이 주어지면 그때의 행동 대안이 습관적으로 채택되는 의사결정을 의미한다. 자극이나 문제에 알맞은 프로그램을 프로그램목록(저장 창고)에서 자동적으로 선택하는 방법도 있고, 여러 개의 기존의 프로그램을 융합하여 새로운 하나의 대안을 만드는 경우도 있다. Simon과 March는 새로운 상황이 발생해도 완전히 새로운 프로그램을 만드는 경우는 거의 드물다고 보았다.

(3) 프로그램은 조직구성원의 통제수단으로 이용되는데, 업무(의사결정)가 프로그램화될수록 조직 구성원의 재량권은 제한적이기 때문에 상급자가 조직원들의 행동 하나하나를 지시, 통제하지 않고 프로그램을 마련하여 여기에 따라 행동하게 하고 여기에 벗어나는 행동만 제재한다.

2. 조직 내의 갈등

개인의 의사결정에서는 합리적 의사결정을 위해서 가장 문제가 되는 것이 의사결정자의 지적 능력과 분석을 위한 시간이나 정보의 부족이다. 그러나 집단적 의사결정에서는 이것뿐만 아니라 개인들 간의 선호와 목표의 차이가 큰 문제가 된다.

1) 조직 갈등의 문제점

조직 내에서 갈등이 발생했을 때의 역기능은 첫째, 구성원, 조직원 간의 반목이 생기고 잘못하다 대립하는 상황으로 가면 적대의식까지 생겨날 수 있다. 둘째, 조직의 위계질서를 문란하게 만들고, 셋째, 조직불안의 가중과 조직의 사기를 저하시킨다.

반면 순기능은 첫째, 갈등이 합리적으로 해결이 되면 조직의 발전과 쇄신의 계기가 되고, 둘째, 조직에 적응력, 창의력, 융통성부여의 계기가 된다. Simon과 March의 조직모형에서는 갈등의 문제를 비중 있게 다루고 있다.

2) 갈등 발생원인

조직의 의사결정의 경우 항상 크고 작은 갈등이 따를 수밖에 없다. 그 발생원인은 ① 상이한 목표, ② 상황 인지상의 차이(문제 상황에 대한 사실 판단이나 즉, 결과에 대한 예측 상이), ③ 각기 다른 대안을 지지하고 있을 때 갈등이 생겨난다.

3) 해결방법

(1) 목표는 동일한데 해결책에서 차이(상황에 대한 인지차이)를 보일 경우, 문제해결식 의사결정으로 새로운 대안을 탐색하거나, 정보의 추가 수집을 통해 합의 대안을 도출한다.

(2) 개인들의 목표가 상이한 경우, 설득을 통하거나 상위목표에 의한 조정을 해서 합의를 구한다.

(3) 목표가 상이한 경우나 도저히 목표차이의 해소가 힘들다고 판단

될 경우, 흥정(bargainning), 타협, 협박 등 방법으로 합의를 구한다.

(4) 목표가 다르거나 상이한 상황인식의 경우, 이를 정치적으로 해결하고자 할 때에는 연합구성을 통해 세를 규합하거나 새로운 지원세력을 불러들인다.

개인 간의 갈등은 분석적 방법에 의해, 집단 간의 갈등은 협상이나 흥정에 의해 해결될 가능성이 크다. 그러나 흥정에 지나치게 의존할 경우 조직통제가 어려워지고 공식적 위계질서가 문란해진다.

3절 회사(연합)모형(Coalition Model)

1. 서론

회사(연합)모형은 기업조직 내부의 의사결정에 초점을 맞춘 이론으로 회사의 의사결정 행태를 경제학적인 시장 중심적 설명에서 벗어나 기업이라는 조직구조와 목표의 변화, 기대의 형성, 선택이라는 관점에서 설명하고 있는 특징이 있다.

Cyert & March는 「회사의 행태이론(Behavioral Theory of the Firm)」(1963)에서 고전경제이론의 전제를 비판하면서 기업의 의사결정 행태를 기술한 회사(연합)모형을 발전시켰다. 기업의 목표는 흔히 생각하는 이윤이 전부가 아니라 다른 부수적인 것도 있는데, 예를 들어 산업발전을 통한 사회 공헌, 기술혁신, 고용창출 등도 중요하다고 주장하였다. 또 목표가 어느 것이든 극대화가 아니라 만족할 만한 달성이면 충분하다고 보았다. 즉 대규모, 다품목 생산, 불확실성, 불완전 경쟁하의 기업을 상정하며 완벽한 합리성에 의한 결정은 불가능하고 상황에 따라 만족할 만한 정도의 대안 선택이 불가피한 경우가 많고 때로는 바람직하다고 보았다.

2. 모형의 특징

1) 갈등의 준(準)해결

회사조직은 서로 다른 목표를 지닌 구성원(하위조직)의 연합체로, 질서정연한 유기체로 보지 않는다. 하위조직은 서로 느슨하게 결합(loosely allied)되어 있고 따라서 각자의 활동에 어느 정도의 독자성이 인정된다고 본다. 다시 말하면 조직의 전체 목표에 대해 하부조직들이 갖는 공통의 생각(goal sharing)의 정도가 빈약하기 때문에, 하위조직의 목표는 전체목표라는 단일한 차원으로 축소시킬 수 없다고 보는 것이다. 그렇기 때문에 목표 간의 갈등은 완전해결이 사실상 불가능하며 준해결에 머물고 만다.

〈표 10〉 회사모형 - 목표 간의 갈등

단위부서	생산부	마케팅부	구매부	자재부
목표	생산성(하자율)	시장점유(판매량)	생산관리(자재공급)	재고목표(자재관리)

예를 들어 마케팅부서에서 커다란 시장을 개척하여 현재의 생산량보다 50% 정도의 생산증가를 요구하고 있으나, 생산라인에서는 빠른 시일 안에 20% 정도의 증산은 가능하지만 그 이상은 무리라고 한다. 결국 증산목표를 30%로 타협(마케팅부는 20%미달, 생산부는 10%를 무리하게 증산)하여 준해결에 그치게 된다. 이를 갈등의 준해결이라 하며, 여전히 갈

등의 소지는 남아 있다.

(1) 독립된 제약조건(Constraints)으로서의 목표

회사모형에서는 조직목표를 일종의 제약조건으로 취급한다. 하부단위조직은 조직전체 목표에 대해 최소한도로 그것에 위배되지 않는 정도만 고려할 뿐 주로 자신의 고유목표 달성을 위해 상호 대립하거나 연합해서 의사결정을 한다.

조직목표는 이윤 극대화라는 단일목표가 아니라 여러 가지 목표를 동시에 추구한다고 본다. 생산부는 제품 질의 적정수준 유지와 생산 라인의 풀가동을, 마케팅부는 판매량의 확대를 최우선으로 하지만, 판매확대가 반드시 이윤 극대화는 아니다. 그 외에도 판매확대를 위해 판촉비, 광고비 증대의 하위목표를 동시에 가지고 있기도 하다.

회사가 아닌 정부부처에서도 물가안정과 고용확대를 동시에 달성하려는 경우, 예를 들어 물가를 3% 이내로 억제하면서 고용을 확대하려 하지만, 공공사업은 본질적으로 인플레이션을 초래하기 때문에, 물가안정 목표가 고용확대에 일종의 제약조건으로 작용하게 된다. 반대로 고용확대가 물가 억제 목표달성의 제약조건으로 작용하게 된다. Cyert와 March는 그런 목표 갈등을 해소하기 위해 회사는 다음의 개념들을 사용한다고 주장한다.

(2) 국지적 합리성(Local Rationality)

조직은 문제발생 시 문제를 여러 하위 단위로 분해해서 이들을 하위조직에게 분담시키려 한다. 그러면 이 하위조직은 자신에게 속하는 하위문제의 해결과 하위목표의 달성에만 전념하게 된다. 즉, 복잡한 문제나 갈등을 단순한 국지적 문제로 전환시켜 처리하려고 노력한다. 부문에서의 합리성을 도모함으로써 이를 통해 조직 전체의 합리성을 추구할 수 있다고 전제하고 있다.

(3) 받아들일 만한 수준의 의사결정(Acceptable Level of Decision Making)

국지적 합리성, 국지적 최적화 통해서 전체적 합리성과 최적화를 도모하려 한다고 했는데 그러기 위해서는 국지적 결정이 일관성과 조화성을 지녀야 한다. 그러나 현실에서는 그렇지 못한 경우가 대부분이기 때문에 이러한 문제 해결을 위해서는 지나치게 엄격한 일관성을 요구하지 않음으로써, 갈등의 준해결로 마무리하려 한다. 만일 국지적 결정이 지나치게 상호모순되거나 불일치할 경우 조직의 여유자원(organizational slack resources)을 가지고 손해를 입은 개인이나 희생한 부서조직을 보상하기도 한다. 예를 들어 현재의 생산능력보다 20% 생산을 증가해야 하는 결정을 한다면 특별 보너스를 지급하고 야근을 하도록 하기도 한다.

(4) 목표에 관한 순차적 접근(Sequential Access to Goals)

합리모형은 상위목표 달성의 극대화를 위해서는 하위목표들이 항상 상호일관성 있게 결정되어야 한다고 기대한다. 그러나 이는 현실적으로 어렵다고 볼 수 있는데, 실제 회사에서는 이 순간에는 이쪽 목표, 다른 순간에는 다른쪽 목표의 달성에 관심을 기울인다. 즉, 전체적 목표를 항상 고려하는 것이 아니라 3월에는 임금인상 타결, 5월에는 비수기 판촉, 10월에는 신규 사업 확장 식으로 문제가 발생할 때마다 국지적 문제의 해결에만 신경을 쓰는 경향을 보인다. 또 다른 예는 정부정책 검토 시 농림축산식품부에서 연초재배 농가를 지원문제를 검토할 때는 농민 소득증대 목표만 생각하지만, 보건복지부에서 담배의 해독성을 계몽할 때는 국민건강 목표만을 고려한다.

위와 같은 방법을 통해 일관성이 악한 여러 가지 하위 목표를 가지고 있어도 회사나 조직의 의사결정은 큰 문제없이 해결될 수 있으며, 회사 조직은 생존해 나갈 수 있다.

2) 문제 중심의 탐색(Problematic Search)

일반 의사결정은 문제가 제기된 후 문제를 검토하고 목표설정 후에 대안을 탐색하는 절차로 진행하지만, 회사에서는 보통 문제가 발생한 후에 비로소 탐색을 시작한다. 즉, 문제가 없나 항상 탐사하는 것이 아니라 문제가 발생했을 때만 탐색을 하고 해결 방법을 모색한다.

예를 들어, 판매부서는 판매목표를 달성하지 못했을 때 비로소 문제의 해결방안의 모색을 시작한다.

3) 불확실성의 처리(Uncertainty Treatment)

회사(연합)모형에서는 조직을 둘러싸고 있는 환경을 유동적으로 파악한다. 따라서 대안이 초래할 결과 역시 매우 불확실한 것으로 보며, 이러한 불확실성을 다음과 같이 처리하려 한다.

방법1) 장기적 전략보다는 급박한 문제부터 해결한다. 이는 장기적 전략은 불확실성이 보다 더 크기 때문이다. 따라서 즉각 피드백이 이루어질 수 있는 단기계획 중심으로 해결하려고 한다.

방법2) 환경을 통제하는 방법으로 환경에 의해 영향을 받는 입장에서 환경과 타협하는 방법을 찾는다. 예로는 원료수급에 대한 장기 계약을 맺거나, 동종 업종끼리 카르텔을 형성하는 경우이다. 생산, 판매, 구매 등의 영역에서 다양한 형태의 카르텔이 존재한다.

4) 조직의 학습(Organizational Learning)

사람과 마찬가지로 조직도 조직이 가지고 있는 과거 경험을 통해서 의사결정을 하게 된다. 다시 말해 문제가 등장했을 때 이런 문제를 해결하고 갈등을 해소하는 법을 배우게 된다. 또한, 조직의 목표를 환경의 변화에 따라 적절히 수정해 나가고, 거기에 알맞는 대안을 탐색하며 조직전체의 성과를 평가하는 방법도 학습에 의해 변화되어 나가게 된다.

5) 표준운영 절차(SOP: Standard Operation Procedures)

조직이 경험적으로 터득하게 된 학습된 행동규칙(learned behavior rules)을 표준운행절차(Standard Operation Procedure)라고 한다. 일반적 SOP는 장기적 행동규제에 관한 SOP로 조직의 장기적 합리성을 도모한다.

일반적 SOP의 선택원칙은

① 불확실성의 처리

② 의사결정 규칙의 유지

③ 가능한 한 단순한 규칙 사용하기이다.

한편, 구체적 SOP는 단기적 행동규칙에 관한 SOP로 단기적 환류에 의해 변화할 수 있다.

① 업무수행 규칙

② 기록 및 보고에 관한 규칙

③ 정보처리 규칙

④ 계획과 예산에 관한 규칙

등이 구체적 SOP의 역할이다.

3. 평가(조직 - 회사 모형)

1) 공헌

(1) 조직은 유기체가 아니다. 다시 말하면 생각하는 것처럼 일사불란하게 움직이지 않는다는 점을 밝혔다. 여러 하위조직으로 구성되는 조직은 하위목표들 간의 상충, 선호도, 현실 인지상의 갈등이 있을 수 있다. 조직모형과 회사모형은 이러한 조직의 갈등과 의사전달의 왜곡을 잘 지적하고 있다.

(2) 조직 내의 의사결정은 문제를 단순화시켜 요소를 분해하고, 하위목표는 분업화를 통해 분화과정을 이룩하고, 이를 통해 총체적 합리성에 도달하려고 노력한다. 이를 위해 조직학습을 통해 얻은 경험을 프로그램화시키고 SOP화시키는 현상을 현실적으로 잘 파악하고 있다.

(3) 조직은 불확실한 장기전략보다는 즉각적 피드백이 가능한 단기적 전략을 보다 우선적으로 선택하여 사용한다.

2) 비판

(1) 조직 의사결정을 수평적 하위조직 내의 관계에만 초점을 두고 있다. 조직 내의 상하관계에서 나타나는 권력적 측면이 의사결정에 어떤 영향을 미치는가는 간과하고 있다. 이 모형들은 수평적 문화가 자리잡은 민주적 조직 내에서는 가능하지만, 권위주의적 조직에 대한 설명으로는 부족한 측면이 있다.

(2) SOP, 프로그램화된 의사결정 방식은 조직상황이 안정적이라는 가정을 전제하고 있으나 급격한 사회변동과 기술발전이 일어나는 조직에는 적합하지 않은 문제가 있다.

4절 쓰레기통모형(Garbage Can Model)

1. 서론

March, Cohen, 그리고 Olsen은 조직의 구성단위와 구성원 사이의 응집
성이 아주 약한 집단에서 이루어지는 의사결정의 특징을 강조하는 쓰레기통
모형(Garbage Can Model)을 제시하였다. 그들은 마치 각종 쓰레기들이 쓰레
기통에서 우연히 뒤죽박죽 엉켜지는 것처럼 의사결정 요소들이 한 장소에 우
연히 모였을 때 결정이 일어난다고 기술하여, 의사결정의 비합리성, 우연성을

강조하였다.

앞에서의 의사결정 모형들에 비해서 이 모형은 보다 복잡하고 혼란된 상황, 즉 '조직화된 혼란상태(Organized Anarchies)' 속에서 조직이 어떠한 결정 행태를 보이는가 하는 데 초점을 둔 기술적 모형이다. 이러한 예는 조직의 응집력이 약한 대학과 같은 조직이나, 상하관계가 분명치 않은 조직, 위원회 등에서 흔히 볼 수 있다. 그러나 Olsen의 Norway 정책결정 사례 설명처럼 상하관계가 분명한 조직에서도 어느 정도 적용가능성이 있다고 보고 있다.

이 모형은 세 가지 전제조건과 네 가지 의사결정 요소를 핵심으로 하고 있다. 합리성이 제약되는 세 가지 전제 조건하에서 네 가지 의사결정요소가 우연히 결합되어 의사결정이 이루어진다고 보고 있다.

2. 전제(합리성의 제약)

1) 문제성 있는 선호(Problematic Preference)

의사결정에 참여하는 각 구성원들의 선호에는 문제가 있다. 첫째, 참여자들의 선호도는 서로 다르며 합의가 쉽지 않다. 둘째, 참여자 개인은 실제 무엇을 선호하는지 정확히 모르는 상태에서 의사결정과정에 참여하는 경우가 있다. 그러다가 결정과정이 어느 정도 진행되면서 차츰 자기의 선호가 무엇인지 구체적으로 깨닫게 되는 경우가 많다. 즉, 선행동 후선호의 양상을 보인다.

예를 들어, 경영대학장이 전자공학과의 교과목을 개편하는 교과과정심의위원회에 참석하는데 개편의 구체적 내용도 잘 모를 뿐더러 자신의 선호가 무엇인지도 정확히 모르는 경우가 이에 해당된다. 국무회의에서 자기 부처와 관련 없는 안건에 대해 의사결정을 하는 경우도 마찬가지이다.

2) 불명확한 기술(Unclear Technology)

기술(technology)은 탐색된 대안과 그 대안이 초래하는 결과 간의 인과관계 즉, 목표와 수단 간의 인과 관계를 의미한다. 많은 조직은 이러한 기술을 분명히 알지 못하고 결과의 시행착오를 통해서 파악해 나가면서 운영되는 것이 현실이다. 대학들의 대학입시 전략에서 정시와 수시 중 어디에 비중을 둘지에 대한 결정은 한 예이다.

3) 일시적 참여자(Part-Time Participant)

의사결정 집단에 속한 개인이라도 문제의 성질에 따라 결정에 참여하기도 하고 참여하지 않는 경우도 많다. 자신에게 중요한 문제인가 아닌가에 따라 위원회, 회의 등에서 그러한 행태를 보인다. 또한 특정인이 동일한 문제해결을 위한 의사결정과정에서 어느 때는 참여하고 어느 때는 불참하기도 한다. 많은 경우, 한 번의 모임에서 이루어지는 의사결정은 드물다.

위 세 조건을 종합했을 때 극단적으로 비합리적인 경우는 ① 자기가 무엇을 선호하는지, 해결해야 할 목표가 무엇인지도 모르는 상태에서 ② 그 목표를 달성하기 위해 어떤 수단을 선택해야 하는 것이 가장 바람직한지도 모르면서 ③ 회의에 참석하기도 하고 빠지기도 한다. 그러나 결정은 내려지며 이러한 경우는 의외로 많다.

3. 의사결정 구성요소

(1) 해결해야 할 문제(problem)
(2) 문제의 해결책(solution)
(3) 의사결정 참여자(participant)
(4) 의사결정 기회(opportunity)

쓰레기통 모형은 마치 갖가지의 쓰레기가 우연히 한 쓰레기통에 모여지 듯이 위와 같은 개별적 네 가지 구성요소의 흐름이 서로 다른 시간에 통 안으로 들어와서 우연히 모두 한 곳에 모여지게 될 때 비로소 결정이 이루어진다. 이를 정책의 창(policy window)의 개방이라고 한다. 그런데 4개 구성요소는 독자적으로 흘러갈 수도 있으며, 이때는 의사결정이 이루어지지 않는다.

4. 의사결정요소의 독자적 흐름과 점화계기

1) 문제의 흐름

사회문제가 등장하면 바로 문제를 해결하기 위한 선택의 기회(의사결정기회)를 만들어 결정을 하는 것이 아니다. 즉, 의사결정 기회와는 별개로 문제는 자체적으로 등장해서 변화하며 흘러간다. 예를 들어 대학 반값 등록금 문제는 과거부터 제기되어 왔으나 그동안 방치되어 왔고, 이제는 오히려 대학 측에 의해 등록금 인상이 필요하다고 아우성이지만 그대로 흘러가고 있다.

의사결정기회를 만나려면 문제가 사회 이슈화가 된 후 정식 정책의제로 채택되어야 하고 해결책이 준비되어야 한다. 이런 것이 구비될 때까지는 사회문제는 의사결정 기회를 만나지 못한 채 자체적으로 흘러간다.

2) 해결책의 흐름

사회 문제가 발생하면 관련 전문가들과 관계부서 공무원들은 나름대로의 해결책을 준비한다. 그러나 의사결정 기회를 못 만나거나 의사결정 참여자의 관심을 못 끌면 해결책은 역시 독자적으로 흘러간다.

3) 참여자의 흐름

의사결정 참여자는 정책의제가 되고 의사결정의 순간까지도 문제의 핵심을 모르고 있거나 해결책에 대해서도 모르는 경우 많다. 즉, 참여자, 문제, 해결책이 각기 독자적으로 흘러간다.

4) 의사결정기회의 흐름

결정할 기회가 있다 하더라도 그 의제가 문제로 인식되지 않거나 혹은 해결책이 없을 때는 선택의 기회는 계속 흘러간다. 그러다가 선거를 통해 정권이 교체되거나 정치적 분위기나 이념적 성향이 바뀌었을 때 그동안 방치되었던 문제가 정책의제화되고 정책결정이 일어난다. 예를 들어 공직자 재산등록, 부정부패방지법, 전관예우문제, 병역 비리, 대학 등록금 동결, 노인기초연금, 무상보육 등은 이러한 의사결정 기회의 흐름을 타고 정책화되었다고 볼 수 있다.

이 모형에 의하면 네 가지 의사결정 구성요소는 독자적인 흐름을 갖고 있는데 이 네 가지 구성요소의 흐름이 한 곳에서 교차하는 곳에서 정책 결정의 창이 열리고 의사결정이 이루어진다.

5) 점화계기

쓰레기통 모형은 우연에 의해서 의사결정이 이루어진다고 보면서 우연성을 강조하고 있다. 그런데 말 그대로 우연한 의사결정도 있지만, 우연을 만들어 내는 점화계기가 있는 경우도 있다.

(1) 문제를 크게 부각시키는 극적 사건이 발생하는 경우이다. 부동산 투기가 극심해져 사회적 병폐가 되고 아파트 값이 폭등하는 사태에 직면하여 1가구 2주택 중과세, 양도소득세 인상 등의 부동산 투기대책이 발표되고 전면적으로 실시하게 되었다. 또한 2019년 6월부터 시행된 음주

운전 단속기준 강화(일명 '제2윤창호법')는 1년 전 휴가 나온 장병(고 윤창호 씨)이 만취 자동차에 치여 사망한 사건이 계기가 되었다.

　(2) 정권교체나 변동이 국가적·정치이념의 변화를 가져오는 경우이다. 이러한 과정을 통해 복지예산의 대폭증가, 국방비 삭감 등의 예산과 정책상의 변화가 일어났다.

5. 평가

1) 쓰레기통 모형에서 강조하는 의사결정의 비합리성, 우연성은 현대의 공공조직, 교육기관, 비공식 조직 등에서 쉽게 발견할 수 있다. 대등한 위치의 참여자로 이루어지는 각종 의원회의 의사결정이 대표적이다.
2) 사회 내의 가치, 신념 체제, 정치이념, 정치체제 등의 변화 시 즉, 혼란 상태에서의 의사결정 혹은 정책의 변화를 설명하는 데 도움이 된다.
3) 그러나 이 쓰레기통 모형은 모든 조직에서 모든 상황에 적용시킬 수 있는 모형은 아니며 적용가능성, 설명력에서 제한이 있다.

5절 Allison 모형

1. 서론

Allison의 「'의사결정의 핵심: 쿠바미사일 위기에 대한 설명」(1971)에서 제시된 모형으로, Allison은 이 모형을 이용하여 케네디 정부시절 미국의 쿠바 해상봉쇄가 왜 일어났는지를 설명하였다. 쿠바가 소련 미사일을 도입하여 미국의 남쪽 플로리다에 가까운 곳에서 미사일 기지를 건설할 예정이었는데 케네디 정부는 이러한 국가안보 위기상황을 맞아 여러 대안을 심도있는 검토 끝에 해상봉쇄 대안 선택하여 사태를 해결하였다.

Allison은 정책결정에 대한 설명을 위해 다음의 세 가지 모형을 제시하였다.

(1) Model Ⅰ → 합리적 모형
(2) Model Ⅱ → 조직과정 모형
(3) Model Ⅲ → 관료정치 모형

이들 모형의 구별기준은 의사결정 참여자들의 응집성의 정도에 두었다.

2. Model I - 합리적 모형

Model I은 '합리적 의사결정 모형'을 집단적 상황에 유추 적용하였다. 국가의 존망과 관련된 주요 사안을 다루는 외교, 국방 영역에서는 국익을 극대화시키는 최선의 대안을 도출하여 정책을 펼쳐야 하는데 이때 정부는 잘 조정된 유기체로 파악하였다.

1) 정책결정의 주체

의사결정 주체는 국가 또는 정부(합리적이고 단일화된 의사결정 주체)가 되고 일관된 선호, 명확한 목표, 구체적 평가기준을 가지고 있다고 본다. 이때 정부의 최고위층은 두뇌의 역할을 하고, 각 구성원들은 인체의 각 파트가 된다. 이때 나타나는 특징은 ① 결정참여자는 사익을 전혀 배제하고 국익과 국가 목표달성에만 초점을 맞춘다. ② 모든 참여자는 국익 극대화라는 목표를 공유하고 전혀 갈등이나 이해관계의 상충이 없다.

2) 합리적 결정

참여자들은 합리적 결정에 필요한 충분한 지적 능력 갖추고 있다고 전제한다. 외교, 국방의 경우 워낙 중대한 사안이기 때문에 국가의 브레인을 총동원하고, 가능한 정보 자원을 빠짐없이 수집할 뿐 아니라, 아무리 막대한 경비를 투입하더라도 정책의 합리성과 일관성을 유지하고자 한다.

3) 적용가능 분야

급박한 정세가 전개되는 국방, 외교정책에 대해서는 합리모형에 의한 설명이 보다 설득력 있을 때가 많다. 그러나 여전히 비현실적인 전제가 많아 다른 영역에 적용은 무리가 따른다.

3. Model II - 조직과정 모형

Model II는 앞에서 살펴본 조직모형과 회사모형의 논리와 개념을 이용하여 모형을 구성하였다.

1) 정책결정 주체

정책은 느슨하게 연결된 반독립체적인 하위조직 집합체의 내부절차에 의해 결정된다. 즉, 정책은 다양한 조직 과정의 산물이라고 본다. 정부조직은 유기체가 아니고 여러 하위조직의 단순 집합체로 각 부서는 어느 정도의 자율성을 보유하고 있다고 본다. 그 이유는 수평적 관점에서 첫째, 담당 업무가 상이하여 서로 간섭하지 않고, 둘째, 주무부처는 소관업무에 대한 전문적 지식을 가지고 있어 기능적 권위(functional authority)를 소유하고 있으며, 셋째, 부서 내에서만 인사교류를 한다는 점이다.

2) 합리성의 제약

국가 차원에서는 국익의 극대화라는 단일의 목표를 공유하지만 하위부서 조직은 각 부서의 자체 목표를 가지고 있어 집합적으로 볼 때 상이한 지향성이 나타날 수도 있다. 예를 들어 외교 분쟁발생 시 외교부는 교섭을 통해 평화적 해결을 원하지만 국방부는 무력에 의한 해결을 원하는 경우가 많다. 정책결정 참여자는 국가 전체의 입장보다 자기부서의 하위목표 달성에 주력하려는 경향이 많이 나타난다. 국가 예산편성에서도 그러한 성향이 나타나는데 국가의 재정상황이나 총예산 증가규모와는 상관없이 자기 부처의 예산만은 꼭 증가시키려는 경향이 있는데 이는 일종의 부성 할거주의라고 볼 수 있다.

그러나 개별부서의 정책과 관련된 대개의 결정은 주관 부서의 입장이 크게 반영되고 타부서에서는 크게 문제 삼지 않는다. 왜냐하면 다음에 자신들의 소관업무가 의사결정 의제로 채택될 때를 의식하기 때문이다. 그러나 각 부처의 이해관계가 서로 얽혀있는 경우는 타협, 협상, 흥정, 설득을 통한 갈등의 준해결 상태가 되는 경우가 많다.

3) 표준운영절차(SOP)에 의한 결정

개별 하위 조직도 전체 조직처럼 불확실성을 회피하려 한다. 조직학습을 통해 SOP와 프로그램목록을 만들어 나가며, 문제가 발생하면 SOP에 따라 프로그램 목록에서 문제에 상응하는 대안을 찾아내는데 이것이 바로 의사결정이 된다.

SOP에 의한 의사결정뿐 아니라 업무수행상 지켜야 하는 규칙과 절차에 따라 대부분의 결정이 이루어진다. 이는 불확실한 상황과 복잡한 문제를 단순하고 규칙적으로 전환시키는 역할로 대부분의 정부조직에서의 의사결정이 상례화된, 프로그램화된, SOP에 의한 경우가 80% 이상이라고 볼 수 있다.

4. Model III - 정치관료모형

Model III는 정부의 정책결정을 참여자들 간의 타협, 흥정의 소산물로 보는 모형이다.

1) 결정 주체

Model I에서는 결정주체가 단일주체로서의 정부였고, Model II에서는 하위단위부서였는 데 반해 Model III에서는 정책은 결정 참여자들 간의 정치적 게임의 결과라고 보고 있다. 즉, 참여자들 사이의 정치적 타협과 협상의 결과물이 정책이라는 것이다.

예를 들어 쿠바 미사일사건은 해결책이 해상봉쇄로 나타났는데 이는 그 과정에 참여했던 Kennedy대통령, 법무장관 R. Kennedy, 국방장관, 외교부장관, 비서 등 고위 정책결정자들이 벌인 난상토론 끝의 결과로 보고 있다. 이 경우 대통령도 한 사람의 참여자에 불과하다고 보는 것이다.

2) 정치적 결정

결정 참여자는 여러 차원의 목표를 동시에 가지고 있다. 조직전체의 목표, 자신이 속한 하위 집단의 목표, 개인의 목표 등이다. 이 세 가지 사이에는 일치하는 경우도 있지만 상충하는 경우도 많다. 예를 들어 정당 조직의 목표는 두말할 필요도 없이 정권재창출이다. 그러나 정당 내부의 다양한 계파별 목표는 가능하면 자기계파의 후보자가 대권 주자로 선출되길 희망하고 이를 위해 노력한다. 그러나 정치인 개개인의 목표는 자기 계파에서 후보자가 나오면 좋지만 만일 타 계파 후보가 대권주자로 선출되었을 경우에는 차기 공천탈락 등 자신에게 닥칠지도 모르는 정치적 불이익을 염려하여 차라리 야당에게 정권이 넘어가길 바랄 수도 있다. 그러한 점에서 정치관료 모형은 목표의 공유도가 극히 약하다고 볼 수 있다. 그러므로 참여자들은 자신의 정치적 자원을 최대한 이용해서 정치적 게임(협상, 타협, 흥정 등)에 의해 목표를 달성하려 한다.

3) 적용가능성

(1) Allison 모형은 조직 계층적인 면에서 적용 가능 계층이 다르다. 조직에서 권위는 공식적 권위(formal authority)와 기능적 권위(functional authority)로 구분할 수 있는데 공식적 권위는 상위계층으로 갈수록 크며 내려갈수록 작다. 반면에 기능적 권위는 전문적 지식과 업무 경험을 의미하는데 올라갈수록 약하며 아래로 내려올수록 강해진다. 따라서, 정치모형(Model III)은 조직의 상위계층, 조직과정모형(Model II)은 조직의 중하

위계층, 합리모형(Model I)은 계층의 차이가 없이 전 계층에 적용이 가능하다.

(2) 실제의 정책결정은 한 가지 모형만을 배타적으로 적용하여 설명할 수 있는 경우는 거의 없고 세 가지 모형을 모두 동시에 부분적으로 적용할 때 설명이 가능한 경우가 많다. 쿠바 미사일 사건의 경우도 세 가지 모형을 부분적으로 모두 적용했을 때 결정의 전체 모습이 드러날 수 있다.

(3) 우리나라의 경우 대통령의 영향력이 지나치게 압도적이어서 말 한마디로 모든 결정이 이루어지는 경우가 많아 Allison모형의 적용에 무리가 따르나 미국 등 선진국에서는 비교적 쉽게 적용이 가능할 수 있다.

6절 공공선택론(Public Choice Theory)

사례-15 | 마을쉼터 프로젝트 비용 분담문제

(단위: 만원)

	비용	편익	순편익
A 가구	1,400	2,000	
B 가구	1,400	1,500	
C 가구	1,400	2,000	
D 가구	1,400	500	
E 가구	1,400	200	
계	7,000	6,200	

》 생각해보기

다섯 가구로 이어진 작은 마을에 공동으로 이용할 수 있는 작은 쉼터를 만들려고 A가구에서 적극적으로 제안을 하였다. 비용은 가구별로 동일하게 부담을 하는데 이용편익에 대한 평가는 가구별로 달랐다. 이 쉼터 프로젝트 추진은 성사될 수 있을까?

1. 서론

공공선택론(Public Choice Theory)은 미시경제학과 민주정치이론의 주요 가정들을 기초로 정치·행정적 현상을 경제학적으로 접근하여 분석을 도모하고자 하는 이론이다. 공공선택론은 공공재의 공급과 공공재의 공급을 위한 의사결정방법, 그리고 그를 위한 조직배열을 주요 연구대상으로 한다.

공공선택론의 정의에 대해서는 체계적·통일적인 견해는 없으나 Dennis Muller는 '비시장적 의사결정(Non-Market Decision Making)의 경제학적 연구 혹은 정치행정 현상에 경제학을 응용하는 연구'라고 하였으며, 여기서 말하는 비시장적 결정이란 쌀값, 방위비 등과 같이 시장의 수요·공급의 원리에 의해서만 결정되는 것이 아니라 정부 및 공공조직을 통해서도 영향을 미치는 결정을 말한다. 따라서 공공선택이론은 정부나 공공의 의사결정방법을 연구하는 경제이론이라 할 수 있다. 공공선택론에서는 정부를 공공재의 생산자로, 시민들은 공공재의 소비자라고 규정하며, 이러한 관점에서 시민의 편익을 극대화할 수 있는 서비스의 공급과 생산은 공공부문의 시장경제화를 통해 가능하다고 보고 있다.

오스트롬 부부(Vincent Ostrom & Elinor Ostrom)는 이 접근법을 행정학에 도입한 사람들로서 특히 Vincent Ostrom은 1973년에 공공선택론의 관점에서 「미국 행정학의 지적 위기(Intellectual Crisis of American Public Administration)」라는 저서를 출간하였다. 이 저서에서 '합리모형'의 정책결정수단으로서의 성격을 인정하면서도, 전문적 능력을 가진 관료가 계층제 구조를 통하여 국가목적을 능률적으로 달성할 수 있다는 전통적인 Wilson식 행정관을 비판하였다. 그 대신 정치적 능률성과 공공재의 선택을 중요시하는 민주적 행정관을 제시하였다. 대외적으로 환경으로부터의 정당성 확보, 대내적으로는 목표의 능률적 달성을 중시한다는 점에서 정치·경제학적 접근이라고도 한다.

공공선택론은 1970년대 이후 정부관료제의 공공재의 생산과 공급에 관한 대표적인 연구로서, 공공부문에서도 다른 사회가치에 손실을 주는 일없이 특정가치를 더 많이 성취하기 어려운 이른바 '파레토 최적점'에서 가장 합리적인 정책결정이 이루어질 수 있다고 간주하는 접근법이다.

2. 공공선택론의 문제의식

1) 공공부문의 시장경제화

공공선택론에서는 정부를 공공재(public goods and services)의 생산자, 시민들은 공공재의 소비자라고 규정하고 있다. 이러한 관점에서 비용의 극소화와 시민의 편익을 극대화할 수 있는 서비스의 공급과 생산은, 공공부문의 시장경제화를 통해 가능하다고 본다.

2) 전통적인 정부 관료제의 한계

공공서비스를 독점적으로 공급하는 전통적인 정부관료제는 시민의 요구에 민감하게 대응할 수 없는 제도이며, 오히려 조직화된 압력단체들의 영향으로 인해 공공서비스를 독점적, 일방적으로 공급하고 소비자인 시민의 선택을 억압한다고 본다.

3) 시민개개인의 선호 중시

공공선택론은 위와 같은 이유가 공공서비스의 생산과 공급에서 성과를 높이지 못하게 되는 소위 정부실패의 원인이라고 주장한다. 따라서 공공서비스를 제공할 때에 시민 개개인의 다양한 선호와 선택을 파악하여 존중하며, 경쟁을 통하여 다양한 서비스를 생산하여 공급하게 함으로써 행정의 대응성을 높일 수 있다고 주장하고 있다.

3. 특징

1) 방법론상 개체주의(Methodological Idividualism)

공공선택론의 주요한 가정은 '방법론상 개체주의'로 요약할 수 있는데, 이는 모든 사회현상은 개인차원의 행동으로 환원하여 설명할 수 있다고 보기 때문에 개인의 선호와 특징에 관심을 가져야 한다고 주장한다. 또한 공공선택론에서는 개인의 행동을 기본적인 분석단위로 하여 집합적 정치 · 경제 및 행정 현상을 분석하려고 한다.

2) 합리적이며 이기적인 경제인의 가정

개인의 행동을 분석단위로 삼기 위해서는 개인행동의 규칙성이 전제되어야 하는데, 공공선택론에서는 '합리적이고 이기적인 경제인'의 가정을 개인행동의 규칙성의 전제로 삼고 있다. 이는 개인이란 합리적 · 이기적 존재이며, 자기의 효용의 극대화를 최고의 목표로 행동한다는 것이다.

3) 연역적 이론화와 수학적 공식의 사용

공공선택론은 복잡한 정치행정현상을 몇 가지 경제학적 가정에 근거하여 단순한 모형으로 바꾸어 접근한다. 개개 행위자들의 합리적 · 이기적 선택행동에 관한 연역적 추론을 통하여 논리적 일관성을 지닌 이론을 구축하고, 필요한 경우 수학적 공식을 사용하는 것이 특징이다.

4) 정치행정체제와 제도의 조정

공공선택론에서는 공공재와 공공서비스의 결정과 전달을 위한 이상적 체제가 무엇인가를 밝히고, 그것을 위한 최적의 제도나 절차에 관한 정책적 제언을 포함한다. 제도적 장치는 일단의 규칙으로서 재화와 용역의 생산과 소비에 참여하는 사람들의 행태가 의사결정에 영향을 미치게 된다는 것이다. 예를 들어 어느 지역의 쓰레기 수거방식은 일주일에 한 번씩 분리수거를 해야 하지만 옆 인근지역에서는 직접 집 앞까지 찾아와 방문수거를 한다면 비용을 부담하더라도 쓰레기 수거에 관한 한 옆 지역의 서비스를 이용할 수 있게 하자는 것이다. 이는 특정 서비스를 공급할 때 전통적인 행정 구역 관할권에 얽매이지 않고 중첩적인 관할권을 인정하는 것이다. 전통적인 정부 관료제 조직은 공공서비스의 공급과 생산에 바람직한 제도적 장치가 되지 못한다고 보고 이것이 정부 실패를 초래하는 주원인이라고 본다.

5) 이론의 다양성

공공선택이론은 많은 학자들에 의해 매우 다양한 이론들로 전개되었는데, Arrow는 사회선택의 문제를, Black은 다수결 원칙에 대해, Downs는 정당과 유권자의 행동을 분석하였고, Buchanan과 Tullock은 의사결정비용과 전원일치의 규칙과 같은 투표를 통한 공공선택에 관한 이론을 전개하며, Riker는 게임 이론적 접근에 의해 Downs 이론을 비판적으로 검토하였다. Ostrom은 민주행정의 패러다임으로서 공공선택이론을 전개하였고, 오늘날은 Stiegler·Posner 및 Peltzman 등에 의한 '규제의 경제이론'이 전개되고 있다.

4. 공공선택론의 모형

1) 오스트롬(Ostrom) 부부의 모형: '민주행정 패러다임으로서의 공공선택이론'

오스트롬 부부는 주로 윌슨주의자에 의한 계층제적인 관료제 이론이 행정에서 민주성과 능률성을 달성하지 못했다고 주장하면서, 윌슨주의자의 패러다임을 '고전적 능률주의 모형', 자신들의 패러다임을 '민주행정모형'이라고 명명하고 있다. 윌슨식의 행정이론을 프랑스관료제에서 그 모형을 찾을 수 있으며 베버의 관료제 이론이 이와 유사한 이론이라고 보면서, 계층제의 완벽한 서열화가 반드시 가장 효율적인 조직형태라고 보지 않는다. 다양한 대안이될 수 있는 조직 형태들의 상대적인 효율성은 경험적으로 검증·평가되어야 한다고 주장한 Simon의 견해를 수용한다.

또한 개인의 선호에 대한 대응성을 강조하여 서비스 관할권의 중첩, 권한 분산 등을 주장하였다.

2) 다운즈(Downs)의 정부실패모형

Anthony Downs는 정당 대 국민관계에서 국민에는 생산적 소비자(기업 등)와 소비자적 소비자(일반국민)가 있는데, 집권을 위해 필요한 물적·인적 자원을 정당에게 제공할 수 있는 능력은 생산자적 소비자가 가지고 있다. 때문에 정당은 일반 국민들보다는 이들의 이익을 위해 정책을 만드는 경우가 많으며 이는 결과적으로 일반 국민들의 이익에 반하게 되는 정책들이 산출되어 정부실패가 발생되게 된다는 것이다.

3) 뷰캐넌(Buchanan)과 털록(Tullock)의 비용극소화모형

정책결정에 있어서 적정한 참여자의 수에 대한 규범적 모형이다. 참여자의 수가 적을 경우 내부적인 정책결정 비용은 적으나 다양한 참여가 보장되지 않기 때문에 정책실패로 인한 외부비용이나 집행비용이 매우 커진다. 따라서 적정한 수의 참여자에 의하여 의사결정의 총비용(결정비용과 집행비용의 합)을 극소화하고 사회후생을 극대화할 수 있도록 공공재를 배분하기 위해서는 상반관계에 있는 의사결정비용과 외부비용을 모두 고려한 총비용의 극소점에서 결정이 이루어져야 한다는 것이다. 여기서 의사결정비용이란 의사결정에 도달하기까지의 비용(시간, 인적·물적 자원 등)을 의미하며, 외부비용이란 '의사결정 결과에 대해 반발이나 저항의 정도'를 의미한다.

4) 니스카넨(Niskanen)의 관료예산극대화 가설

W.A.Niskanen은 1971년 「관료제와 대표적 정부」에서 공공관료제를 경제학적 시각으로 분석하였는데 이는 Downs, Buchanan 및 Tullock 등에 의하여 공공부문에서 개척된 '정치 · 경제학적 접근법'에 바탕을 두고 있다. 정치 · 경제학적 접근의 도입초기인 1960년대 공공부문의 경제학적 접근법에서는 공급자인 관료들은 수동적인 대리인에 불과하다고 보고, 주로 유권자, 정치인 그리고 이익집단 등 수요자의 행태분석에 초점을 둔 '수요모형'이었다. 그러나 Niskanen 등은 공급자인 관료를 다른 경제주체들과 마찬가지로 자기의 효용을 극대화하려는 주체로 보고 공공부문의 '공급원으로서의 관료제'를 분석하였다. 동시에 관료들은 공공복리의 증진을 위한 공복이라는 대외적 표방과는 달리 본인 소속부처의 예산을 극대화하려 하고 이를 통해 개인 효용을 증가하려는 속성을 지니고 있다고 본다. 이를 통해 정부 기능과 예산 팽창 경향이 불가피하게 나타난다고 보았다.

5) 투표제의 모순

집단 선택방법의 하나인 투표제에 대해 Muller 등의 학자는 그 모순점을 제시하고 다양한 대안적 투표방식을 검토하였다.

〈표 3〉 쉼터프로젝트 비용 편익분석

(단위: 만원)

	비용	편익	순편익
A	1,400	2,000	+600
B	1,400	1,500	+100
C	1,400	2,000	+600
D	1,400	500	−900
E	1,400	200	−1,200
계	7,000	6,200	−800

앞의 사례문제의 경우를 보면 다섯 가구의 편익의 총합은 6,200만원이고 프로젝트 총비용은 7,000만원으로 편익의 합보다 총비용이 더 들어가 집합적으로는 바람직하지 못한 프로젝트이다. 그러나 이를 투표에 부칠 경우 개인적인 편익이 부담해야 하는 비용보다 큰, 세가구가 찬성을 표시하게 되면 3:2로 통과될 것이다. 이것이 투표제가 가진 모순이라고 볼 수 있다.

이 사례를 통해 고려해 보아야 할 문제는

첫째, 투표 통과가 과연 지역전체를 위해 바람직한가? '아니다'이다. 이는 지역 전체 경제적으로 바람직하지 못한 투자를 정치적인 결정을 통해 강제하는 문제를 낳고 있다고 보아야 한다.

둘째, 가구 D, E의 손해(-2,100만원)보다 A, B, C의 이익이 더 중요한가? 그렇다고 볼 수 없다.

5. 결론

공공선택론은 정책결정에 있어서 어떠한 선택을 하느냐에 관한 경제학적 접근방식의 연구이다. 원래 경제학에서 시작하였지만 공공부문에 있어서 의사결정을 효율화시키고 개인들의 선호에 보다 민감하게 반응하는 대응성의 강화에 기여하였다. 이 이론이 모든 사회현상의 분석에 적용될 수는 없지만 행정학 발전에 큰 공헌을 하였고 앞으로는 이 이론을 이용할 수 있는 영역이 확대되어 가기 때문에 그 중요성이 크다고 하겠다.

사례-16　　의사결정 회의

회의실에는 직원 다섯 명과 컨설턴트 한 명이 둥그렇게 둘러 앉아 있었다.

그들이 모인 이유는 진행 중인 프로그램개발 프로젝트에 대해 논의를 하기 위해서다. 이 프로젝트는 영어회화를 할 줄 모르는 사람들에게 회화를 가르치는 AI 기반의 멀티미디어 소프트웨어 프로그램을 개발하려는 것이었다. 이 프로젝트는 두 번째 개발 단계까지 성공적으로 마친 상태이며, 이제 평가위원회로부터 승인을 받게 되면 추가로 자금을 지원받아 사업을 계속할 수 있었다.

회의에 참석한 컨설턴트는 경험이 풍부한 영어교수 출신이었는데 이 프로그램이 다른 경쟁회사에서 판매하고 있는 교재 방식이나 강의법 또는 컴퓨터 방식과 비교하여 얼마나 효과가 있는지 평가하였다. 그녀는 회의 참석자들에게 "이 프로그램은 잠재력이 대단한 것 같아요. 현재 시장에 출시된 어떤 제품보다도 이 프로그램의 기능이 낫다고 생각해요"라고 말했다.

그녀 옆자리에는 이 프로그램을 적극 지원하고 있는 김○○ 개발팀장이 있었다. 김 개발팀장은 앞으로 몇 가지 추가적으로 해결해야 할 기술적 문제를 언급하면서 그런 것들은 개발팀에서 완벽하게 극복할 수 있을 것이라고 자신감을 표시하였다.

그러나 옆에 있던 박△△ 재무팀장은 이 프로젝트를 당분간 유보해야 한다고 제안하였다. "저는 이 프로젝트에서 어떠한 희망도 발견할 수가 없습니다. 잘못되면 이 프로젝트는 현재 우리가 판매하고 있는 다른 제품의 판매량을 갉아 먹을 것입니다." 회의에 참석한 그 누구도 재무팀장의 이런 반대에 전혀 놀라지 않았다.

박△△ 재무팀장과 김○○ 개발팀장은 회사 내에서 심한 경쟁관계에 있었고, 또 재무팀장은 처음부터 이 프로젝트에 반대했다는 것을 모두가 알고 있었기 때문이다. 재무팀장은 회사 내에서 엄청난 영향력을 행사해왔고 최고경영자와도 절친한 관계로 알려져 있다.

재무팀장은 자신에게 맞서는 사람에게는 고통을 안겨줄 만한 충분한 능력을 가지고 있었고 실제로 그렇게 하기도 했다. 또한 이번 프로젝트처럼 자신이 싫어하는 안건은 얼마든지 폐기 처분할 수도 있었다.

≫ 생각해보기

- 위의 사례를 살펴보면서 여러분들은 집단 의사결정에 영향을 미치는 요소는 무엇이라고 생각하는가?
- 최종 결론은 어떻게 났을까?
- 여러분이 컨설턴트의 입장이라면 어떨까?

많은 경우 집단적 의사결정 상황에서는 결정과정에 영향을 미쳐 바람직하지 못한 결과를 초래하는 사회적, 집단적인 영향력이 존재한다. 이러한 부정적인 집단의 영향력은 바람직한 결정의 방향을 사전에 봉쇄하거나 진정한 조직의 이익에 반하는 결정을 방관하게 할 수도 있다. 이러한 문제점을 최소화하기 위한 현실적인 노력이 필요하다.

1. 집단 내 영향력과 집단의사결정 문화

의사결정 팀이나 일반부서 또는 기업과 같은 집단에 속한 개개인은 자신을 둘러싼 주변 사람들로부터 영향을 받는다. 이것은 다른 사람의 의견을 무시할 만한 권력을 가지고 있는 사람도 예외는 아니다. 의사결정자들은 혼자 결정을 하는 경우에도 종종 다른 사람들이 어떻게 평가할지를 생각하면서 자신들의 행동을 점검하게 된다.

일반적으로 의사결정에 참여하는 사람들은 가능하면 동료들과의 갈등이나 부조화를 피하고 대세를 따르려는 경향이 있다. 또한 인기 없는 결정을 한 후 초래될 비난을 피하고자 한다.

이와 같은 집단 영향력에 의한 편향적 행태는 아래와 같은 문제성 있는 집단적 의사결정 문화를 만들게 되는데, 이를 시정하기 위한 조직 차원에서의 노력이 필요하다.

1) 힘있는 편에 줄서기(Lining up)

사안에 대한 객관적 분석과정 없이 조직이나 팀의 실력자나 권력자의 의중에 따르는 경향을 말한다. 조직 내에서 개인 간, 혹은 단위 부서 간의 치열한 경쟁 구도가 형성되어 있는 경우 특히 이런 현상이 많이 나타나는데 구성원들은 의사결정 안건의 본질적 평가결과에 근거한 입장정리가 아니라, 무조건 실력자(명시적, 혹은 묵시적)의 뜻에 맞추어 본인의 뜻을 결정하려는 경향이 나타난다. 향후 실력자로부터 인사상의 불이익이나 처벌을 받지 않으려는 뜻도 있고, 적극적으로는 당신 편에 줄을 섰다는 무언의 신호를 보내 반대급부를 기대하는 심리이기도 하다.

조직 내에 이러한 구도가 형성되면 객관적이고 합리적인 의사결정이 어려워지고, 힘 있는 소수의 뜻에 의해 좌지우지되기 때문에 구성원들의 참여 의욕이 현저히 떨어지고 그저 상층부의 결정에 따르기나 하면 된다는 피동적 문화를 만들게 된다.

앞의 사례에서, 신제품 개발에 대한 컨설턴트의 긍정적 피드백에도 불구하고 개발팀장과 경쟁관계에 있고 경영층과 보다 가까운 재무팀장의 반대는 프로젝트의 진행이 쉽지 않을 것임을 보여준다. 이런 분위기를 파악한 구성원들은 보다 힘이 있는 재무팀장의 입장에 힘을 실어주는 쪽으로 결론을 낼 가능성이 많다.

2) 맹목적 동조행위(Conformity)

이는 특정인이나 조직의 결정에 아무런 비판의식 없이 무조건적으로 따르는 경향을 말한다. 이러한 경향이 나타나는 조직은 일사분란하고 효율적인 조직으로 보이지만 미래의 위험가능성을 방치하는, 그래서 더 큰 위험을 초래하는 징후일 수도 있다.

이러한 문제는 집단의 의사결정 과정을 변화시키면 어느 정도 동조행위의 위험성을 감소시킬 수 있다. 한 가지 방법은 각각의 참여자들이 다른 참여자들의 견해를 알기 전에 자신의 판단을 혼자서 종이에 적도록 하는 것이다. 팀의 간사가 종이에 기재한 내용을 받아서 따로 보관하고 있다가 익명으로 정리하여 발표하는 방법이다.

또 다른 방법은 의사결정 팀의 리더가 멤버들의 의견을 충분하게 개진한 후에 자신의 견해를 가장 마지막에 발표하는 것이다. 그렇게 하면 다른 멤버들은 위축되지 않고 자신의 의견을 공개할 수 있게 된다. 만일 그 반대로 진행하게 되면 맹목적인 동조행위가 나타날 수 있다.

3) 집단사고(Group Think)

응집력이 좋은 의사결정 팀일수록 대체로 집단사고라는 조직의 함정에 빠질 우려가 크다. 예일대 심리학과 어빙 야누스(Irving Janus) 교수가 집단사고라는 용어를 처음 만들었는데 그는 집단사고는 응집력이 강한 내집단(in-groups)에서 발견되는 사고 형태라고 정의하였다. 이런 집단에서는 전원합의에 대한 열망이 강하기 때문에 각종 대안을 실제적으로 평가하지 못하게 되는 경향이 있다는 것이다.

집단사고는 사람들의 생각이 자신들이 속한 집단의 전형적인 행동방식에 접근하도록 수렴한 결과이며, 집단의 정체성이 강력할 때 나타날 수 있는 부작용이다. 안타까운 것은 그 같은 사고의 수렴이 객관적 근거보다는 사회적, 심리적인 압력에 의해 유도된다는 점이다. 집단의 모든 구성원들이 자신의 집단과 동질성을 강력하게 느끼는 경우 그들은 차이점은 억누르고 유사점은 강조하면서 단일안을 만들어 내려고 노력하게 된다. 이것은 좋을 경우 협력을 이끌어내지만 그렇지 않을 경우 자칫 비판적 사고나 토론을 말살하게 된다. 이런 상황에서는 객관성보다는 합의나 단결이 강조된다.

사회심리학자들은 집단 구성원들이 동료의 의견을 알게 되면 집단의 의견이 한 곳으로 수렴하는 경향이 있음을 오래전부터 관찰하였다. 이러한 수렴현상은 자신감 부족에도 원인이 있지만 주로 다른 사람들의 견해와 매우 다른 입장을 취하는 것을 사람들이 보통 꺼리기 때문이다.

의사결정에서 의견 수렴이 중요하더라도 집단사고로 악화되면 다양한 견해들은 집단의 동질성 때문에 무너지고 확신이라는 환상을 만들어낸다. 그리고 '달리 생각'하는 사람들은 집단으로부터 따돌림을 받거나 아니면 퇴출될지도 모른다.

집단사고는 보통 다음과 같은 증상을 보인다. 우선, 구성원들이 자신의 견해를 확신시켜주는 데이터는 받아들이면서 자신들의 견해와 다른 데이터는 거부한다. 그러면 리더는 반대되는 증거로부터 고립되고 다른 대안을 고려하지 않는다. 이러한 경향이 지속되면서 구성원들이 팀에 대해 불사신의 확신을 가지게 되며 다수 의견과 차이가 있는 견해를 가진 개인들을 무시하거나 악마처럼 취급하게 된다.

'악마의 변론자'(devil's advocate)

집단 내에 집단사고적 증상들이 보인다면 다양하고 깊이 있는 반론을 추구하는 조치를 취해야 한다. 한 가지 방법은 모두가 신뢰하는 적임자를 찾아 악마의 변론자(devil's advocate)로 지정하는 것이다. 이 사람은 다수가 내리는 결론과 그 전제를 비판할 수 있는 권한을 가진다. 그는 또한 소수의견을 대변하고 다른 사람들로 하여금 자신들의 견해와 상이한 사실이나 아이디어도 고려할 것을 요구할 수 있다.

4) 지나친 낙관주의 문화

일반적인 조직문화에서는 낙관주의가 강조되고 장려받는 대신에 비관주의는 무시를 받는다. 그들은 자신들의 '하면 된다'는 정신을 자랑으로 여기면서 어떠한 역경도 이겨낼 수 있다고 주장한다. 이런 문화를 지지하는 최고경영자는 부학직원들에게 주기적으로 달성하기 힘겨운 목표를 걸어놓고 "마음만 먹으면 못할 것이 없다"라며 용기를 북돋운다.

낙관주의는 개인이나 조직 모두에게 미덕이지만, 하면 된다는 식의 정신에 물든 의사결정자는 무모한 위험을 감수하려고 하고 비현실적인 예측에도 쉽게 혹한다. 또한 조직이 지나치게 낙관주의에 젖어 있을 때 가장 위험한 것은 낙관론자를 우대하면서 비관론자로 찍힌 사람은 따돌린다는 것이다. 이렇게 되면 결국 낙관론자들이 모든 의사결정을 통제하게 되고 상황은 더욱 악화된다.

2. 집단 의사결정문화 개선

여러 가지 부정적 집단문화의 문제점에도 불구하고, 집단은 개인이 혼자 결정하는 경우보다 바람직한 의사결정을 내리거나 좋은 해결책을 찾아내는 경향이 있다. 개인들이 거둔 뛰어난 성과에도 불구하고 집단은 개인보다는 의사결정이나 문제해결이라는 측면에서 한층 유리한 편이다. 어떤 문제에 대해 단지 서너 명의 노하우와 경험을 집합해 놓은 것만으로도 문제해결 방법을 찾을 가능성을 높인다. 또한 집단 내의 일부 개인들이 어떤 문제에 대해 각각 일부의 해결책만 가지고 있는 경우에도 이것들을 모두 모으면 그 문제 전체를 해결할 수 있게 된다.

제임스 서로위키(James Surowiecki)는 「대중의 지혜」(The Wisdom of Crowds)」(2004)라는 저작에서 다수는 소수보다 현명하다고 주장했다. 그는 "다양한 개인들이 모임인 대규모 집단은 더 나은, 그리고 더 강력한 예측을 하게 되고 가장 능력 있는 의사결정자가 혼자서 하는 것보다 더 이성적인 의사결정을 내리게 된다"고 말했다.[2]

서로위키는 바람직한 의사결정을 가로막는 집단의 편견을 최소화할 수 있는 네 가지 조건을 제시하였다. 이 조건들을 갖추게 되면 집단의 편견을 최소화할 수 있고 다양한 견해를 가진 사람들이 문제점을 보다 수월하게 지적할 수 있도록 한다.

(1) 견해의 다양성

집단 내의 개개인은 어느 정도는 다른 사람들이 보거나 알 수 없는 '개인 견해와 정보'를 가질 수 있어야 한다. 모든 사안에 대해 모든 개인의 견해와 시각을 밝혀야 한다면 그 자체가 집단사고나 맹목적 동조행위를 강요하는 결과를 낳을 수 있기 때문이다. 이런 의미에서 견해의 다양성은 조직 차원의 정보를 풍부하게 한다.

(2) 독립성

집단 구성원이 특정 사안에 대해 개별적으로 가지는 견해가 직장 상

---

2 James Surowiecki, 2004, 「The Wisdom of Growds」, New York: Doubleday, p. 22.

사나 의사결정에 참여하는 다른 사람들의 견해에 의해 판가름되어서는 안 된다.

(3) 분권성

구성원들은 특정 분야에 전문성을 가지고 있으면서 그 전문성을 의사결정 상황에 활용할 수 있어야 한다. 의사결정자나 팀은 동일하고 한정된 정보에만 의존해서는 안 된다.

(4) 집합성

개별적인 판단을 집합적인 판단 또는 결정으로 전환하는 메커니즘이 있어야 한다. 예를 들어, 선거는 정치인과 그들의 정책에 대한 집합적인 판단을 도출하는 메커니즘이다. 선거가 없으면 개인들의 판단은 사적으로만 남고 정치시스템 내에서는 활용되지 않는다.

이 네 가지 조건을 모두 갖춘 집단에서는 바람직한 의사결정을 할 수 있을 것으로 보는 것이 합리적일 것이다. 그러므로 관건은 이 네 가지 조건들을 어떻게 충족하느냐이다. 예를 들어, 조직 내에서는 독립성을 유지하기가 어려운 것이 사실인데 그 이유는 구성원들이 동료들로부터 영향을 받는 경향이 있기 때문이다. 조직에서 개인들 사이에 존재하는 권력의 차이 역시 독립적인 판단을 저해하는 요인이 되고 있다. 그러므로 서로위키(James Surowiecki)의 네 가지 조건들을 고려하여 의사결정 팀을 구성하여야 할 것이다.

인간은 사회적 동물이므로 각자의 생각과 의사결정은 주변 사람들로부터 영향을 받고 있다. 의사결정자로서 해야 할 일은 집단의 유해한 영향력은 배제하고 집단의 지혜를 활용하는 것이다. 쉬운 일은 아니지만 이것을 성공하면 효과적인 의사결정의 확률은 높아지게 된다.

1. 집단의 응집성에 따라 집단의사결정 모형을 구분할 수 있다.

2. 조직모형은 Simon & March의 조직론(organizations)에서 제시한 모형이며, 회사모형(회사의 행태이론)은 한 걸음 더 나아가 실제 기업의 의사결정과정을 밝힌 것이다.

3. 회사모형은 회사의 형태를 경제학적인 시장 중심적 관점에서 벗어나, 조직의 구조와 목표의 변화, 기대의 형성, 욕구 수준, 갈등의 준해결(quasi-resolution), 불확실성의 회피, 조직체 학습, 선택 등의 여러 관점에서 파악하려는 의사결정 모형으로 연합모형(coalition model)이라고도 불린다.

4. 쓰레기통모형은 조직의 구성단위 사이의 응집성이 아주 약한 혼란 상태에서 이루어지는 의사결정의 특징적 측면을 강조하는 모형이다. 이러한 혼란의 상태에서는 합리모형은 물론이고 조직모형보다도 훨씬 더 불합리한 의사결정이 일어나게 된다. 즉, 극도로 불리한 집단적 의사결정에 관한 대표적인 모형이다. 선호의 불확실성, 불명확한 기술, 일시적 참여자들로 조직 안의 수많은 대안, 문제, 결정의 순간들이 뒤엉켜 움직이는 어느 순간 의사결정자의 손에 닿으면 그 자리에서 결정이 일어나 비합리적이고 불필요한 행동이 수시 반복되는 결과를 초래한다.

5. Allison의 세 가지 모형의 종합·비교

	합리모형(I)	조직과정 모형(II)	관료정치모형(III)
조직관	조정과 통제가 잘된 유기체	느슨하게 연결된 하위 조직들의 연합체	독립적인 개인적 행위자들의 집합체
권력의 소재	조직의 두뇌와 같은 최고지도자가 보유	준 독립적인 하위조직들이 분산소유	개인적 행위자들의 정치적 자원에 의존
행위자의 목표	조직 전체의 목표	조직전체의 목표+하위조직들의 목표	조직전체의 목표 + 하위조직들의 목표 + 개별 행위자들의 목표
목표의 공유도	매우 강함	약함	매우 약함
정책결정의 양태	최고지도자가 명령, 지시	SOP에 대한 프로그램 목록에서 대안 추출	정치적 게임의 규칙에 따라 타협, 흥정, 지배
정책결정의 일관성	매우 강함 (항상 일관성 유지)	약함 (자주 바뀜)	매우 약함 (거의 일치하지 않음)

6. 공공선택론은 '비시장적(non-market) 의사결정에 관한 경제학적 연구'라고 정의된다. 합리적이고 이기적인 개인을 분석단위로 상정하며 순수공공재는 비배제성이라는 성질을 가진다. 그 때문에 특별한 조건이 없다면 공익을 위한 자발적 결사체가 조직될 가능성은 낮으며(Olson), 외부적 비용과 의사결정비용은 의사결정규칙의 선택에 영향을 받는다. 외부적 비용이 의사결정비용보다 훨씬 크면 절대다수결 투표를 선택해야 한다. 이를 반대하면 한 사람의 의사결정을 용인하는 규칙이 선택될 것이라고 한다(Buchanan & Tullock).

7. Ostrom부부는 낮은 의사결정비용이 드는 규칙적인 위계적 관료조직을 가진 민주사회에서 관료적 조직의 정당성유지를 위해서는, 상이한 공공재와 공공서비스에 대한 집단 구성원들의 사회적 선호를 반영하기 위한 집합적 선택방법이 지속적으로 활용이 가능하여 예상되는 외부비용을 충분히 경감시킬 수 있어야 한다고 한다. 그리고 중첩적인 관할구역을 가진, 상호 간에 상당히 독립적으로 운영되는 여러 공공기관들로 구성된 복합조직장치(가외성)를 제시한다.

8. 인간은 사회적 동물이며 주변의 다른 사람들로부터 영향을 받는다. 그러므로 의사결정을 함에 있어서 오류에 빠지거나 함정의 덫에 걸리게 된다.

9. 의사결정자들의 판단은 다른 사람들을 기쁘게 하거나, 갈등을 피하거나, 다른 사람들과의 부조화를 피하거나, 집단의 일원으로 보이거나, 또는 의사결정에 따른 비판을 피하려는 욕구에 의해 영향을 받기도 한다.

10. 집단사고는 집단의 강력한 정체성이 부작용으로 나타난 것이다. 생각의 유사점은 강조하고 차이점은 억누르거나 피하려는 것이 집단사고의 특성이다.

11. 지나친 낙관주의를 주의하여야 한다. 낙관주의는 진보를 위해서 필요하지만 반드시 사실적 기반이 전제되어야 한다.

12. 집단은 '대중의 광기'에 취약하지만 제임스 서로위키(James Surowiecki)에 따르면 특정 조건이 충족될 때는 개인보다 집단이 보다 바람직한 의사결정을 하게 된다. 그 조건이란 견해의 다양성, 구성원들의 독립성, 분권화, 개별적인 판단을 의사결정으로 전환하는 메커니즘의 존재를 말한다.

01 Allison 모형 중에서 하위계층에의 적용이 가능하며 정책결정의 양태는 표준운영절차(SOP)를 추구하는 회사모형과 유사한 모형은?

① 합리모형

② 점증모형

③ 조직모형

④ 정치모형

02 정책결정 모형에 대한 설명으로 옳은 것을 모두 고르면?

> ⓐ 만족모형과 최적모형은 집단적 차원의 정책결정모형에 해당한다.
>
> ⓑ 만족모형은 정책담당자들이 최선의 합리성을 추구하기보다는 시간과 공간, 재정적 측면에서 여러 요인들을 고려해서 만족할 만한 수준에서 결정을 한다는 견해이다.
>
> ⓒ Allison의 정책결정 모형 중 합리모형(Model 1)은 정책을 정부관료들 간의 타협, 경쟁, 지배 등을 내용으로 하는 정치적 게임의 산물로 파악한다.
>
> ⓓ 집단의 응집성을 보면, Allison의 합리모형(Model 1)은 응집성이 강한 경우에 가깝고 쓰레기통모형이나 Allison의 관료 정치모형(Model 3)은 응집성이 약한 경우에 가깝다.

① ⓐ,ⓒ

② ⓑ,ⓓ

③ ⓑ,ⓒ

④ ⓒ,ⓓ

정답 01 ③ 02 ②

03 행정학의 접근방법 중 공공선택론의 특성에 해당하지 않는 것은?

  Ⓐ 방법론적 개체주의

  Ⓑ 국가의지의 강조

  Ⓒ 부서목표의 극대화

  Ⓓ 합리적 경제인

  Ⓔ 교환으로서의 장치

  Ⓕ 예산극대화

---

① Ⓐ, Ⓓ

② Ⓑ, Ⓒ

③ Ⓒ, Ⓔ

④ Ⓒ, Ⓕ

04 공공선택론과 거리가 먼 사항은?

① 개인의 이기성 강조

② 관료제의 예산 극대화 전략

③ 정치인의 득표 극대화 전략

④ 대표 관료제의 강조

정답   03 ②   04 ④

05 다음 중 공공선택론에 대한 설명이 아닌 것은?

① 공공행정의 가치배분 권한 강화

② 행정의 목적성을 비판하고 자유경쟁의 원리 신봉

③ 방법론적 개인주의(개체주의)의 전제

④ 공공행정에 있어서 시장 경제적 원리에 입각한 서비스 강조

06 다음 중 정책결정 모형 중의 하나로서, 정책을 조직과정의 산물로 보고 전개한 이론 모형은 무엇인가?

① 합리모형

② 쓰레기통모형

③ 회사모형

④ 조직모형

07 쓰레기통모형의 세 가지 전제에 해당하지 않는 것은?

① 불명확한 기술

② 일시적 참여자

③ 참여자 수의 제한

④ 문제성 있는 선호

정답   05 ①   06 ④   07 ③

08 Simon & March의 조직모형에서 제시한 의사결정 방식이 아닌 것은?

① 문제해결식 의사결정

② 문제탐구식 의사결정

③ 상례화된 의사결정

④ 프로그램화된 의사결정

09 Cyert와 March의 회사모형에 대한 설명으로 올바르지 않은 것은?

① 목표의 극대화가 아닌 만족할 만한 수준의 달성을 추구한다.

② 각 하위부서들은 다른 목표를 제약조건으로 전제한 후 자기들의 목표를 추구한다.

③ 환경의 불확실성을 제거하기 위하여 환경을 통제할 방법을 찾는다.

④ 정책을 결정하는 주체는 참여자들 개개인이다.

10 조직의 제한된 합리성을 극복하기 위한 방법으로 Cyert와 March의 회사모형이 제시한 내용과 거리가 먼 것은?

① 갈등의 준해결(quasi-resolution of conflict)

② 문제중심의 탐색(problemistic search)

③ 초정책결정(meta-policymaking)

④ 조직의 학습(organizational learning)

정답   08 ②   09 ④   10 ③

11 정책결정모형에 관한 연결 중 옳은 것은?

① 공공선택이론 – 조직화된 무정부상태

② 최적모형 – 종합적 합리성

③ 쓰레기통모형 – 우연성과 비합리성

④ 점증모형 – 초합리성

12 합리적 의사결정의 오류 요인이 아닌 것은?

① 매몰 비용의 오류

② 확증편향(Confirmation bias)

③ 사회적 검증(집단충동, Social proof)

④ 순응

13 조직의 의사결정의 과정에서 서로위키의 4가지 조선의 설명으로 옳지 않는 것은?

① 견해의 다양성: 집단 내의 개개인의 정보를 모두 알아야 한다.

② 독립성: 집단 구성원이 개별적으로 가지는 견해가 다른 사람의 견해에 의해 판가름되어서는 안 된다.

③ 분권화: 의사결정자는 동일하고 한정된 정보에만 의존해서는 안 된다.

④ 집합성: 개별적인 판단을 집합적인 판단 또는 결정으로 전환하는 매커니즘이 있어야 한다.

정답   11 ③   12 ④   13 ①

14 집단사고의 증상으로 바르지 않은 것은?

① 집단 구성원들이 불사신의 환상을 가진다.

② 리더들이 반대 증거로부터 고립된다.

③ 구성원들이 자신의 견해와 다른 데이터도 수용한다.

④ 다른 대안을 고려하지 않는다.

15 합리적 의사결정의 오류 요인에 대한 설명으로 바르지 않은 것은?

① 매몰 비용의 오류(Sunk cost fallacy): 이미 지불한 비용이 아까워서 다른 합리적 선택에 제약을 받는다.

② 확증편향(Confirmation bias): 한 개의 사물을 보여주고 그 가치에 대해 말하라고 하면 명확하게 판단을 내리지 못하는 것이다.

③ 사회적 검증(집단충동, Social proof): 열 명 중 아홉 명이 개를 고양이라고 주장하면 틀릴 줄 알면서도 '고양이'라고 인정하는 것이다.

④ 가용성 편향(Availability bias): 자신의 경험 혹은 자주 들어서 익숙하고 쉽게 떠올릴 수 있는 것들을 가지고 이미지를 만드는 것이다.

정답   14 ③   15 ②

PART

의사결정과
문제해결 기법

|

제I편에서 살펴본 여러 의사결정 모형들은 다양한 상황에서의 의사결정 과정과 방식을 어떠한 프레임으로 바라볼 것인가의 문제와 관련이 있다. 즉 의사결정자의 관점과 프레임에 따라 의사결정 상황과 문제의 속성에 대한 이해가 달라질 수도 있으며 중요한 점과 덜 중요한 점, 문제의 핵심과 곁가지에 대한 인식도 달리 나타날 수 있다. 그에 따라 결정의 내용, 결정에 영향을 미치는 요인들도 달라질 수 있음을 보여주고 있다.

제II편에서는 의사결정과 관련된 문제를 구체적으로 분석하여 최적의 해를 찾는 기법들을 다루게 된다. 여기에는 선행계획, 목적계획, 비용편익 분석, CPM/PERT, 게임이론 등 전통적으로 관리과학(MS/OR)에서 다루던 내용들이 주를 이룬다.

이러한 의사결정 기법들은 기본적으로 앞에서 살펴보았던 여러 의사결정 모형들 중에서 합리모형적 틀에 기반을 두고 있다고 볼 수 있다. 즉, 추구하는 목표가 명확히 설정되고 이를 해결하기 위한 다양한 대안을 탐색하여 각 대안들이 가져올 결과를 예측하고 비교하여 최선의 대안을 찾는 과정을 밟고 있기 때문이다. 이러한 특성에 비추어 볼 때 제II편에서 다루는 다양한 의사결정 기법들은 문제해결을 위한 기법이라고도 볼 수 있다.

서론: 문제해결 기법과 관리과학

개인이나 조직차원에서 문제해결을 위한 기법들은 주로 관리과학(MS/OR)을 통해 발전해 왔다. 관리과학이란 일반적으로 합리적인 의사결정을 위한 체계적, 계량적 접근방법을 의미한다. 이는 행정이나 경영상의 목적을 달성하기 위해 의사결정자가 시스템이 당면하고 있는 문제에 대해 종합적이고도 과학적인 검토를 할 수 있도록 하고, 최적의 결정을 내리는 데 도움이 되는 신뢰 할 수 있는 판단의 기초를 제공하는 방법론이다. 즉, 체계적이고 과학적 분석을 통하여 행정·경영상의 관리적 문제를 해결하기 위해 의사결정자를 지원하는 학문이라고 볼 수 있다.

관리과학(Management Science)과 운영연구(Operation Research)는 뚜렷한 구분없이 혼용되어 사용하고 있으나 MS는 주로 미국, OR은 영국에서 많이 사용하고 있다.

오늘날 경영이나 행정관리 문제는 매우 복잡하며 다양한 변수를 포함하고 있다. 따라서 의사결정자가 직면하고 있는 문제를 전체적으로 파악하기가 힘들 뿐더러 그 문제를 여러 측면에서 분석하기가 매우 어렵다. 이런 측면에서 MS/OR 분야가 크게 기여하였으며 앞으로도 발전가능성이 크다고 볼 수 있다.

기획부서는 보통 인체의 뇌에 해당하는 조직의 핵심으로, 조직의 현 상태를 점검, 진단하고 조직이 나아갈 장기적, 단기적 방향과 목표를 수립한다. 경우에 따라서는 예산의 수립, 집행까지도 담당하기도 한다. 이러한 기획업무의 핵심은 의사결정과 의사결정을 보조하는 데 있다. 즉, 일상적 업무에 대한 지침, 통제에서 부터 조직이 나아갈 방향에 대한 결정까지를 담당하며 대부분의 최고 관리자는 기획파트의 판단에 의거하여 최종적 의사결정을 내리게 된다. 이때 결정은 주먹구구식으로 내려지는 것이 아니라 관리과학적 지식에 입각하여 상당히 과학적이고 합리적인 판단기준에 의해 이루어져야 한다.

행정이나 경영문제에 대한 의사결정이 즉흥적이고 단편적으로 이루어질 때 재정이나 예산의 낭비뿐만 아니라 심각한 후유증을 불러일으키기도 한다. 관련 연구들을 보면 정책 실패나 불합리한 결정으로 인한 국민 재정 부담이 엄청나게 증가하는 것으로 나타났다. 예를 들어 도로신설 계획 단계에서 교통량을 정확히 예측하지 못하고 만든 도로는 얼마 지나지 않아 확장공사를 하게 되는 경우가 많은데 애초보다 수배의 예산이 추가적으로 필요한 것으로 나타났다. 환경, 주택, 교육, 교통, 국방 등 모든 정부 정책영역에서 합리적이고 과학적 의사결정이 요청되는 이유이다.

의사결정 기준이론
(Decision Criteria Theorv)

전염병 예방 행동대안

올 여름 강력한 전염병 발생가능성이 있다는 전망에 입각하여 보건복지부는 예방접종을 대대적으로 실시할 것을 검토하고 있다. 아직은 불확실하지만 전염병이 발생한다면 엄청난 인명피해가 생길 수도 있기 때문이다. 보건복지부가 취할 수 있는 행동대안은 ① 전 국민을 대상으로 예방접종을 전면적으로 실시하든지(A_1), ② 발생가능성이 높은 일부 노약자만 대상으로 하든지(A_2), 아니면 무시하고 예방접종을 실시하지 않을 수(A_3)도 있다. 여기서 통제불가 요인은 전염병 발생가능성과 규모인데 이는 미래상황이기 때문에 현재로선 알 수가 없다. 각 행동대안 선택의 결과는 어느 방법을 택하느냐에 따라 달려 있다. 한편 보건복지부 산하 연구원의 연구결과에 따르면 전염병 발생가능성은 다음과 같다고 한다.

E(Extreme)   : 200만 명 발병(확률: 2%)

S(Severe)   : 20만 명 발병(확률: 8%)

T(Trivial)   : 100명 발병(확률: 90%)

또한 정부가 취할 수 있는 행동 대안은 다음의 세 가지인데 그에 따른 소요 재정액이 밝혀졌다. (주사 한대 비용 = 5,000원)

A_1: 1,000만 명 주사 → 500억

A_2: 200만 명 주사 → 100억

A_3: 무 행동 → 0원

절 의사결정 기준이론의 의의와 역할

1. 의사결정 기준이론의 의의

의사결정 기준이론이란 의사결정을 위한 준거틀(framework)의 기능을 제공하는 이론으로 의사결정이 가져올 결과를 완전히 알 수 없을 때 합리적인 의사결정을 위한 기준을 제공한다. 보통 의사결정자는 의사결정 상황에서 여러 가지 판단기준 틀을 적용하여 결정을 내린다. 그러나 ① 대안들에 대한 판단기준들이 불명확할 때 ② 집단 의사결정시 판단기준에 대한 합의를 이룰 수 없을 때, 의사결정 기준이론은 대안을 평가하는 준거틀을 제공해 주는 역할을 하며 또한 최적대안을 찾아내는 것을 돕는 역할을 한다.

2. 의사결정 기준이론의 역할

1) 의사결정상황을 보다 더 잘 이해할 수 있기 위한 준거틀로서의 역할을 한다.
2) 불확실성하, 혹은 모험적 상황에서 각 대안들을 평가할 수 있는 길을 제공한다. 하나의 가능성(대안)만 있는 확실한 경우는 의사결정이 불필요하며, 실행만 하면 된다. 그러나 대부분의 경우는 의사결정자들이 통제할 수 없는 많은 요소들이 혼재해 있다. 이 경우 취할 수 있는 대안의 평가에 이 기준이론이 도움을 줄 수 있다.

3) 통제불가 요인에 대한 이해가 가능하다. 통제불가 요인은 자연발생적인 것, 신의 섭리, 예측 불가능한 것 등을 의미하며, 천재지변, 기후 등 미래상황과 관련이 있다. 의사결정 기준이론을 통해 통제불가 요인 등에 대해 보다 나은 이해가 가능하나 통제 자체는 불가하다.

2^절 의사결정 문제의 구성요소

사례-18 석유시추사업 민간위탁 방식

최근 지질학계 연구보고서에 따르면 강원도 원주 외곽지역에 석유 매장 가능성이 있다는 연구결과가 나왔다. 그렇지만 확실하지는 않다(uncertainty). 석유가 나온다면 국가적으로 엄청난 횡재를 하게 되며 최고 선진국 대열로 일거에 도약이 가능하다고 볼 수 있다. 그러나 석유가 없거나 매장량이 미미한데 잘못 판단해 시추를 한다면 엄청난 재정 낭비를 초래할 수도 있다. 따라서 정부는 직접 개발방식 보다는 민간부문에 시추사업을 위탁하는 방식으로 가닥을 잡았다.

이러한 상황에서 산업자원부가 고려할 수 있는 선택 대안은 민간에게 위탁개발권을 주고 ① 고정 임대료를 받는 방안 (A₁), ② 수익의 일정 비율을 회수하는 방안(A₂), ③ 일정액의 고정 임대료에 이익의 일정 비율을 혼합해서 회수하는 방안(A₃)이 있다.

≫ 생각해보기

이러한 상황에서 여러분이 의사결정자라면 어떤 근거로, 어떤 행동대안을 선택하게 될까?

1. 의사결정자가 통제할 수 있는 행동대안(Alternatives)

이는 의사결정자가 선택할 수 있는 대안을 의미하는데 속성상 당연히 의사결정자가 통제할 수 있다. 석유시추 사례의 경우 정부가 선택할 수 있는 대안 A₁, A₂, A₃가 이에 해당한다.

2. 의사결정자가 통제할 수 없는 통제불가요인과 그의 결과상황 (Outcome States)

각 대안이 가져올 결과예측의 경우 항상 불확실성이 존재하고 때로는 통제불가 요인이 포함되기도 한다. 통제불가 요인이라 함은 자연 상황이나 불명확한 미래상황을 의미한다. 이에 따른 다수의 결과 발생이 가능하다. 예를 들어 석유시추사업의 경우, 석유가 실제 매장되어 있을지, 있다면 그 양이 얼마나 될지는 알 수 없기 때문에 통제불가 요인이 된다. 한편, 실제 시추결과는 결과상황(outcome states)이 되는데 시행결과는 예를 들어 완전 성공(S1), 그런대로 성공(S2), 완전 실패(S3)로 구분할 수 있을 것이다.

3. 행동대안의 선택과 결과상황의 결합에 의해 나타나는 행위의 결과 (Consequences)

행동대안의 선택과 결과상황의 결합은 결과(consequences)를 만들어 낸다. 석유시추 사업의 경우, 만일 산업자원부가 이익의 일정비율을 받는 방안(A_2)을 선택했는데, 시추결과가 완전성공(S1)으로 나타났다면 그 결과는 예를 들어 2,000억원의 정부 수익으로 나타날 것이다.

4. 대안을 선택하는 기준(criteria)

의사결정자가 대안을 선택할 때 어떤 기준을 적용하는가에 따라 그 결과(consequences)가 달라질 것이다. 낙관적, 혹은 비관적인 의사결정자인가? 혹은 위험 회피적 의사결정자인가? 이러한 성향에 따라 대안의 선택도 달라질 수 있는데 그러한 평가와 선택의 기준(criteria)이 필요하다.

이상의 조건들이 밝혀져야 의사결정 문제에 대한 해결이 가능하다고 볼 수 있다.

3절 의사결정 상황과 정보

의사결정 상황은 의사결정과 관련된 정보의 확보상태에 따라 다음의 네 가지 상황으로 구분할 수 있다.

〈표 11〉 의사결정 상황과 정보

상황	무지상황	불확정(uncertainty)	모험적(risk)	확정적 상황
정보 수준	0%	불완전 정보(Incomplete)		100%

1. 무지 상황

만약 의사결정자가 의사결정문제에 대한 아무 정보도 없는 상태(0%)라면 무지상황이라고 볼 수 있으며, 이때는 무시를 하든가 추가적인 정보를 얻으려고 노력해야 한다. 이는 의사결정 고려대상에서 제외하는 게 일반적이다.

2. 확정적 상황

의사결정자가 이용가능한 각 행동 대안과 그들의 선택에 따른 결과를 완전히 알게 된 경우(100%)는 의사결정이 끝나고 실행만 남았다고 보기 때문에 역시 고려대상에서 제외된다.

3. 불확정적 상황(Decision Making under Uncertainty)

행동대안들(alternatives)에 대한 선택결과를 예측하기 어려운 경우를 말하며, 이는 대부분이 통제 불가 요인의 결과 발생확률을 모르기 때문에 나타난다.

4. 모험적 상황(Decision Making under Risk)

통제불가 요인, 각 결과상황 등의 발생확률을 알고 있는 경우의 의사결정을 말하며 대기행렬 이론, 시뮬레이션 등이 이에 해당한다.

4절 의사결정 기준(Decision Criteria)

1. 불확정적 상황하의 의사결정기준

불확정적 상황은 통제불가 요인의 발생확률을 모르기 때문에 선택결과를 예측하기 어려운 경우로 다음과 같은 네 가지의 기준을 통하여 의사결정을 할 수 있다.

① **Maxmax**: Maximize the maximum gain(최대이득의 극대화 기준)
② **Maximin**: Maximize the minimum gain(최소이득의 극대화 기준)
③ **Minimax Regret**: Minimize the maximum regret(최대후회의 최소화 기준)
④ **Average pay off**(평균이득 기준)

앞에서 살펴본 석유시추 사례는 불확정적 상황의 의사결정 예이다. 정부가 직접 개발하기는 어렵기 때문에 민간기업에 석유 시추 공사를 위탁하여 개발하는 방안을 검토한 끝에 다음과 같은 세 가지 대안을 고려하기로 하였다.

대안 1) 석유가 얼마나 나오느냐에 관계없이 고정된 액수로 임대를 주어 개발하게 하는 방법(A_1)
대안 2) 석유 매장량에 따라 나오는 이익의 일정 비율을 정부가 차지하는 방안(A_2)
대안 3) 대안 1과 2를 조합하여 일정 고정 임대금액에 이익의 일정비율을 더하여 거두어들이는 방안(A_3)

그런데 이 석유시추사업의 통제불가요인인 결과상황(outcome states)은 완전히 성공하거나(S₁), 혹은 그런대로 성공(S₂), 실패(S₃) 중 하나로 나타나게 되어 있다.

이 결과상황(outcome states)에 따라 세 가지 대안이 가져오는 최종결과 (consequence)가 달라진다고 볼 수 있으며 여기서 최종결과는 정부이득을 기준으로 표현되며, 대안의 결과상황에 따라 달라진다.

이를 도표로 정리하면 다음과 같다. 여기서 결과상황은 통제불가요인이며 정부대안은 선택이 가능하다.

〈표 12〉 정부 대안 이득표

대안 \ 결과상황	완전 성공(S₁)	중간 성공(S₂)	실패(S₃)
① 고정임대(A₁)	500억	500억	500억
② 이익일정비율(A₂)	2,000억	500억	0
③ 1과 2의 조합(A₃)	1,500억	400억	250억

여기서 정부의 입장에서 어떤 대안을 선택하는 것이 바람직 하느냐는 다음의 네 가지 기준에 입각하여 검토해 볼 수 있다.

1) Maxmax(Maximize the Maximum Gain: 최대이익의 극대화 기준)

① 의사결정자가 각 행동대안들 중 최대의 이익을 가져오는 결과 상황만을 고려하고

② 이를 각 대안의 최대이익들을 비교하여

③ 그들 가운데서도 가장 높은 이득을 가져오게 되는 행동대안을 선택하는 경우를 말한다.

이런 기준에 의해 선택하는 의사결정자는 대체로 낙관적이며, 모험을 즐기는 성향이 많은 사람이라고 볼 수 있다.

(단위: 억원)

	S₁	S₂	S₃	최고이득	결정
A₁	500	500	500	500	
A₂	2,000	500	0	2,000	✓
A₃	1,500	400	250	1,500	

대안 A_1은 500억원, A_2는 2,000억원, A_3는 1,500억원의 이득을 가져오는데 그 중에서도 최고 이득을 가져오는 A_2 대안을 선택한다.

만일 이득표가 아니라 손실로 표시된 경우라면 가장 적은 손실을 가져오는 행동대안을 선택해야 한다.

2) Maxmin(Maximize the Minimum Gain: 최소이익의 극대화 기준)

① 이는 Maxmax와 반대되는 기준으로서 의사결정자가 각 행동대안 중에서 최악의 이득(worst pay-off)을 가져오는 상황들만 고려하고

② 그 가운데에서 가장 큰 이득을 가져오는 행동대안을 선택하도록 하는 평가 기준이다. 즉, 최악의 경우 중 최선의 것을 선택하는 기준이다.

<표 14>에서 보는 바와 같이 A_1을 선택했을 때 최악의 상황은 500억원, A_2는 0, A_3는 250억원인데, 그중에서 최고 이익은 500억원이기 때문에 A_1을 선택해야 한다.

이는 비교적 보수적이며 소심한 의사결정자들이 주로 선택하는 기준으로 볼 수 있는데 '머피의 법칙'을 믿거나 의식하는 기준으로 볼 수 있다.

• Murphy's law: 어떤 일을 하든 발생할 수 있는 최악의 경우가 발생한다.

〈표 14〉 최악상황 이득표

(단위: 억원)

	S₁	S₂	S₃	최악상황	결정
A₁	500	500	500	500	✓
A₂	2,000	500	0	0	
A₃	1,500	400	250	250	

3) Minimax Regret(최대후회의 최소화 기준)

Minimax Regret(최대후회의 최소화 평가기준)은 각 대안의 최대의 후회값들을 비교하여 이들 가운데 가장 적은 후회값을 가져올 것으로 생각되는 행동대안을 선택한다.

이를 위해서는 먼저 이득표를 기회손실(Opportunity Loss)표로 전환시켜야 한다. 이는 후회(Regret)표라고도 한다.

① 한 상황하에서 최대의 이득을 가져오는 행동대안의 이득과
② 실제로 어떤 대안을 선택하였을 때 가져오게 된 이득을 비교하여
③ 이들 두 이득간의 차이가 후회값이 되는데, 이 중에서 가장 적은
   후회값을 가져오는 대안을 선택한다.

〈표 15〉 기회손실(후회) 표

대안＼결과	성공(S₁)	중간성공(S₂)	실패(S₃)	최대후회값	결정
고정임대(A₁)	-1,500	0	0	-1,500	
일정 비율(A₂)	0	0	-500	-500	✓
1+2(A₃)	-500	-100	-250	-500	✓

위 표의 각 셀은 각 상황에서 가장 높은 이득에 비하여 상대적으로

CHAPTER 02 의사결정 기준이론(Decision Criteria Theory) 159

입게되는 기회손실(후회값)을 의미하며, 그중에서 후회가 가장 적은 A₂, A₃가 최선의 대안이 된다.

예를 들어 완전 성공(S_1)의 결과상황 중 가장 바람직한 결과는 대안 A₂를 선택하여 2,000억의 이득을 가져오는 경우인데, 만일 대안 A₁을 선택했다면 500억의 이득 밖에 얻지 못하기 때문에 1,500억의 기회손실(후회값)이 발생한다. ($S_1 + A_2$)의 경우는 후회값이 없으며 ($S_1 + A_3$) 경우의 후회값은 500억원(2,000억 − 1,500억)이 된다. 각 대안별로 최대 후회값은 A₁이 1,500억원, A₂, A₃가 각 500억원이기 때문에 A₂, A₃가 최종 대안이 된다.

이러한 의사결정 기준은 대부분 중간관리자들이 많이 선택하는데 상급자의 처벌(심리적, 실질적)을 의식하여 대안선택에 의한 실제이득과 한 상황하에서의 최고 이득과의 차이를 최소화하고자 하는 경우에 많이 선택하게 된다. 즉, "잘못했다 하더라도 그렇게 크게 잘못한 것은 아니었다"라는 변명의 여지를 남기기 위한 기준으로 볼 수 있다.

4) 평균이득 기준(Average pay off)

〈표 16〉 평균이득 기준(Average pay off) 표

(단위: 억원)

	S_1	S_2	S_3	평균값	결정
A₁	500	500	500	500	
A₂	2,000	500	0	833*	✓
A₃	1,500	400	250	717	

각 대안들의 이득의 평균을 비교하여 그들 가운데 평균이득이 가장 높은 행동대안을 선택하는 기준이다. 이 기준을 적용하는 묵시적 가정은

여러 결과상황들이 일어날 가능성이 비슷할 경우이며 가능성이 명백히 다를 땐 이 기준을 적용해서는 안 된다고 볼 수 있다.

2. 모험적 상황하의 의사결정(Decision Making under Risk) 기준

모험적 상황하의 의사결정은 각 결과상황의 발생가능성(확률)이 알려져 있는 경우의 의사결정을 의미하며, 이때 적용되는 기준은 다음 세 가지이다.

① Expected Value(기대 가치 기준)
② Maximum Likelihood(최대 가능성 기준)
③ Expected Opportunity Loss(기대 기회 손실 기준)

한편 미래의 결과상황(outcome states)들이 식별되면 각 결과 상황들이 발생할 가능성을 추정하려고 노력한다. 이같이 결과상황들에 대한 확률추정 이 가능하다면 대안을 평가할 때 이러한 확률정보를 활용하는 것이 유익하기 때문이다. 발생확률은 객관적이면 바람직하지만 객관적 확률이 없을 경우나 과거의 기록이나 경험적 자료가 없는 경우는 주관적 확률을 부여해서 이용할 수도 있다.

주관적 확률 부여절차
① 각 결과 상황들의 발생가능성(Likelihood)의 크기에 따라 순번을 매긴다.
② 가장 발생가능성이 높은 결과 상황에 먼저 확률을 부여한다.
③ 다른 결과 상황들을 앞에서 이미 부여한 결과 상황과 비교하여 확률을 부 여한다.
④ 각 결과 상황 확률의 합이 1인지 체크하고 아니면 다시 조정한다.

예

① 순번매김: '실패'. '완전성공'. '그런대로 성공'

② '실패'의 확률이 둘(완전성공, 그런대로 성공)을 더한 것과 비슷하다.(0.5)

③ '완전성공'이 '그런대로 성공'보다 발생가능성이 높다. (0.3)

④ '그런대로 성공'에 확률을 부여한다.(0.2)

⑤ 각 상황의 확률값의 합이 1이 되는지를 점검한다.

1) 기대가치 기준(Expected Value)

가장 기대가치가 큰 대안을 선택하는 기준이다. 즉, 여러 결과 상황들이 일어날 확률이 다르다고 알려진 경우 각 대안들이 가져올 이득들의 가중평균(weighted average)에 의하여 대안을 평가, 선택하는 방법이다.

이는 모든 결과 상황들이 일어날 확률이 동일하다고 보는 단순평균(average pay－off)에 의해 대안을 선택하는 것보다 합리적이라고 볼 수 있으며 가중평균(확률을 가중치로 곱함)을 통해 이득의 기대가치(기대이득)를 구하게 된다.

기대 이득 ＝ Σ(각 대안의 결과 × 결과 상황이 일어날 확률)

결과상황 확률이 완전실패 0.5, 완전성공 0.3, 그런대로 성공 0.2라면 아래 <표 17>과 같은 기대이득표를 만들 수 있고 기대이득이 가장 높은 A_2가 대안이 된다.

A_1의 기대이득은 500억원(150억＋100억＋250억)이고 A_2는 700억, A_3는 655억원이기 때문이다.

<표 17> 기대 이득표

(단위: 억원)

결과상황	완전성공(S_1)	그런대로 성공(S_2)	완전실패(S_3)	기대이득	결정
확률	(0.3)	(0.2)	(0.5)		
① 고정임대(A_1)	500(150)	500(100)	500(250)	500	
② 일정비율(A_2)	2,000(600)	500(100)	0	700	✓
③ 1+2(A_3)	1,500(450)	400(80)	250(125)	655	

이 기대이득 기준은 반복적 의사결정시 주로 사용한다.

2) 최대 가능성 기준(Maximum Likelihood)

최대 가능성 기준은 어떠한 결과상황이 일어날 가능성이 가장 높은 결과상황만을 고려한 다음, 각 대안들이 가져올 이득들을 비교하여 그들 가운데 이득이 가장 큰 행동대안을 선택하도록 하는 대안평가의 기준이다. 결과상황 S_1, S_2, S_3 중 S_3(실패)가 발생확률이 가장 크며(0.5) 이 중에서 고정임대를 주는 대안 A_1이 가장 바람직한 결과(500억원의 이득)를 가져온다.

3) 기대기회 손실 기준(Expected Opportunity Loss)

이 기준은 기대되는 기회손실이 가장 적은 대안을 선택하도록 하는 것이다. 기대기회손실기준에 입각한 선택을 하려면 우선 이득표를 기대기회손실표로 바꾸어 주어야 한다. 즉, 각 결과상황(S_1, S_2, S_3)에서 가장 큰 이득을 가져오는 대안과 비교해 봤을 때 상대적으로 입게 되는 기회손실값을 구한 후, 각 대안에서는 가장 적은 기회손실값을 고려한다. 그중에서도 가장 기대기회 손실이 적은 대안을 선택한다.

〈표 18〉 기대기회 손실표

(단위: 억원)

	S₁(0.3)	S₂(0.2)	S₃(0.5)	기대기회 손실	결정
A₁	500(150) / -450	500(100) / 0	500(250) / 0	-450	
A₂	2,000(600) / 0	500(100) / 0	0 / -250	-250	✓
A₃	1,500(450) / -150	400(80) / -20	250(125) / -125	-295	

예를 들어(S_1+A_1)셀의 경우 기대이득은 150억원(500×0.3)인데 이때의 기회 손실은, 기대이득이 가장 큰 A_2대안(600억)을 선택하지 않음으로써 입게 된 기회손실, −450억원이다. A_2 대안의 경우 합계 −250억원, A_3는 −295억원의 기대기회손실이 발생한다. 그중에서 가장 기회손실값의 합이 적은 대안(A_2)을 선택한다.

여기서 기대기회손실이 가장 작다는 것은 기대이득이 가장 크다는 이야기이기 때문에 기대기회손실 기준에 의한 결과는 기대이득기준의 결과와 항상 동일하다.

전염병 사례 〈해〉

- 전염병 발생가능성(통제불가 요인)

  E(Extreme): 200만 명(확률: 2%)

  S(Severe): 20만 명(확률: 8%)

  T(Trivial): 100명(확률: 90%)

- 정부행동 대안

  A_1: 1,000만 명 주사 → 500억

  A_2: 200만 명 주사 → 100억

  A_3: 무 행동 → 0원

  주사 한 대 = 5,000원

1. 결과상황 발생확률을 모를 때 (표의 숫자는 예상 사망자수)

	E	S	T	maxmax	maxmin	Av. Payoff
A_1	120	70	100	70	120*	96.7*
A_2	1,005	115	20	20	1,005	380
A_3	2,000	200	1	1*	2,000	734

〈 후회표: Minimax Regret 〉

(단위: 명)

	E		S		T		최대후회값
A_1(1,000만명 주사)	120	0	70	0	100	99	99*
A_2(200만명 주사)	1,005	885	115	45	20	19	885
A_3 (무접종)	2,000	1,880	200	130	1	0	1,880

〈불확정적 상황하의 의사결정〉

1) Maxmax → 접종 안 함(A_3)

• A_1의 경우 가장 좋은 결과상황의 예상 사망자수는 70명, A_2는 20명, A_3는 1명이므로 A_3가 선택된다.

2) Maxmin → 전면 접종(A_1)

• A_1의 가장 나쁜 상황은 예상 사망자수 120명, A_2는 1,005명, A_3는 2,000명이다. 이 셋 중에서 A_1이 가장 덜 나쁜 선택이 된다.

3) Average Payoff → 전면접종(A_1)

• A_1의 예상 평균 사망자수는 96.7명으로 가장 적다.

4) Minimax Regret → 전면접종(A_1)

① '최대후회의 최소화' 기준의 적용을 위해서는 '이득표'를 기반으로 '후회표'를 생성해야 한다. '후회표' 셀의 숫자의 의미는 대각선을 기준으로 상단은 '원래 주어진 예상 사망자수'이며 하단은 '후회값'(각 상황에서 가장 좋은 결과 값 - 예상 사망자수)이다. 그 의미는 각 상황에서 가장 바람직한 대안을 선택했더라면 얻을 수 있는 이득의 크기에서 의사결정자가 다른 대안을 선택했기 때문에 입게 되는 후회(손해)의 크기를 의미한다.

예를 들어 ($A_2 \times E$)셀의 경우 대각선 상단의 숫자 1,005는 원래 주어진 '예상 사망자수'를 의미하고, 하단의 숫자 '885'는 E상황에서 A_1 행동대안을 선택했더라면 예상 사망자수가 120명에 불과했는데, A_2를 선택해서 입게 된 후회의 크기(1,005-120)를 의미한다.

② A_1의 최대 후회값은 99명, A_2는 885명, A_3는 1,880명이므로 A_1이 최대 후회를 최소화하는 선택이 된다.

2. 결과상황 발생확률을 알 때

⟨기대기회손실표⟩

(단위: 명)

	E(0.02)	S(0.08)	T(0.9)	기대기회 손실값
A_1	0 120(2.4)	0 70(5.6)	-89.1 100(90)	-89.1
A_2	-17.7 1,005(20.1)	-3.6 115(9.2)	-17.1 20(18)	-38.4*
A_3	-37.6 2,000(40)	-10.4 200(16)	0 1(0.9)	-48

⟨모험적 상황하의 의사결정⟩

1) Maximum Likelihood(최대가능성 기준) → A_3(접종 안 함)

- T(미미)가 발생확률 0.9이므로 T상황만 고려하고 그 중에서 가장 바람직한 결과를 가져오는 A_3를 선택한다.

2) Expected Value(기대가치 기준)

$E(A_1) = 120(.02) + 70(.08) + 100(0.9) = 98$

$E(A_2) = 1005(.02) + 115(.08) + 20(0.9) = 47.3$ ✓

$E(A_3) = 2000(.02) + 200(.08) + 0.1(0.9) = 56.1$

3) Expected Opportunity Loss (기대기회 손실기준)

① '기대기회 손실기준'을 적용하기 위해서는 우선 '기대기회 손실표'를 생성해야 한다. 위의 표에서 예를 들어 (A_2×E) 셀의 경우, 대각선 하단의 숫자 1,005는 원래 주어진 '예상 사망자수'이고, (20.1)은 1,005에 E의 발생확률(0.02)을 곱한 수치이다. 한편 대각선 상단의 - 17.7은 결과상황 E에서 가장 적은 기대 사망자수는 A_1의 2.4명인데, A_2는 20.1명이므로 그 차이(20.1 - 2.4)인데 이것이 바로 A_2 대안의 '기대기회 손실값'이 되는 것이다.

② 각 대안의 기대기회 손실값

- A_1 = 0 + 0 + (-89.1) = -89.1
- A_2 = -17.7 + (-3.6) + (-17.1) = -38.4 ✓
- A_3 = -37.6 + (-10.4) + 0 = -48

따라서 '기대기회 손실값이 가장 작은 A_2를 선택하게 된다.

4) 기대사망자수와 예방접종 비용

<모험적 상황하의 의사결정>에서 '최대 가능성 기준'은 A_3, '기대가치 기준'과 '기대기회 손실기준'에 의해서는 A_2가 선택되었다. A_2는 인구 200만 명에게 전염병 예방접종을 하는 대안으로 약 100억 원의 정부예산이 소요된다(주사 1대당 5,000원). 이때 기대되는 예상 사망자 감소수는 약 9명이다. 이 숫자는 정부가 A_3(무접종) 대안을 선택했을 때 기대 사망자수 56.1명에서 A_2의 기대 사망자수 47.3명을 뺀 수치이다.

여기서 '기대 사망자수' 9명을 줄이기 위해 정부 재정 100억원을 투입해야 하는가?의 고민이 생긴다. 이는 가치판단의 문제이기는 하지만, 국가의 일차적인 존재이유가 국민의 생명과 재산을 보호하는데 있다는 점을 감안하면 당연히 예방접종 비용 100억원을 집행해야 할 것이다.

은밀하고 위대한 타이밍의 예술

감정은 즉각적이고 현재를 지향한다. 우리 뇌는 현재의 감정이나 신체적 상태를 토대로 미래에 영향을 미칠 의사결정을 내리곤 한다. 예를 들어 기분이 매우 좋아 들뜬 상태에서 쇼핑을 할 경우에는 제품 가격에 대해 평소보다 관대해지기 쉽다. 지금 내 기분이 어떻든 제품 가격 자체는 변동이 없지만 이를 선택하는 행위에 영향을 미치는 것이다.

마찬가지로 배가 몹시 고픈 상태에서 일주일 분량의 장을 볼 경우에는 필요 이상으로 많은 식료품을 구매할 확률이 높다. 현재 배고프다고 해서 미래의 내가 평소보다 많이 먹는 것도 아닌데 현재 상태를 기준으로 미래 시점에 영향을 주는 선택 행위를 하는 것이다.

우리 뇌는 먹고, 자고, 배설하는 것과 같은 기본적인 욕구가 충족되지 않으면 생존에 위협을 느끼기 때문에 매우 민감하게 반응한다. 하지만 이러한 본능적 욕구들은 충족 즉시 재빠르게 사라진다. 또 기쁨·슬픔·즐거움·불쾌함 등의 감정 역시 본능적으로 작동하기 때문에 뭔가 생각할 겨를도 없이 거의 즉흥적으로 발생하고 상황에 따라 수시로 변한다.

영화나 드라마에서 감정적으로 흥분한 상태에서 헤어진 연인이 어느 정도 시간이 흐른 뒤 후회하는 장면을 심심치 않게 볼 수 있다. 감정적으로 흥분한 상태에서 우리 뇌는 이 감정이 미래에도 지속될 것이라 과대평가하고 의사결정을 한다. 그래서 감정적으로 흥분한 상태에서 내린 결정은 흥분이 가시고 난 후 곧바로 후회하기 쉬운 것이다. 또 우리 뇌는 미래가 주는 불확실성보다 현재의 확실성을 선호하기 때문에 미래의 큰 이익보다 현재의 작은 이익을 더욱 선호하는 영향이 있다. 다음을 보자.

A. 내일 10만원 수령

B. 365일 뒤 20만원 수령

A보다 B의 이익이 두 배 높지만 사람들은 미래가 주는 불확실성으로 인해 A

를 선택한다. 즉 우리 뇌는 미래가 주는 불확실성을 제거하는 것에 금전적 가치를 부여하는 것이다. 다음을 보자.

C. 365일 뒤 10만원 수령
D. 366일 뒤 20만원 수령

C와 D 모두 미래 시점이다. 이런 경우 두 개 옵션 모두 미래가 주는 불확실성에 노출됨에 따라 오직 기대이익의 크기만 선택에 영향을 미친다. 따라서 사람들은 이익이 두 배나 큰 D를 선택할 확률이 높아진다. 그렇다면 선택 행위의 시점이 가까운 미래인지, 먼 미래인지에 따라 사람들의 행위가 어떻게 달라질까. 다음을 보자.

E. 확률은 높지만 당첨금이 적은 게임
F. 확률은 낮지만 당첨금이 많은 게임

한 실험에서 사람들로 하여금 A와 B 중에서 당장 내일(가까운 미래) 할 게임을 선택하도록 했을 때 당첨 확률이 높은 A(실제 발생 가능성)를 선호하는 비율이 높았다. 그러나 1년 뒤(먼 미래)에나 할 게임을 선택하도록 했을 땐 당첨금이 많은 B(결과가 바람직한 대안)를 선호하는 비율이 높아짐으로써 시점에 따라 선호가 역전됐다.

종합하면 동일한 대안이라도 (1) 현재 감정 상태는 어떠한가? (2) 기대이익을 언제 획득하는가? (3) 어느 시점에 선택하는가에 따라 선호는 완전히 달라질 수 있다. 결국 선택이란 수많은 대안 중에서 단순히 객관적으로 좋은 것을 고르는 것이 아니라 선택 과정에서 주관적 만족감을 최대화하는 행위다. 그리고 원하건, 원치 않건 하루에도 수많은 선택을 해야 하는 우리에게 타이밍은 '은밀하지만 위대하게' 영향을 미친다. 어떤 치약을 고를지부터 어떤 국가 정책을 추진할지까지 모든 것에는 타이밍이 있다.

〈최승호의 생각의 역습〉 중앙SUNDAY 2015.2.23

1. 의사결정 기준이론은 의사결정을 위한 준거틀의 기능을 제공하는 이론이다.

2. 의사결정을 하기에는 ① 필요한 모든 정보를 확보하기 곤란하고 ② 미래가 불확실하며, ③ 결정의 기준이 되는 중요성이 상대적이며, ④ 목표와 가치 등 기준으로 해야 할 지표가 불투명하다. 이를 위해 의사결정을 위한 문제 파악 → 정부 수집과 가능한 행동과정 설정 → 각각의 대안에 대한 결과 예측 → 하나의 행동과정을 선택하는 과정을 거쳐야 합리적인 의사결정을 할 수 있다.

3. 불확정적 상황하의 의사결정 기준(Decision Making under Uncertainty)
   불확정적 상황은 결과상황의 발생확률을 모르기 때문에 선택결과를 예측하기 어려운 경우로, 다음과 같은 네 가지의 기준을 적용하여 의사결정을 할 수 있다.
   ① Maxmax(최대이득의 극대화 기준)
   ② Maximin(최소이득의 극대화 기준)
   ③ Minimax Regret(최대후회의 최소화 기준)
   ④ Average pay off(평균이득 기준)

4. 모험적 상황하의 의사결정(Decision Making under Risk)
   모험적 상황하의 의사결정은 각 결과상황의 발생가능성(확률)이 알려져 있는 경우의 의사결정 기준을 의미한다. 여기에는
   ① Expected Value Decision Criterion(기대 가치 기준)
   ② Maximum Likelihood Criterion(최대 가능성 기준)
   ③ Expected Opportunity Loss Decision Criterion(기대 기회 손실 기준)
   이 있다.

01 의사결정의 방해 요인으로 보기 어려운 것은?

① 완전정보

② 미래의 불확실성

③ 결정 기준의 부재

④ 통제불가요인

02 의사결정기준이론의 의사결정의 종류에 대한 설명 중 옳지 않은 것은?

① 모험적 상황하의 의사결정

② 불완전 정보하의 의사결정

③ 불확정적 상황하의 의사결정

④ 무지상황하의 의사결정

03 의사결정 문제의 구성요소가 아닌 것은?

① 의사결정자가 통제할 수 있는 행동대안

② 의사결정자가 통제할 수 없는 요인의 변화나 과정

③ 행동대안의 선택과 결과상황의 결합에 의해서 나타나는 행위의 결과

④ 결과를 평가하는 기준

정답   01 ①   02 ④   03 ②

04 의사결정 상황에서 불확정적 상황은 결과상황의 발생확률을 모르기 때문에 선택결과를 예측하기 어려운 경우가 있다. 이때 적용되는 기준으로 옳지 않은 것은?

① Expected Value

② Minimax Regret

③ Maxmin

④ Average pay off

05 다음 중 모험적 상황 하의 의사결정 기준이 아닌 것은?

① 기대기회손실 기준

② 기대가치 기준

③ 평균이득 기준

④ 최대가능성 기준

03 선형계획(Linear Programming)

사례-20 ○○대공원 맹수 식대 삭감

○○대공원이 경영난으로 인해 예산삭감을 발표했다. ○○대공원 맹수 사육 부장도 예산삭감 방침에 따라 맹수들에게 제공하던 음식관련 예산도 감축하려고 한다. 메뉴는 변경하지 않고 기존에 제공하던 뼛가루반죽과 고기메뉴를 그대로 제공하는 대신에 예산문제 때문에 필요이상의 음식은 공급은 중단하기로 했다. 또한, 급격하게 음식의 양이 줄어들면 맹수들이 스트레스를 받기 때문에 1일 최소 6kg의 음식물을 제공해야하며, 기본적인 1일 필요 영양분인 단백질 500 단위와 탄수화물 960 단위는 충족시켜야 한다.

≫ 생각해보기

위 조건들을 만족시키면서 맹수들의 식대를 최소화하려면 각각의 음식을 얼마나 제공해야 하는가?

1절 서론

1. 선형계획의 의의

조직경영자의 의사결정을 도와주는 계량의사결정의 여러 기법들 가운데 가장 널리 이용되고 있는 것 중의 하나가 선형계획법(Linear Programming)이다. 이 기법은 작업자 수와 작업시간 배치, 보유자재량 관리, 자금 배당과 같은 조직내부 상황과, 법제도와 같은 환경적 제약조건 안에서 주어진 여건을 최대한 활용하여 최대의 이익을 가져오거나 비용을 최소화하는 방안을 찾는 기법이다.

선형계획은 제2차 세계대전 중 한정된 수송 능력을 가지고 어떻게 하면 유효하게 연합군에 전쟁수행에 필요한 물자를 보급할 수 있을 것인가 하는 수송계획 해결의 연구에서 출발한 것이다. 선형계획법은 1974년 처음 발표한 이래, 기업운영에서부터 공공부문의 문제에까지 경비절감과 이익극대화를 위한 방법으로 널리 이용되어 오고 있다.

선형계획이란 1차의 등식 또는 부등식의 제약하에서 1차의 목적 함수를 최대화, 혹은 최소화하는 문제 해결기법이다. 즉, 생산계획, 수송계획 등에서 생산 요소 등을 수학적인 연립 1차방정식으로 표시하고 이윤 또는 비용을 1차 함수로 표시해 최대의 이윤과 최소의 비용을 찾는 관리과학의 한 기법을 말한다.

2. 적용분야

선형계획법의 적용분야는 매우 광범위하여 기업체의 경영문제뿐 아니라 경제개발 분야, 사회과학문제의 시스템분석을 위해서도 이용되고 있다. 즉, 한정된 자원을 효율적으로 배분하거나, 여러 제약조건하에서 이득을 극대화시키려는 문제에는 어떠한 영역에서든지 선형계획법을 이용할 수 있다.

기업이나 공공부문에서의 적용성을 살펴보면, 일정관리문제, 공공청사나 공장의 입지문제, 원료배합문제, 생산제품의 결정, 생산계획 및 제고관리 등의 생산관리 측면, 최적의 포트폴리오 선택문제의 재무관리 측면, 광고매체의 선택문제, 그리고 근로자의 적정배치문제 등이 있다. 이 외에도 선형계획법의 적용범위는 계속 확대되고 있으며, 컴퓨터의 고성능화로 인하여 급속도로 적용분야가 확대되고 있다.

선형계획법이 적용되는 예

(1) 생산제품의 결정: 제조기업은 각각의 이익이 다른 여러 가지 제품을 동시에 생산하므로, 한정된 자원을 이용하여 기업 이익을 최대로 하기 위해서는 어떤 제품을 얼마씩 생산할 것인가를 결정하여야 한다.

(2) 생산계획 및 재고관리: 제품 수요는 시간에 따라 변화가 크므로 이러한 수요의 변화에 맞추어 생산비와 재고비의 합을 최소화하는 생산계획을 수립하여야 한다.

(3) 수송비 절감문제: 생산된 제품을 여러 지역의 창고에서 여러 지역의 수요지에 수송하여야 할 필요가 있다. 그리고 각 창고의 공급능력과 도매상의 요구량이 알려져 있을 때 어떠한 수송계획이 전체 수송비를 최소로 할 수 있는지에 대해 결정하여야 한다.

(4) 원료배합문제: 여러 가지의 원료를 섞어 제품을 만들 때, 성분함량조건을 만족시키면서 비용이 최소가 되는 배합비율을 결정하여야 한다.

2절 선형계획 모형의 개발

모형이란 현실 세계를 어떤 목적에 맞추어 축소하고 단순화시킨 것이다. 선형계획모형을 만드는 이유는 그 모형을 이용하여 최적해를 찾아내어, 의사결정 상황에 활용하기 위한 것이다. 따라서 복잡한 현실문제도 1차식의 제약조건들과 1차식의 목적함수로 구성된 선형계획모형으로 나타낼 수 있으며, 이런 절차를 통해 문제의 해를 구할 수 있다.

1. 선형계획 모형의 절차와 구성요소

조직활동의 현실 세계를 선형계획 모형으로 만들려면, 다음의 과정을 거쳐야 한다.

- 단계 1: 목적함수를 수식으로 나타낸다.
- 단계 2: 일련의 제약조건을 수리모형으로 만든다.
- 단계 3: 제약조건식들과 목적함수식을 결합하여 하나의 연립체계를 만든다.

조직에는 보통 달성하고자 하는 목표가 있으며, 현재 조직 내의 작업자 수, 조업시간, 보유자재량이나 자금, 그리고 여러 정치·경제적인 규제요소들은 조직의 목표 달성을 제약하는 요인으로 작용할 수 있다.

선형계획모형은 목적함수식, 제약조건식, 비음조건의 세 가지가 기본 요소로 구성된다.

(1) 목적함수식: 조직이 추구하고자 하는 이익이나 비용의 목표를 식으로 나타낸 것이다. 조직의 이익과 관련된 문제는 이익을 최대화시키

기 위하여 최대화 문제를 이용하며, 비용측면을 다루는 문제는 주로 비용최소화를 위하여 최소화 문제를 이용한다.

(2) 제약조건식: 목표를 달성하는 데 제약이 되는 여러 가지 조건을 말한다. 즉, 보유설비, 기술인력의 수준, 시장경기 동향, 정치 분위기, 공해문제 등에 이르기까지 현실적인 문제가 제약조건으로 작용한다.

(3) 비음조건: 각 변수의 목표치는 최소한 0과 같거나 0보다 커야 한다는 조건이다.

일반적인 선형계획모형은 최대화 문제이거나 최소화 문제이며, 제약식은 부등식이나 등식으로 표시될 수 있다.

2. 선형계획 모형개발시 유의사항

선형계획 모형 개발과정에서 다음과 같은 사항들을 충분히 고려해야 한다.

(1) 선형계획모형으로 분석하고자 하는 문제가 무엇인지를 충분히 이해하여야 한다.

(2) 어떤 값(목표달성의 최대화 혹은 비용의 최소화)을 구하고자 하는 것인지를 확실히 한다.

(3) 수립한 모형에 필요한 자료들이 모두 수집 가능한지를 파악한다.

(4) 의사결정변수들이 나타나도록 수식으로 표현하여 목적함수로 사용한다.

(5) 모든 조건들이 의사결정 변수들의 선형수식으로 나타나도록 제약식들을 만든다.

3절 선형계획 문제 사례

1. 최대화 문제

최대화문제는 조직의 목표를 최대로 달성하기 위하여 사용하는 모형으로, 목적함수식을 Max(최대화)로 나타낸다.

사례-21   서울 ○○구청의 에너지절감 점검

에너지 파동으로 인해 혹한기 에너지 절감이 큰 이슈가 되고 있다. 이에 산업자원부에서 각 지방자치단체에게 에너지 효율성 제고와 관련하여 공문을 발송하였다. 서울시 ○○구청에서는 이 공문을 받고 지역 내 에너지 사용점검에 착수하기로 했다.

점검대상은 ○○구 소재의 가정집과 기관이며, 점검부문은 ① 절연상태 ② 전기배선 ③ 난방시설 세 가지이며, 담당 관계자는 세 가지 요소에 대한 점검을 모두 마치고 난 후 현재 에너지 효율상태를 평가해서 보고해야 한다. 각 점검공들이 1가정집 또는 1기관을 조사하는 데 걸리는 시간은 아래의 표와 같다.

〈점검공 작업 소요시간〉

	가정집 조사시간	기관 조사시간
절연점검공	4시간	2시간
전기배선공	2시간	6시간
난방시설공	4시간	6시간

또한 점검공들은 점검작업시 기구운반, 보고서작성, 잡무 등으로 인해 사실상 1주일 기준으로 절연점검공 28시간, 전기배선공 30시간, 난방시설공 36시간 정도의 실질적인 점검작업이 가능하다.

>> 생각해보기

○○구청의 담당자가 각 점검공들의 작업가능시간을 고려하여 주당 가정과 기관의 가장 많은 점검을 완료하기 위해서는 어떻게 점검공들의 시간을 배치시켜야 하는가?

〈사례-16〉 해법

1. 목적함수의 설정

만일, 의사결정 변수로

x_1 - 1주에 점검 가능한 가정수

x_2 - 1주에 점검 가능한 기관수로 놓는다면

목적함수 N = x_1 + x_2 Max (극대화)로 설정할 수 있다.

2. 제약조건의 설정

1) 절연점검공이 1개의 가정을 점검하는 데 걸리는 4시간이므로,

1주당 점검가능 가정 수 = x_1,

가정을 점검하는 데 보내는 시간 수 = $4x_1$,

절연점검공이 1개의 기관을 점검하는 데 걸리는 시간이 2시간이므로,

1주당 점검가능 기관수 = $2x_2$,

절연점검공이 1주일에 가정과 기관을 점검하는 데 사용가능한 시간은 28시간이므로

∴ $4x_1 + 2x_2 \leq 28$: 절연점검공의 제약조건

같은 방식으로

   2) 전기배선공 $2x_1 + 6x_2 \leq 30$,

   3) 난방점검공 $4x_1 + 6x_2 \leq 36$이 된다.

3. 비음조건

각, 점검공들의 점검가능대상 수가 0보다 커야한다. x_1, $x_2 \geq 0$

이와 같은 목적함수와 제약조건을 식으로 정리하면 다음과 같다.

① 목적함수의 최대화
$$N = x_1 + x_2 \quad \text{Max.}$$

② 제약조건
$$4x_1 + 2x_2 \leq 28$$
$$2x_1 + 6x_2 \leq 30$$
$$4x_1 + 6x_2 \leq 36$$

③ 비음조건
$$x_1, \ x_2 \geqq 0$$

4. 도식해법(Graphic Solution)

1) 비음조건의 충족

$x_1,\ x_2\ \geqq\ 0$

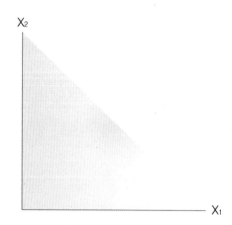

2) 제약조건의 충족

① 절연점검공: $4x_1\ +\ 2x_2\ \leqq\ 28$

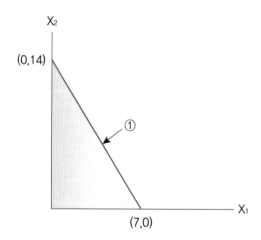

② 전기배선공: $2x_1 + 6x_2 \leqq 30$

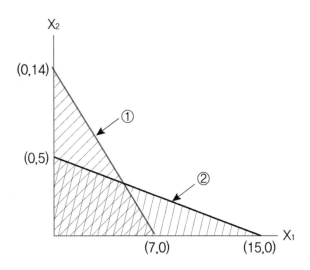

③ 난방점검공: $4x_1 + 6x_2 \leqq 36$

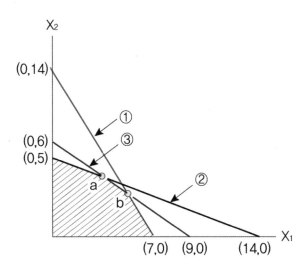

3) 실행가능영역(feasible solution area)의 식별

아래 그래프에서 빗금친 부분은 세 제약 조건을 만족시키는 공통된 영역으로 이를 실행가능영역(feasible solution area)이라고 한다. 실행이 가능하다는 의미는 문제의 해가 빗금친 영역 안에 존재한다는 의미이다.

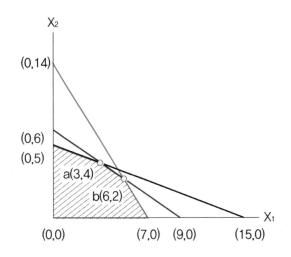

5. 최적해의 선정

최적해는 실행가능 영역의 극단점상의 좌표 가운데 어느 하나이며, 이 중에서 함수의 값을 가장 크게 하는 점이 최적해이다. 이는 실행가능 영역 안의 각 점들 가운데서 원점에서 먼 위치에 있는 점들의 값이 원점에서 가까운 위치에 있는 점들의 값보다 목적함수의 값을 크게 한다는 의미이다.

예를 들어 a좌표 (3,4)는 $4x_1 + 6x_2 \leq 36$와 $2x_1 + 6x_2 \leq 30$ 두 직선이 교차하는 점인데 이를 목적함수($N = x_1 + x_2$)에 대입하면 7의 값이 나온다.

반면에 b좌표 (6,2)는 $4x_1 + 6x_2 \leq 36$과 $4x_1 + 2x_2 \leq 28$ 두 직선이 교차하는 지점인데 목적함수식($N = x_1 + x_2$)에 대입하면 8의 값이 나와 목적함수 값을 보다 크게 하는 해라고 볼 수 있다.

6. 동이익선(iso-profit line)

최대화문제를 풀기 위해서 기본적으로 알아야 할 개념이 동이익선이다.

> 동이익선 = 목적 함수의 값이 동등한 점들을 연결하는 선으로 기울기가 동
> 일하며 서로 평행선이 된다. 원점에서 멀어지면 목적 함수의 값
> 이 커지고 가까워질수록 값이 점점 작아지게 된다. 동이익선이
> 마지막으로 실행 가능영역의 극단점과 만날 때 이 만나는 점이 최
> 적해이다.

(1) 먼저 N에 임의의 값 2를 주어보자.

$N = x_1 + x_2$

$x_1 = 0$이면 $x_2 = 2$, $x_2 = 0$이면 $x_1 = 2$

즉 (0,2), (2,0)을 지나는 직선이 된다. 이것이 바로 기울기가 1인
목적함수 직선이다.

(2) 이 직선과 평행하면서 원점에서 멀어지도록 평행이동시키면 평
행선이 b(6,2)점과 마지막으로 만나고 이 점이 바로 최적해이다.

(3) $N = x_1 + x_2$의 값을 최대로 하는 경우는 b지점이다.

최적해는 6(가정 점검가능수) + 2(기관 점검가능수) = 8이다.

따라서 서울시 ○○구청 관련 담당자는 일주일에 **6개의 가정과 2개의 기관**
을 완전히 검사하는 것이 가장 최적의 인력배정이라는 결과가 나온다.

2. 최소화문제

○○대공원 맹수 식대 삭감 〈해〉

음식 1kg당 메뉴별 영양소 함유량과 가격 (단위: g)

	뼛가루반죽(x_1)	고기(x_2)	1일 최소요구량
단백질	50g	250g	500g
탄수화물	240g	80g	960g
무게	1kg	1kg	6kg
가격	1,000원	2,000원	원

위 조건들을 만족시키면서 맹수들의 식대를 최소화하려면 각각의 음식을 얼마나 제공해야 하는가의 문제인데 이는 앞의 극대화 문제와 반대되는 그소화의 문제이다. 대게 비용의 극소화가 목적이 된다.

〈사례-22〉 해법

1. 함수식 설정

1) 목적함수

식대의 최소화 Cost $= 1,000x_1 + 2,000x_2$ Min.

(x_1 = 뼛가루 반죽, x_2 = 고기)

2) 제약조건 수식화

① $50 \cdot x_1 + 250 \cdot x_2 \geq 500$ 단백질(g)

② $240 \cdot x_1 + 80 \cdot x_2 \geq 960$ 탄수화물(g)

③ $x_1 + x_2 \geq 6$ 무게(kg)

3) 비음조건

$x_1 , x_2 \geq 0$

2. 도식해법(Graphic Solution)

1) 비음조건의 충족

$$x_1, \ x_2 \ \geqq \ 0$$

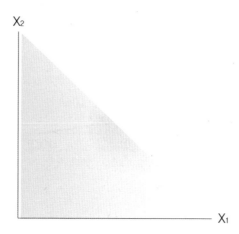

2)제약조건

① 단백질: $50x_1 \ + \ 250x_2 \ \geqq \ 500$

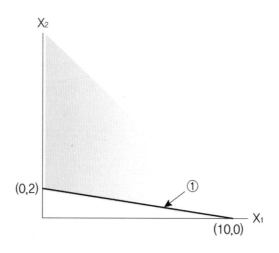

② 탄수화물: $240x_1 + 80x_2 \geqq 960$

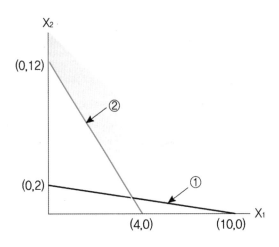

③ 무게: $x_1 + x_2 \geqq 6$

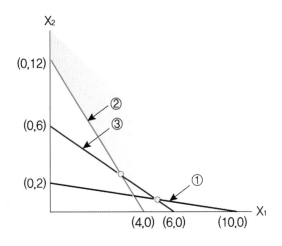

3. 실행가능영역(feasible solution area)

이 문제의 실행가능영역은 세 제약조건과 비음조건을 충족시키는 위 그래프의 빗금 친 영역이다.

4. 최적해

  최소화 문제의 최적해는 실행가능영역의 극단점 중 원점(0,0)에서 가장 가까운 지점이 된다. 우선 좌표 a와 b를 구해보면,

- a좌표: 탄수화물량과 1일 제공 음식량과의 교차점

$$
\begin{array}{r}
240x_1 + 80x_2 \geq 960 \quad \text{(탄수화물량을 나타낸 식)} \\
- \quad \underline{x_1 + x_2 \geq 6 \quad \text{(1일 음식제공량을 나타낸 식)}} \\
\therefore x_1 = 3, \; x_2 = 3
\end{array}
$$

- b좌표: 1일 제공 음식량과 단백질 제공량과의 교차점

$$
\begin{array}{r}
50x_1 + 250x_2 \geq 500 \quad \text{(최소 음식제공량을 나타낸 식)} \\
- \quad \underline{x_1 + x_2 \geq 6 \quad \text{(단백질을 나타낸 식)}} \\
\therefore x_1 = 5, \; x_2 = 1
\end{array}
$$

  두 가지 해를 가격수식에 대입해 보면,

  → Cost $= 1000(3) + 2000(3) = 9000$원 (3,3)

  Cost $= 1000(5) + 2000(1) = 7000$원 (5,1)

  ∴ (5,1) 점이 (3,3)점보다 가격이 적으므로 최저가격 조건을 충족시키는 식단배합은 뼛가루 반죽 5kg, 고기 1kg이다.

5. 동비용선(iso-cost line)

최대화 문제의 동이익선(iso-profit line)과 마찬가지로 비용최소화의 문제는 동비용선을 통해 최적해를 찾아낼 수 있다.

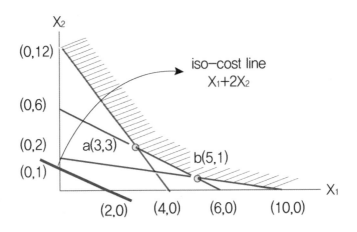

동비용선 = 목적 함수의 값이 동등한 점들을 연결하는 선으로 기울기가 동
일하며 서로 평행선이 된다. 동등비용선을 원점으로부터 평행이
동시켰을 때 실행 가능영역의 극단점과 처음으로 만나는 점이
비용을 가장 적게하는 최적해이다.

목적함수 $C = x_1 + 2x_2$에 임의의 숫자 2를 C에 부여하면,

$x_1 = 0$이면, $x_2 = 1$이 되고,

$x_2 = 0$이면, $x_1 = 2$가 된다.

(0,1) (2,0)을 연결한 선이 동비용선이 된다. 이를 원점으로부터 평행이
동 시켰을 때, 가장 먼저 만나는 지점 b(5,1)이 최적해가 된다.

4절 선형계획모형의 기본가정과 한계

선형계획모형은 목적함수식을 최대화하기도 하고 최소화하기도 하며 등식 또한 부등식의 제약식을 갖고 있는 것을 앞에서 살펴보았다. 그러면 최적의 경영의사결정을 하고자 하는 문제는 모두 선형계획법으로 해결할 수 있는가? 선형계획모형은 우리 주변의 실제 세계의 상황을 수식으로 간단하게 모형화한 것으로, 다음과 같은 한계를 지니고 있다.

1) 변수의 선형성

선형계획모형의 목적함수식과 제약조건식이 일차식으로 이루어진다. 즉, 선형계획법은 행정이나 경영목표를 선형의 함수로 나타내야 하는데, 초기투자의 경우 생산량에 따른 선형성이 나타나기 어렵기 때문에 이 조건을 만족하기 어렵다.

2) 가산성

전체 공정의 자원사용량은 각 공정의 사용량의 합과 같고, 전체 수익은 각 제품의 수익의 합과 같다는 가정이다.

3) 분할성

의사결정변수들의 값이 분수 또는 소수가될 수 있다는 가정이다.

4) 변수의 수와 대안의 유한성

선형계획법은 목적을 달성하기 위해서 필요한 자원은 한정되어 있으며, 결정변수의 수도 제한되어 있다고 가정한다. 또한, 제약조건식의 수도 유한한 것으로 열거할 수 있지만, 모형에서 모든 변수를 다 만족시키는 대안을 선택한다는 것은 불가능하다.

5) 확실성과 정태성

결정변수의 계수가 확실한 여건 하에서의 의사결정만을 다루며, 특정 기간을 대상으로 하는 정태적 성격을 갖는다.

위와 같은 선형계획모형상의 제약을 해소하기 위하여 정수계획법, 지수계획법, 동적계획법, 목적계획법, 확률이론 등의 기법들을 사용하기도 한다.

1. 선형계획모형은 조직이 당면한 문제를 조직 내·외부적 제약조건들을 충족시키면서도 가장 효율적으로 해결하기 위한 의사결정 기법이다.

2. 선형계획법은 작업자 수, 작업시간, 보유자재량, 자금과 같은 조직내부 상황과 법제도와 같은 환경적 제약조건 안에서 주어진 여건을 최대한 활용하여 최대의 이익을 가져오는 방안을 찾는 기법이다.

3. 선형계획모형을 만들기 위해서는 다음의 단계를 거쳐야 한다.

   단계 1: 목적함수를 수식으로 나타낸다.

   단계 2: 일련의 제약조건을 수리모형으로 만든다.

   단계 3: 제약조건식들과 목적함수식을 결합하여 하나의 연립체계를 만든다.

4. 도식해법(Graphic Solution)

   1) 비음조건을 충족시키는 영역 확인

   2) 각 제약조건들을 충족시키는 실행가능 영역(feasible solution area) 식별

   3) 이익극대화 문제는 동이익선(iso-profit line)을 원점으로부터 평행이동시켰을 때, 가장 나중에 만나는 극단점이 최적해이다.

   4) 비용최소화 문제는 동비용선(iso-cost line)을 원점으로부터 평행이동시켰을 때, 실행가능영역의 극단점 중 가장 먼저 만나는 지점이다.

01 선형계획에 대한 설명으로 바르지 않은 것은?

① 조직경영자의 의사결정을 도와주는 계량의사결정방법이다.

② 선형계획 모형은 확실성과 동태성을 지니고 있다.

③ 선형계획은 1차의 등식 또는 부등식의 제약하에서 1차 목적함수를 이용하여 최대화, 최소화문제를 해결하는 기법이다.

④ 선형계획법은 경영문제, 경제 개발이론, 사회과학문제 등에 폭넓게 적용된다.

02 선형계획법이 적용되는 예시에 대해 바르게 설명되지 않은 것은?

① 생산제품의 결정 시 한정된 자원을 이용하여 기업 이익을 최대화하기 위해 어떤 제품을 몇 개씩 생산할지 결정한다.

② 생산계획 및 제고 시 제품 수요와 시간을 효율적으로 하기 위해 생산비와 재고비의 합을 최소화하는 생산계획을 수립한다.

③ 수송비 절감문제를 해결하기 위해 생산된 제품은 한 지역에 저장하고 공급자가 요구할 때 수송을 하여 수송비를 결정한다.

④ 원료배합 시 여러 가지 원료를 섞어 만들 때, 성분함량조건을 만족시키면서 비용이 최소가 되는 배합비율을 결정한다.

정답   01 ②   02 ②

03 선형계획모형을 개발하는 과정에 대한 설명으로 바르지 않은 것은?

① 목표달성에 문제점이 생기면 즉시 선형계획을 세운다.

② 목표달성의 최대화 혹은 비용의 최소화를 위해 구하고자 하는 것을 확실히 한다.

③ 의사결정변수들이 나타나도록 수식으로 표현하여 목적함수로 사용한다.

④ 의사결정변수들이 선형수식으로 나타나도록 제약식들을 만든다.

04 다음 사례를 보고 선형계획모형으로 최저가격 조건을 충족시키려면 식단배합은 어떻게 계산되어야 하는가?

아침식사에는 영양소 A가 288mg, 영양소 B가 200mg 필요하고, 달걀 한 개에는 영양소 A가 4mg, 영양소 B가 4mg, 베이컨 한 쪽에는 영양소 A가 5mg B가 3mg 포함되어 있다고 한다. 달걀은 한 개 400원, 베이컨 한 쪽의 가격은 600원일 때, 영양조건을 만족시키면서 비용을 최소화하려면 각각의 음식을 얼마나 제공해야 하는가?

① 식단배합은 달걀 4개, 베이컨 2개

② 식단배합은 달걀 7개, 베이컨 0개

③ 식단배합은 달걀 3개, 베이컨 3개

④ 식단배합은 달걀 2개, 베이컨 4개

05   다음 중 선형계획 모형의 특성을 잘못 나타낸 것은?

① 가산성

② 선형성

③ 분할성

④ 무한성

정답   05 ④

목적계획(Goal Programming)

사례-23　　K공립대학교 신입생 선발

K공립대학교는 도(道)로부터 재정지원을 받는다. 그렇기 때문에 K대학교는 도내 출신 고교졸업생을 우선적으로 입학시켜 교육해야 하는 책무가 있다.

입학정원은 2,600명이며, 도내 고교 졸업예정자 중 입학지원이 가능한 점수대의 학생이 2,400명 정도이고, 도정부는 재정지원을 해주는 대신 도출신고교생이 입학정원의 80% 이상일 것을 요구하고 있다. 현재는 20% 이상이 타도 출신 입학생이다(입학 사정기준이 다름).

기숙사의 경우 전국에서 제일 시설이 좋다는 평가를 받고 있는데 도의 보조비를 일체 사용하지 못하고 학생들의 사비로만 운영해야 한다. 기숙사 운영비만으로 기숙사 건립 소요비용의 원리금을 상환할 수 있을 만큼의 충분한 기숙사 입사학생을 확보해야 한다. 기숙사 수용정원은 1,600명이다. 또한 과거자료에 의하면 타도출신 입학생은 전원 기숙사에 입사했으며, 도내 출신 입학생은 약 50%가 입사했다.

≫ 생각해보기

위와 같은 제약조건들을 만족시키기 위해서는 K대학교 입학처에서는 도내 출신 고교생과 타도 출신 고교생들을 어떤 비중률로 선발해야 할까?

공공부문의 의사결정은 2개 이상의 목표 동시에 추구해야 하는 경우가 많다. 또한 그 경우에도 이들 목적들이 동일한 척도로 측정되기 어려운 경우가 많다. 기껏해야 이들 목적들 간의 서열을 부여할 수 있는 정도가 많으며 이런 상황에서 여러 목적의 중요도에 따라 우선순위를 결정하고 그 순위에 따라 해를 구할 수 있도록 도움을 주는 분석 방법이 목적계획법이다.

목적계획법은 선형계획법에서 한 발 더 나아간 방법으로, 복잡한 다목적 체계에서 되도록 여러 목적을 달성할 수 있는 최적의 해를 찾는 기법이다. 추구하는 여러 목적들에 우선순위를 부여하며 우선순위가 높은 목표부터 달성해 나가 최적 해를 찾는다. 주로 비용의 최소화나 이익의 극대화를 최종 목적으로 한다.

2절 구성요소

1. 편차변수

목표에 미달이나 초과여부를 표시해주는 변수로, d^-(미달)혹은 d^+(초과)로 나타난다. 이들이 직접적인 의사결정 변수가 된다.

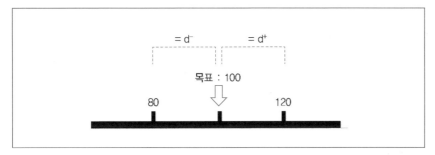

[그림1] 편차변수

예를 들어 목표 값이 100이고, 실제 측정값이 x라면 $x - d^+ + d^- = 100$가 성립한다.

d^+와 d^- 값 중 하나의 값은 반드시 0일 수밖에 없다. 즉, x의 값이 80이라면, $100-x$에 해당하는 만큼이 d^-가 되고, d^+는 0이 된다.

(실제값인 x가 100 미만이므로 초과하는 부분이 없어서 d^+는 0이 됨)

2. 목표 제약조건

선형계획법에서 제약조건으로 불리는 것들이 목표계획법에서는 목표제약조건으로 불린다. 이는 달성하고자 하는 목표를 제약하는 조건들로, 의사결정자의 희망수준을 나타내고, 편차변수와 함께 나타내진다. 목표계획법에서는 부등호를 없애는 대신 편차변수를 넣어 준다고 생각하면 쉽게 이해할 수 있을 것이다.

> **예** 선형계획법　$x_1 + x_2 \leqq 100$
> 목표계획법　$x_1 + x_2 - d^+ + d^- = 100$

3. 목적 함수

목적계획법에서 목적함수는 목표제약 조건들의 편차변수 총 합을 최소화하는 것을 목적으로 하는 함수로서 주어진 상황에서의 최종 목적이 된다.

- 목표값보다 커야 좋은 경우: d^-(미달편차변수)를 최소화
- 목표값보다 작아야 좋은 경우: d^+(초과편차변수)를 최소화

3절 선형계획법과 목표계획법의 차이

아래 <표 19>에서 보는 바와 같이 선형계획과 목표계획법에는 여러 면에서 차이가 있다. 우선 목표 면에서 선형계획은 하나의 목표를 가지고 그 목표의 최적화를 추구하지만, 목적계획은 다수의 목표를 지니며 우선순위에 따라 만족화를 추구한다. 이는 모든 목표의 동시적 달성이란 현실적으로 어렵고 우선순위에 입각하여 목표를 달성해 나가다가 만족할 만한 수준에서 결론을 찾는 모형이라고 볼 수 있다. 또한 제약 및 목적의 중요성도 선형계획에서는 동일하지만 목적계획에서는 우선순위가 부여된다.

〈표 19〉 선형계획법과 목표계획법의 차이

	선형계획법	목적계획법
목표	최적화	만족화
목적과 제약조건	하나의 목적, 다수의 제약	다수의 목적, 다수의 제약
목적함수	의사결정변수 포함	편차변수만 포함
제약 및 목적의 중요성	중요성 동일	우선순위 부여

선형계획과 목적계획은 목적함수의 표시 방식에서도 차이가 나는데 선형계획은 이익의극대화, 혹은 비용의 최소화 형태로 직접적으로 표시되지만, 목적계획은 목표치로부터의 편차의 최소화가 목적함수에 표시된다. 따라서 목적계획에서는 편차 극소화 문제만 존재한다고 볼 수 있다. 즉, 설정한 각각의 목적들을 초과하거나(양의편차 d^+), 미달하거나(음의 편차 d^-) 하는 편차 중 극소화하는 것만 존재하는 것이다.

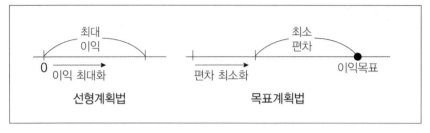

[그림2] 선형계획법과 목표계획법의 목표 비교

 4절 목적계획법의 절차

(1) 변수식별, 관계구체화

(2) 목적과 그들의 편차 식별

(3) 목적의 우선순위 결정

(4) 편차변수와 그들의 우선순위를 사용한 목적함수 설정

(5) 제일 중요한 목적 우선적 만족

(6) 2번째 중요한 목적 우선적 만족

(7) 3번째, 4번째… 목적 만족

5절 사례해법 1

사례-24   K공립대학교 신입생 선발

K공립대학교는 도(道)로부터 재정적 지원을 받기 때문에 K대학교는 도내 소속된 고교졸업생을 우선적으로 받아들여 교육시켜야 한다.

입학정원은 2,600명, 도내 고교 입학지원 가능점수 학생이 2,400명 정도이고, 정부 재정지원을 해주는 대신 도출신고교생 80% 이상일 것을 요구하고 있다. 현재는 20% 이상 타도 출신 입학생이고, 기숙사의 경우는 전국에서시설이 제일 좋다 는 평가를 받고 있다. 기숙사 운영경비는 도의 보조비를 일체 사용 못하고 학생들의 사비로만 운영된다. 따라서 기숙사 운영비만으로 기숙사를 짓는 데 필요한 원리금 상환할 수 있을 만큼 충분한 학생을 확보해야 한다. 기숙사 수용인원은 1,600명이다.

(과거자료) 타도출신 입학생 — 전원 기숙사, 도내 출신 입학생 — 50%

1. 선형계획법 접근

1) 의사결정 변수

x_1 — K도 출신 학생 수, x_2 — 타도 출신학생 수

- K도 출신 학생 수가 전체 입학생의 80% 이상의 조건을 만족시키는 수식은

$x_1 \geqq 0.80(x_1 + x_2)$ → $0.2x_1 - 0.8x_2 \geqq 0$

2) 선형계획 목적함수

극대화: $Z = x_1 + x_2$

3) 제약조건

① $x_1 \leqq 2,400$ (학사기준)

② $0.20x_1 - 0.8x_2 \geqq 0$ (도내 출신 학생비율)

③ $0.5x_1 + x_2 \geq 1,600$ (기숙사)

④ $x_1 + x_2 \leqq 2,600$ (총입학생 수)

4) 비음조건

$x_1, \ x_2 \geqq 0$

2. 목적계획법 접근

1) 변수식별과 관계구체화

만일, x_1 - 도내 출신학생 수, x_2 - 타도출신 학생 수라면,

① $x_1 \leqq 2,400$ (학사기준: S)

② $x_1 \geqq 0.8(x_1 + x_2) \rightarrow 0.2x_1 - 0.8x_2 \geqq 0$(도내출신비율: I)

③ $0.5x_1 + x_2 \geqq 1,600$ (기숙사: R)

④ $x_1 + x_2 \leqq 2,600$ (총 입학생 수: T)

⑤ $x_1, \ x_2 \geqq 0$ (비음조건)

2) 목적과 편차의 식별단계

부등호를 없애는 대신 제약조건의 하나하나를 모두 음의 편차(d^-)와 양의 편차(d^+)를 가진 목적을 나타내는 등식으로 표현할 수 있다.

① $x_1 + d_1{}^- - d_1{}^+ = 2400$ (학사기준) S

② $0.2x_1 - 0.8x_2 + d_2{}^- - d_2{}^+ = 0$ (도내 출신학생 비율) I

③ $0.5x_1 + x_2 - d_3{}^+ + d_3{}^- = 1,600$ (기숙사) R

④ $x_1 + x_2 + d_4{}^- - d_4{}^+ = 2,600$ (총 입학생 수) T

3) 목적의 우선순위 설정

① 총정원(T): 2,600명 초과학생 수(P_1) d_4^+ 최소화

② 학사기준엄수(S): 도내출신 학생 2,400 초과(P_2) d_1^+ 최소화

③ 기숙사(R): 1,600명 미달을 최소화(P_3) d_3^- 최소화

④ 도내 학생 비율(I): 입학정원 80% 미달 최소화(P_4) d_2^- 최소화

4) 목적 함수

극소화: $Z = P_1 d_4{}^+ + P_2 d_1{}^+ + P_3 d_3{}^- + P_4 d_2{}^-$

$\quad\quad P_1 > P_2 > P_3 > P_4$

만일 이 대학의 총정원이 2,600명보다 많이 적어지는 숫자도 원하지 않는다면 $d_4{}^-$ 도 포함시켜야 한다.

5) 그래픽 해법

① 목적의 우선순위에 따라 그래프를 그린다.

② 편차변수를 이용하여 실행가능 영역을 밝힌다.

　목표의 우선순위를 중심으로 판단하며 특정 목표가 실행 영역 밖이라면 그 목적 달성이 불가하다고 볼 수 있다.

③ 만약 목표를 달성할 수 없다면 가장 만족스런 점을 찾아야 한다. 대개 이는 충족치 못한 목표와 가장 가까이 있는 지점이 된다.

④ 목표 간의 교환(trade-off)을 평가해 보도록 한다.

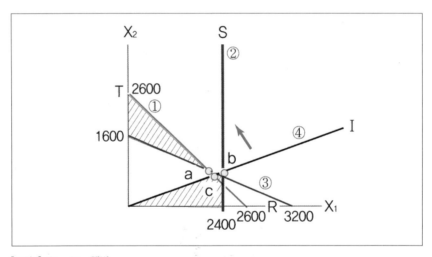

[그림3] Graphic 해법

① 총 입학생 수(T) 2,600명보다 적어야 $d_4^+ = 0$ → 밑부분

② 학사기준(S): 도내출신 입학생 수 2,400명보다 적어야

　$d_1^+ = 0$ → 왼쪽

③ 기숙사(R): 1,600명보다 미달 막아야 $d_3^- = 0$ → 윗부분

④ 소속도 출신 비율(I): 입학정원 80% 미달을 최소화 $d_2^- = 0$

　→ 아래쪽(만족 못 시킴)

6) 실행가능영역 및 우선순위 만족해

(1) 실행가능영역 중 I선과 가장 가까운 지점 a

⇒ 가장 만족스런 지점(2,000, 600)

T와 R의 교차점 좌표를 구함

$$
\begin{array}{r}
\quad x_1 \;+\; x_2 \;=\; 2,600 \\
-\;\underline{\quad 0.5x_1 \;+\; x_2 \;=\; 1,600} \\
0.5x_1 \;=\; 1,000
\end{array}
$$

$\therefore \; x_1 \;=\; 2,000, \; x_2 \;=\; 600$

(2) 목적간의 교환(Trade-off) → a점(2,000, 600)은 다른 조건은 만족 시키고 있지만 도내출신학생이 77%로 목표치에 3% 미달하고 있다.

(3) b점(2133, 533)은 학사기준, 도내출신학생(I) 기준, 기숙사(R) 기준(1,600)을 만족시키지만 총 학생 수(T)가 2,666명으로 입학정원을 초과하고 있다.

(4) c점(2080, 520)은 총 입학생 수 2,600명 기준(T), 학사기준(S), 도내출신기준(I)은 만족시키나 기숙사 정원(1,600명)을 못 채우는 1,560명으로 미달이다.

(5) 따라서 목표를 우선순위에 따라 가장 만족시키고 있는 a지점 (2,000, 600)이 최적해라고 볼 수 있으며, K대학교는 도내출신 2,000명, 타도출신 600명의 신입생을 받아들이는 것이 가장 바람 직한 해법이다.

6절 사례해법 2

미래전자 주당 스피커 생산계획

스피커 제조 전문회사인 '미래전자'에서 현재 두 가지 종류의 스피커, A형 (2-way), B형(3-way)을 생산하여 판매하고 있다.

단위당 생산시간은 A형 60분, B형 72분이며, 주당 평균 생산시간은 60시간 이다.

단위당 판매이익은 A형이 30만원이며, B형은 35만원이다.

미래전자는 주간 생산 목표를 다음과 같은 우선순위로 설정하였다.

p_1. 주당 이익을 최소 1,500만원으로 함.

p_2. B형 스피커를 최소한 35대 생산함.

p_3. 생산유휴시간을 최소화함.

p_4. 주당 초과 작업시간이 10시간을 넘지 않도록 함.

p_5. A형을 B형보다 적지 않게 생산함.

1. 의사결정변수와 편차변수 확인

1) 의사결정 변수

x_1 = A형 스피커의 주당 생산대수

x_2 = B형 스피커의 주당 생산대수

2) 편차변수

편차변수(각 목표에 대한 편차)

: d_i^-, d_i^+ (i = 1, 2, 3, 4, 5)

2. 목표제약식 확인

① p_1. 주당이익 목표(p_1)

$30x_1 + 35x_2 + d_1^- - d_1^+ = 1,500$($d_1^-$ 최소화가 목표)

② p_2. B형 스피커 생산량 목표(p_2)

$x_2 + d_2^- - d_2^+ = 35$ (d_2^-를 최소화)

③ p_3. 생산유휴시간 최소화 목표(p_3)

$60x_1 + 72x_2 + d_3^- - d_3^+ = 3,600$($d_3^-$를 최소화)

④ p_4. 초과 작업시간 목표(p_4)

$60x_1 + 72x_2 + d_4^- - d_4^+ = 4,200$($d_4^+$를 최소화)

⑤ p_5. A형 스피커 생산량 목표(p_5)

$x_1 - x_2 + d_5^- - d_5^+ = 0$ (d_5^-를 최소화)

3. 목적함수, 제약조건 및 그래프 최적해 찾기

1) 목적함수 (편차합의 최소화)

Min. $Z = p_1d_1^- + p_2d_2^- + p_3d_3^- + p_4d_4^+ + p_5d_5^-$

2) 제약조건 (각 목표의 제약식)

① $30x_1 + 35x_2 + d_1^{\ -} - d_1^{\ +} = 1,500$ (주당이익 목표 제약식)

② $x_2 + d_2^{\ -} - d_2^{\ +} = 35$ (B형 스피커 생산량목표 제약식)

③ $60x_1 + 72x_2 + d_3^{\ -} - d_2^{\ +} = 3,600$ (생산유휴시간 최소화목표 제약식)

④ $60x_1 + 72x_2 + d_4^{\ -} - d_4^{\ +} = 4,200$ (초과작업시간 목표 제약식)

⑤ $x_1 - x_2 + d_5^{\ -} - d_5^{\ +} = 0$ (A형 스피커 생산량 목표 제약식)

3) 비음조건

$x_1,\ x_2,\ d_i^{\ -},\ d_i^{\ +} \geq 0,\qquad (i = 1,\ 2,\ 3,\ 4,\ 5)$

4) 그래프로 최적해 찾는 방법

가. 우선순위가 높은 목표부터 목표달성영역(편차가 최소화되는 영역)을 차례로 표시

나. 가장 낮은 우선순위 목표까지 반복

다. 그중 가장 만족스러운 점을 최적해로 결정

4. 그래프 최적해 찾기

① 제1순위 목표(주당이익 목표)

제1순위 목표를 달성시키는 영역

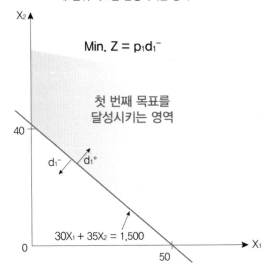

$$\text{Min. } Z = p_1 d_1^-$$

첫 번째 목표를
달성시키는 영역

$$30X_1 + 35X_2 = 1,500$$

② 제2순위 목표(B형 스피커 생산목표)

제1순위, 제2순위 목표를 달성시키는 영역

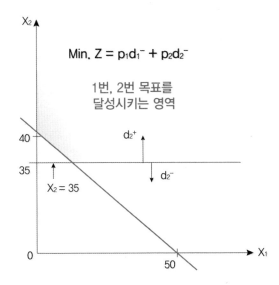

$$\text{Min. } Z = p_1 d_1^- + p_2 d_2^-$$

1번, 2번 목표를
달성시키는 영역

$$X_2 = 35$$

③ 제3순위 목표(생산유휴시간 최소화목표)

제1, 2, 3순위 목표를 달성시키는 영역

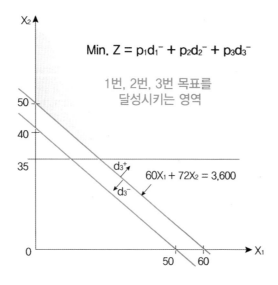

④ 제4순위 목표(초과작업시간 목표)

제1, 2, 3,4순위 목표를 달성시키는 영역

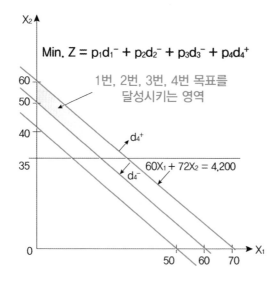

⑤ 제5순위 목표(A형 스피커 생산량)

제1, 2, 3, 4, 5순위 목표를 달성시키는 영역

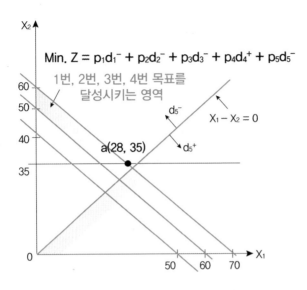

5. 최적해 찾기

1) 다섯 번째 목표(A형 스피커의 생산량 목표)를 달성시키는 영역은
   1, 2, 3, 4번 우선순위 목표를 달성시키는 영역과 공통된 부분이
   없음

2) 기존의 영역 중에서 5번 목표의 미달치를 최소화하는 a(28, 35)가
   최적

3) A형 스피커 28대, B형 스피커 35대를 생산하는 것이 미래전자의
   최적 생산계획

6. 각 목표의 달성여부 점검

1) 이익이 $30 \times 28 + 35 \times 35 = 2,065$만원이므로, 주당 이익목표를 565만원 초과달성

2) B형 스피커 생산량은 35이므로 목표를 정확히 달성

3) 생산시간 $28 \times 60 + 35 \times 72 = 4,200$이므로 생산유휴시간 600 초과 달성

4) 초과 작업시간 목표 정확히 달성

5) A형 스피커 28대, B형 스피커 35대 생산이므로 A형 스피커 생산량 목표는 7대 미달

7. 각 편차변수의 값

$$d_1^- = d_2^- = d_3^- = d_4^+ = 0$$
$$d_5^- = 7$$
$$d_1^+ = 565$$
$$d_3^- = 600$$

1. 목적계획법은 의사결정 시 2개 이상의 목표를 동시에 추구해야 하는 경우 중요도에 따라서 우선순위를 결정하고 그 순위에 따라 해를 구할 수 있도록 도움을 주는 분석 방법이다.

2. 선형계획법과 목적계획법의 차이

	선형계획법	목적계획법
목표	최적화	만족
목적과 제약조건	하나의 목적, 다수의 제약	다수의 목적, 다수의 제약
목적함수	의사결정변수 포함	편차변수만 포함
제약 및 목적의 중요성	중요성 동일	우선순위 부여

3. 목적계획법을 통해 일반적인 최적해를 찾는 과정은 다음과 같다.

   1) 의사결정변수와 편차변수의 확인

   2) 목표의 우선순위별로 목표제약식 확인

   3) 목적함수, 제약조건, 비음조건 확인

   4) 목표 우선순위에 따라 그래프 최적해 찾기

   5) 각 목표의 달성여부 점검

01 목표계획법에 대한 설명으로 바르지 않은 것은?

① 제한된 합리성에 기초한 사이몬의 의사결정모형과 일맥상통한다.

② 여러 개의 목적을 동시에 충족시켜야 하는 상황에서 활용된다.

③ 목적계획법은 선형계획법에서 한 발 더 나아간 방법이다.

④ 여러 목표를 달성해야 할 경우 최적해를 찾아 이익을 극소화한다.

02 목표계획법의 구성요소에 대한 설명으로 바르지 않은 것은?

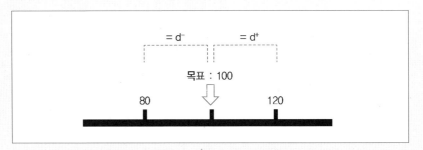

① 목표에 d^-(미달)과 d^+(초과)를 표시해주는 변수를 편차변수라 한다.

② 실제 값이 x이고 목표 값이 100일 때, $x + d^+ + d^- = 100$이 성립된다면, 그 수식은 $x_1 + x_2 - d^+ + d^- = 100$이다.

③ 목표 제약조건은 목표를 제약하는 조건, 희망수준을 나타낸다.

④ 목표값보다 커야 좋을 경우, d^-(미달편차변수)를 최소화, 목표값보다 작아야 할 경우, d^+(초과편차변수)를 최소화한다.

정답   01 ④   02 ②

03 선형계획법과 목적계획법의 차이에 대한 설명으로 바른 것은?

① 선형계획법은 최적해를 발견하여 의사결정 상황에 활용하는 것이고, 목적계획법은 복잡한 다목적 체계에서 여러 목적을 달성할 수 있는 최적의 해를 찾는 기법이다.

② 선형계획법은 다수의 목적으로 다수의 제약을 위한 것이고, 목적계획법은 하나의 목적으로 다수의 제약을 해결할 수 있다.

③ 목적함수에서 선형계획법은 편차변수만 포함하고, 목적계획법은 의사결정변수를 포함한다.

④ 목적계획법은 제약과 목적의 중요성은 동일하고, 선형계획법은 제약 및 우선순위에 목적의 중요성을 둔다.

04 목적계획법을 선행계획법과 비교할 때 차이라고 보기 어려운 것은?

① 최적화를 추구한다.

② 다수 목적으로 이루어져 있다.

③ 목적함수는 의사결정 변수가 포함된다.

④ 제약과 목적의 중요성이 동일하지 않다.

05 프로젝트 기획 및 관리(PERT/CPM)

사례-26 전국 학술세미나 기획

K대학교 총학생회에서는 가을 학술제의 일환으로 전국규모의 학술세미나를 개최하려고 한다.

학술제 기간은 총 3일이지만 그중 하루를 택해 세미나를 개최할 예정이다. 학술세미나 준비를 위해

- 필요한 활동목록
- 각 활동별 소요기간
- 활동의 진행순서

등을 파악해서 행사기획을 해야 한다.

≫ 생각해보기

여러분이 대학 총학생회 기획부장으로서 이 일에 대한 기획책임을 맡았다면 어떤 순서와 내용으로 준비를 해야 할까? 세미나 개최에 필요한 준비 활동목록과 소요기간 활동의 진행순서 등을 표로 준비해 보시오.

1절 PERT/CPM의 의의와 구성요소

1. PERT/CPM의 의의

　최선의 대안선택을 위한 기획이나 대안이 선택된 후 한정된 인적·물적 자원으로 효율적인 집행을 해야 하는데, 이러한 효율적인 기획과 집행 관리를 위한 기법 중의 하나가 PERT(Program Evaluation and Review Technique)/CPM(Critical Path Method)이다. 이 기법은 기본적으로 아래와 같은 질문에 대한 대답을 얻을 수 있다.

　(1) 프로젝트 수행을 위해 얼마나 준비기간이 필요한가?
　(2) 프로젝트상에서 어떤 업무가 가장 주된 업무인가?
　(3) 프로젝트 활동은 어떤 순서로 준비되어야 하는가?
　(4) 프로젝트 소요시간과 비용은 교환(trade off)될 수 있는가?

　CPM은 미국 Dupont 사에서 최초로 개발한 프로젝트 관리기법으로 한 조직이 과거에 유사 프로젝트의 수행경험을 토대로 앞으로 추진할 프로젝트에 얼마 동안의 기간(가장 긴 시간)이 소요될 것인가를 알기 위해 개발되었다. 한편 PERT는 미 Navy에서 개발되었는데 소요되는 기간은 모르나 각 활동의 소요기간에 확률분포를 부여하여 평균 소요기간을 추정한다. 양 기법은 현재 거의 동의어로 같이 사용되고 있다.

2. PERT/CPM의 구성요소

　프로젝트를 기획하고 통제하기 위해선 기본적으로 다음과 같은 기본 정보가 필요하다.

(1) 활동목록(activity list)

(2) 한 활동을 마치는 데 필요한 시간(activity time)

(3) 각 활동 단계의 선행활동과 후행활동

(4) 총 활동기간: 프로젝트 소요시간

2절 사례 해제

사례-27 전국 학술세미나 기획 〈해〉

대학교 학술제의 일환으로 전국규모의 학술세미나를 기획하려고 한다. 여러분이 대학 총학생회 기획부장으로서 이 일에 대한 기획책임을 맡았다면 어떤 순서와 내용으로 준비를 해야 할까?

1. 프로젝트 기획 및 활동목록 작성

1) 프로젝트 기획

　　① 세미나 개최에 필요한 모든 활동 목록화

　　② 각 활동단계 및 각 단계에 필요한 시간추정

　　③ 각 활동의 순서 정리

2) 활동목록 작성

〈표 20〉 활동목록표

활동	활동 및 내용	선행단계	추정준비기간(주)
A	세미나 주제 선정	-	2
B	초청연사 선정	A	1
C	세미나 장소 선정/확정	-	2
D	유인물/초청장 작성 발송	B, C	3
E	예약 접수	D	3
F	언론사 홍보	D	1

2. 각 활동 흐름분석

활동 B(초청연사 선정)의 선행단계는 A이며 A(세미나 주제선정)는 반드시 연사 선정 B 이전에 끝나야 한다. 예약접수(E)는 유인물 초청장 작성 발송이 끝난 다음에야 가능하다. 마찬가지로 활동 D는 활동 B, C가 선행단계이며 선행단계가 완수돼야 비로소 활동에 착수할 수 있다. 활동 E, F는 활동 D가 선행활동이라고 볼 수 있다.

이것을 다이아그램으로 그려보면 다음과 같다.

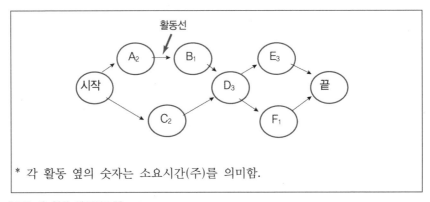

[그림 4] 활동 다이아그램

3. 개별 경로(Path)의 식별과 소요기간

1) 개별경로

① A → B → D → E

② C → D → E

③ A → B → D → F

④ C → D → F

2) 소요기간 분석

① A → B → D → E : 9주

② C → D → E : 8주

③ A → B → D → F : 7주

④ C → D → F : 6주

4. 주경로(critical path)

주경로(critical path)는 프로젝트를 끝내는 데 소요되는 최저시간인데, 세미나 개최 프로젝트의 경우 가장 긴 소요시간의 경로인 ABDE가 주경로가 되며 9주의 시간이 소요된다. 만일 주경로에서 지체가 되면 전체 프로젝트 시간이 연체될 수밖에 없다.

만일 그 프로젝트가 주경로 시간보다 단축되어야 한다면(**예** 9주 → 8주) 주경로상에 있는 활동들의 시간을 단축시켜야 한다. 주경로 밖에 있는 활동은 비결정적 활동(noncritical activity)이라고도 하는데, 비결정적 활동의 시간을 단축해봐야 소용이 없다.

예를 들어, C(세미나 장소 선정)를 2주에서 1주로 단축해봐야 D(유인물/초청장 작성발송)활동은 여전히 A, B활동이 끝나지 않으면 착수치 못한다. A, B활동은 총 3주가 걸리며 따라서 C활동은 단축할 필요가 없다.

따라서 비결정적 활동(noncritical activity)은 프로젝트 시간을 줄이는데 영향을 미치지 못하며 비결정적 활동의 연체는 프로젝트 전체에 영향을 미치지 않는다. F(현재 1주)는 2주까지 지체해도 무관하다. F도 비결정적 활동이기 때문이다.

3절 착수시간과 완료시간 규칙

일단 각 활동의 소요시간이 추정되면 각 활동에 단계별 시간을 배정해야 한다. 여기에는 4가지 종류의 시간이 있다.

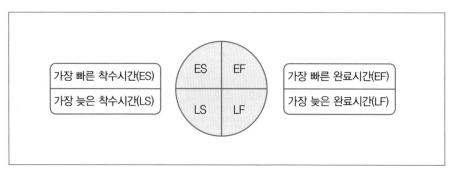

[그림 5] ES / EF / LS / LF

1. ES / EF(가장 빠른 착수시간/가장 빠른 완료시간) 규칙

- ES: 선행활동이 끝난 다음에 가장 빠르게 착수할 수 있는 시간
- EF: 각 단계활동을 가장 빨리 완료할 수 있는 시간

1) 규칙

① 선행활동이 없는 활동의 가장 빠른 착수시간은(ES) = 0

② 각 활동의 가장 빠른 완료시간(EF) = 그 활동의 가장 빠른 착수시간(ES) + 활동시간(그 활동에 소요되는 시간)

③ 어떤 활동의 가장 빠른 착수시간(ES)는 선행활동의 EF와 동일

④ 선행활동이 둘 이상 있는 활동들의 가장 빠른 착수시간(ES)은 그 선행활동의 가장 빠른 완료시간(EF) 중 가장 큰 시간

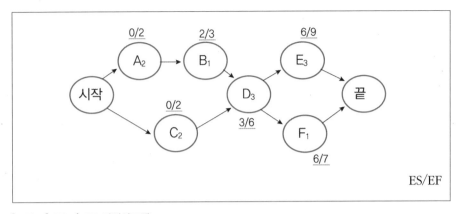

[그림 6] ES / EF 다이아그램

  2) 각 활동의 ES/EF

  $ES_A = 0$ (왜? 선행활동이 없으므로)

  $EF_A = ES_A + tA = 0 + 2 = 2$

  $ES_C = 0$ $EF_C = ES_C + tc = 0 + 2 = 2$

  $ES_B = 2$

  $EF_B = ES_B + t_B = 2 + 1 = 3$

  $ES_B = EF_A$

  D는 2개의 선행활동 B와 C를 가지고 있는데

  $EF_B = 3$ $EF_C = 2 \rightarrow \therefore ES_D = 3$(가장 큰 시간)

2. LS / LF(가장 늦은 착수시간과 가장 늦은 완료시간) 규칙

  • LS: 전체 프로젝트를 지체시키지 않으면서 한 활동이 가장 늦게 착수할
      수 있는 시간
  • LF: 전체 프로젝트를 지체시키지 않으면서 한 활동이 가장 늦게 완료할
      수 있는 시간

1) 규칙

LS와 LF의 계산은 끝에서 시작 방향으로 역으로 진행한다.

① 다음 단계의 활동이 없는 한 활동의 가장 늦은 완료시간(LF)은 프로 젝트 완료시간과 동일하다.

$$LF_E = 9 \quad LF_F = 9$$

② 어떤 활동의 가장 늦은 착수시간(LS)는 가장 늦은 완료시간(LF)에서 활동시간(t)을 뺀 것과 동일하다.

$$LS_E = 9 - 3(활동시간) = 6$$
$$LS_F = 9 - 1 = 8$$

③ 둘 이상의 후행활동이 있는 활동의 가장 늦은 완료시간(LF)은 그 다 음 활동의 가장 늦은 착수시간(LS) 중 가장 작은 시간이다.

$$LF_D = 6 \leftarrow \begin{cases} LS_E = 6 \\ LS_F = 8 \end{cases}$$

2) 각 활동의 LS/LF

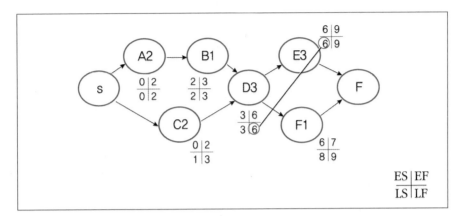

[그림 7] LS/LF 다이아그램

$$LF_E = 9 \qquad LS_E = LF_E - tE = 9 - 3 = 6$$

$$LF_F = 9 \qquad LS_F = LF_F - tF = 9 - 1 = 8$$

4절 부동시간

전체 프로젝트 소요시간을 지체시키지 않고 한 활동이 지체할 수 있는 시간을 부동시간(slack time)이라고 한다.

이 부동시간은 LS - ES, LF - EF로 구할 수 있다.

> 예 활동 C의 경우: 0주부터 시작할 수도 있지만 1주 후에 시작해도 전체 프로젝트 시간은 지체시키지 않는다. (부동시간: 1주)

- 부동시간 = LS와 ES의 차이, LF와 EF와의 차이

  F = 2주   C = 1주

〈다른 프로젝트 예〉

주경로(critical path) = A → C = 7일

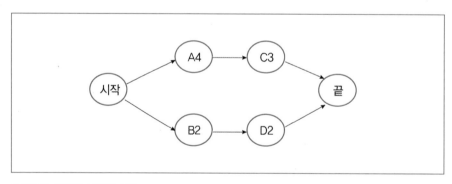

[그림 8] 주경로 다이아그램

활동 B와 D는 3일의 부동시간을 가진다. 그러나 B활동이 지체된다면 D 활동의 부동시간이 줄어드는데 이를 공유부동시간이라고 한다. 반면에 앞의 학술제 프로젝트의 F와 C 활동의 경우, 다른 활동의 부동시간에 영향을 미치지 않는데 이를 자유부동시간이라고 한다. 따라서 부동시간이 0인 경우의 활동은 결정적 활동(A,C)이라고 볼 수 있다. 각 활동의 소요시간을 알았기 때문에 프로젝트 완료시간도 계산할 수 있다.

∴ 따라서 기획부장은 최소한 9주 전에는 이 프로젝트에 착수해야 한다.

5절 프로젝트 비용과 활동시간 단축

1. 프로젝트 비용

프로젝트의 비용은 세 가지 종류로 구성되어 있다.

1) 직접비용(Direct cost)

인건비, 자재비 등 개별활동과 프로젝트를 수행하는 데 직접 들어가는 비용

2) 간접비용(Indirect cost)

감독비, 행정비 등 프로젝트 수행에 간접적으로 필요한 비용

3) 기회비용(Opportunity cost)

개별활동이나 프로젝트가 지체됨으로써 입게 되는 피해를 의미한다. 예를 들어 프로젝트를 정시에 마치지 못해서 당하는 벌칙이나 조기 달성했을 때 얻을 수 있는 보너스 등이다.

일반적으로 프로젝트 기간이 길어질수록 직접비용은 감소한다. 그러나 간접비용, 기회비용은 증가하게 된다. 따라서 활동기간을 단축시키면 직접비용은 증가되지만 프로젝트 전체비용은 감소시킬 수 있다.

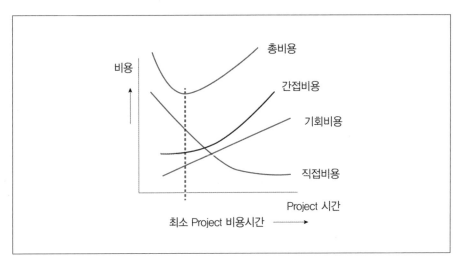

[그림 9] 비용 대비 최소 프로젝트 비용시간

여기서 비용이란 화폐적 비용과 비화폐적 비용의 합을 의미한다. 활동시간이란 일반적인 활동상황을 가정한 것으로 때로는 줄일 수도 있고 늘어날 수도 있다. 활동시간은 자원을 더 투입함으로써 어떤 경우는 단축이 가능해진다.

예 1. 추가적 인력투입: 임시직원 고용. 업무시간 외 추가근무 등
  2. 활동의 질: 고속도로 표면을 덜 고름, 시간단축을 위해 리포트에 차트나 도표를 생략함

만일 프로젝트 시간을 꼭 단축해야 한다면 ① 어떤 활동을 단축할 것인가 ② 어떤 활동이 단축시키는 것이 가장 적은 비용이 드는가를 파악해야 한다.

2. 프로젝트 시간 단축과 비용의 교환

A, B, C, D 네 활동으로 이루어진 프로젝트의 개별 활동 시간과 비용이 아래 <표 21>과 같다. 정상적인 소요시간과 단축가능 시간, 또한 정상적인 비용과 단축했을 때의 비용이 제시되었다.

〈표 21〉 시간-비용 교환

활동	시간(일)		비용(만원)	
	정상	단축가능일	정상시	단축시
◎ A	4	2	400	800
B	2	1	300	450
◎ C	3	2	500	600
D	2	1.5	300	350
			1,500	2,200

◎: 주경로(C.P) = 7일

1) 단축 가능 활동과 추가 비용

(1) 만일 프로젝트 기간을 1일 단축해야 한다면(7일 → 6일) 어떤 활동을 단축해야 하는가?

우선 프로젝트 총 기간을 단축해야 한다면 반드시 주경로(Critical Path)상의 활동 중에서 단축해야 한다. 비결정적 활동은 줄여도 프로젝트 기간 축소에 도움을 주지 못한다. 주경로상의 활동 A와 C 중에서 1일 단축해야 한다. C는 1일 단축에 100만원만 더 들지만 A는 200만원 더 들어서 C활동을 1일 단축해야 한다.

(2) 만일 2일을 단축해야 한다면 어떤 활동을 얼마나 단축해야 하는가?

　　→ C: 하루, A: 하루

　　단축비용은 ⓒ 100만원 ＋ Ⓐ 200만원→ 계 300만원

(3) 만일 3일 단축해야 한다면 어떤 활동을 얼마나 단축해야 하는가?

　　→ C: 하루, A: 이틀

　　→ ⓒ 100만원 ＋ Ⓐ 400만원→ 계 500만원

　　• 이럴 경우 프로젝트가 4일이 걸린다: 왜? B와 D의 경로는 4일 걸리기 때문

　　• 이 이하로 줄일 수는 없다.

3. 비화폐적 비용의 경우: 대학 학술 세미나

앞의 대학학술세미나의 경우 총 9주가 소요된다고 했는데 현재 8주밖에 주어진 시간이 없다면 1주를 단축해야 한다. 이 경우,

　　1) 세미나 내용 확정(2주): 1주로 줄이면 부실내용이 되기 쉽다.

　　2) 초청연사 선정(1주): 한계시간이며 더 줄일 수 없다.

　　3) 예약접수(3주): 2주로 줄이는 것이 가능하지만 졸속 이미지를 줄 수 있다. 참석자 수를 미리 파악하기가 곤란하여 숙박시설이나 음식준비에 문제가 생길 수 있기 때문이다.

　　4) C(세미나 장소 선정), F(언론사 홍보) 활동은 단축해도 영향이 없다. 이는 주경로상의 활동이 아니기 때문이다.

∴ 예약 접수를 1주 단축시켜야 한다.

〈표 22〉 시간-비용 교환(대학 학술 세미나)

활동	정상	단축	가능여부
A	2	1	불가
B	1	1	불가
D	3	2	불가
E	3	2	가능

6절 평가

이 기법은 프로젝트 계획의 작성, 집행 통제에 매우 유용하며 전반적인 계획의 작성, 발전계획 수행, 통제에 도움을 준다.

1. 유용성

1) 시간과 자원에 대한 효과적 관리가 가능해진다. 계획이나 프로젝트를 단계별로 분리해서 봄으로써 전체적으로 효과적인 관리가 가능해진다.

2) 흐름모형은 프로젝트에 필요한 활동을 수행하기 위해 필요한 업무에 관한 정의에 의해 작성되며, 업무에 대한 신중한 모형의 작성으로 프로젝트의 질적 저하나 중단을 막을 수 있다.

3) 이 기법은 프로젝트 관리자에게 어떻게 계획이 작성되어야 하는가를 구체화시켜준다. 즉, 언제 어떤 단계가 완성되고 어떤 조건들이 변화했을 때, 다른 활동과 프로젝트 전반에 미칠 영향을 알 수 있게 해줌으로써 최선의 상황파악을 가능하게 해준다.

4) 정확한 착수시간, 완료시간, 여유시간 및 그들의 책임한계를 분명하게 해준다.

5) 각자가 수행하는 활동들을 전체적 맥락 속에서 파악할 수 있게 함으로써 통제능력을 제고시킨다.

2. 한계

하나의 관리기법에 불과하며 프로젝트의 목적이나 정책은 이 기법 이외의 다른 곳에서 찾아야 한다. 또한 프로젝트에 소요되는 자원이나 시간의 정확한 추정이 어렵기 때문에 이 기법의 실효성이 문제가 되는 경우가 많다. 그러나 과거의 경험이나 유사 사례를 수행한 다른 조직이나 기관의 경험을 통해 유추할 수는 있을 것이다.

이 기법을 사용하기 위해서는 활용할 수 있는 인력 훈련과 시간, 비용이 필요하다.

1. 최선의 대안이 선택된 후 한정된 자원을 가장 효율적으로 집행해야 하는 데 이러한 효율적 집행과 관리를 위한 Project 기획 및 관리를 위한 기법으로는 PERT/CPM이 대표적이다.

2. CPM은 한 조직이 과거에 유사 Project의 수행경험을 토대로 앞으로 추진할 Project에 얼마나 기간이 소요될 것인가를 알기 위함이고, PERT는 소요되는 기간은 모르나 각 활동의 소요기간에 확률분포를 부여하여 평균 소요기간을 추정하는 기법이다.

3. Project를 기획하고 통제하기 위해 CPM/PERT의 기법을 활용할 경우

   ① 한 활동을 마치는 데 필요한 시간

   ② 각 활동 단계의 선행활동과 후행활동

   ③ 활동기간

   ④ 활동목록의 정보가 필요하다.

4. 각 활동의 소요시간이 추정되면 각 활동에 단계별 시간을 배정해야 하는 데 이에는 가장 빠른 착수시간(ES), 가장 빠른 완료시간(EF), 가장 늦은 착수시간(LS), 가장 늦은 완료시간(LF)의 네 가지가 있고 각 시간을 산정하는 규칙이 있다.

5. 프로젝트 비용에는 직접비용, 간접비용, 기회비용 등이 있으며 프로젝트 기간이 길어질수록 직접비용은 감소하지만 간접비용과 기회비용은 증가한다. 따라서 활동기간을 단축시키면 직접비용은 증가하지만 프로젝트 전체 비용을 감소시킬 수 있다.

01 Project기획 및 관리를 위한 CPM/PERT의 기법에 대한 설명으로 바르지 않은 것은?

① CPM은 과거 유사 Project를 토대로 앞으로 추진할 Project의 소요 시간을 추정할 수 있다.

② PERT는 소요기간의 확률분포를 부여하여 평균 소요기간을 추정할 수 있다.

③ CPM/PERT의 기법에는 기본적으로 활동에 마치는 데 필요한 소요 시간이 필요하다.

④ Project기획을 위해서 가장 우선시 되는 기법은 PERT이다.

02 새로운 Project를 준비를 할 경우, CPM/PERT를 적용하기 위해 불필요한 것은?

① 프로젝트 목표를 정한다.

② 프로젝트에 필요한 모든 활동을 목록화한다.

③ 각 활동 단계에 필요한 시간을 추정한다.

④ 각 활동의 순서를 정리한다.

정답   01 ④   02 ①

03 Project 수행 시 착수시간과 완료시간에 대한 설명으로 바르지 않은 것은?

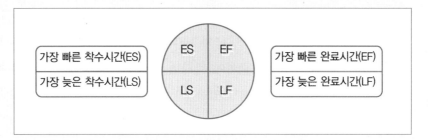

① 선행활동이 없는 활동의 가장 빠른 착수시간은(ES) = 0

② 각 활동의 가장 빠른 완료시간(EF) = 그 활동의 가장 빠른 착수시간(ES) + 활동시간(그 활동에 소요되는 시간)이다.

③ 어떤 활동의 가장 빠른 착수시간(ES)는 선행활동의 EF와 동일하지 않다.

④ 선행활동이 둘 이상 있는 활동들의 가장 빠른 착수시간(ES)은 그 선행활동의 가장 빠른 완료시간(EF) 중 가장 큰 시간이다.

04 Project의 비용에 대한 설명으로 바르지 않은 것은?

① 직접비용은 활동을 수행하는 데 들어가는 비용을 말한다.

② 간접비용은 감독 행정 등에 소요되는 비용을 말한다.

③ 조기 달성을 했을 때 얻을 수 있는 보너스 등은 기회비용이다.

④ 비용에는 화폐비용만을 고려한다.

05 PERT/CPM에 관한 기술 중 옳지 않은 것은?

① 부동시간 0인 경우의 활동이 결정적 활동이다.

② 부동시간은 LS와 ES, LF와 EF의 차이다.

③ 프로젝트 기간을 줄여야 한다면 비결정적 활동에서 줄여야 한다.

④ 프로젝트 비용을 더 투입한다면 프로젝트 기간을 줄일 수도 있다.

06 아래와 같은 다이어그램으로 나타낸 프로젝트의 주경로와 소요기간은?

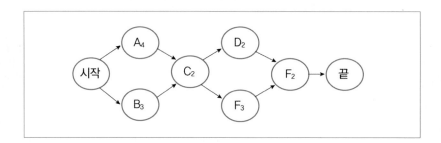

① A → C → D → F: 10일

② B → C → D → E: 9일

③ A → C → E → F: 11일

④ B → C → D → F: 9일

06 비용편익분석(Cost-Benefit Analysis)과 비용효과 분석(Cost-Effectiveness Analysis)

사례-28 　대만여행 vs 토익수강

이번 방학 동안 유정이와 진희는 같이 2주간의 대만여행 또는 토익수강을 할 계획을 세우고 있다. 비용과 편익을 고려하여 대만여행과 토익수강 중 어떤 것이 보다 큰 만족을 주는 결정일지를 고민하는 중에 있다.

(편익의 계산)

대안1(대만여행)

① 한 달 간의 초급중국어 학습효과 ＝ 80만원(지불의사로 측정)

② 자기소개서에 한줄 추가 ＝ 20만원

③ 추억, 즐거움 등의 기타 효과 ＝ 100만원(지불의사로 측정)

= 총 편익 ⇒ 200만원

대안2(토익수강)

① 토익점수 향상 50점 ＝ 150만원(지불의사로 측정)

= 총 편익 ⇒ 150만원

(비용의 계산)

대안1(대만여행)

① 왕복 비행기 요금 ＝ 30만원

② 기타 교통비 ＝ 20만원(대만 내에서 교통비)

③ 여행경비 ＝ 100만원

= 총 비용 ⇒ 150만원

대안2(토익수강)

① 교통비 = 10만원

② 수강비 = 65만원

= 총 비용 ⇒ 75만원

※ 비용과 편익은 모두 현재가치로 환산한 것으로 본다.

≫ 생각해보기

이러한 상황에서 여러분이 유정이와 진희의 입장에서 두 대안 중 한 가지를 선택한다면 어떤 대안을 선택하겠는가?

 1절 비용편익 분석 서론

1. 비용편익 분석의 의의

인간은 '경제적 동물(homo economicus)'이며 이는 경제학의 기본적인 출발 전제이다. 이 의미는 인간은 자신의 이해관계에 따라 가장 효율적이고 경제적인 결정을 내린다는 것을 뜻한다. 여기서 '경제적 의사결정'의 의미는 저비용과 고효율을 추구하며, 합리적인 판단을 통해 최소비용으로 최대의 효과를 지향하며, 이것을 얻기 위해 고민하고 노력하는 것을 의미한다. 이러한 경제적 의사결정의 의미를 가장 잘 반영한 것이 바로 '비용 편익 분석(cost- benefit analysis)'이다.

비용편익 분석은 경제성을 추구하는 인간의 기본적 성향을 전문적 모형으로 정리한 것으로 적은 비용으로 많은 이익을 기대하고 현재의 투자 대가로 무엇을 얼마나 얻을 것인가를 분석하는 모형이다. 사람들은 의사결정시에 의식적으로 비용편익 분석의 개념을 사용하지는 않는다 하더라도 무의식적으로 비용편익 분석을 사용하게 된다(Reed and Swain, 1997). 이는 인간은 본성적으로 경제성과 효율성을 추구하기 때문이다.

　　비용 편익 분석은 대안의 수행에 따라 발생되는 비용(투입 비용, 기회비용과 예상되는 손실)과 편익의 정보를 획득하여 이를 비교하여 타당성을 분석하는 분석 기법이다. 이는 사업의 타당성과 우선순위를 판단하기 위한 장기적 안목의 개념적 틀(conceptual frame)이 필요하기 때문에 사용하는데 이런 면에서 경제적 분석기법인 동시에 체계적인 분석 기법이라고 볼 수 있다.

　　민간부문에서의 비용편익 분석으로는 현금 흐름할인법,[3] 손익회계[4] 등이 있으며, 공공부문에서는 순현재가치법, 편익-비용비 등의 방법을 사용하고 있다.

2. 비용편익 분석의 기능

　　① 특정한 사업이나 계획, 활동의 타당성을 판별할 수 있다.
　　② 특정한 목적이나 과업에 적당한 대안들 간의 우선순위를 결정한다.
　　③ 목적 달성을 위한 최적 방법을 확인한다.

3. 비용편익 분석의 특징

　　① 개별 투자 사업을 평가하는 경제적 분석의 한 분야이다.
　　② 사회적 비용과 편익의 관점에서 분석을 수행한다. 이는 기업의 재무 분석과의 차이점이다.
　　③ 장기적이고 넓은 안목에서 종합적으로 평가한다.
　　④ 현실적 측면의 실무적 분석방법이다.

---

3 현금흐름에 할인율을 적용한 개념이다. 이는 미래의 가치에 할인율을 적용함으로써 미래에 대한 불확실성을 반영시킨 것이다.
4 기업의 이익과 손실의 측정에 관한 회계

⑤ 최적 투자대안의 결정은 순현재가치법에 의한다.

⑥ 순사회편익의 극대화(파레토 최적)[5]를 평가의 기본원칙으로 사용한다.

4. 정책 분석 도구로서의 비용편익 분석

1960년대 기업 부문의 포드 자동차(미)가 사용하던 순현재가치법을 케네디 행정부에서 맥나마라(R. McNamara) 국방장관이 국방부의 예산 의사결정 방법으로 비용편익 분석을 도입하였다. 이 기법이 광범위하게 사용된 것은 PPBS(계획예산제도)의 분석도구로 사용되면서부터이다.

비용편익 분석이 정책분석 도구로서의 의의는 다음과 같다.

① 정책 결정자의 재량권을 제한하는 역할을 한다.

② 정책 결정자의 사적 가치 판단과 결정권을 배제하는 효과가 있다.

③ 실제로는 우선순위의 결정 목적보다는 대안의 수를 줄이는 데 사용된다.

---

5 사회적 자원의 가장 적합한 배분 상태. 그 사회 구성원의 상태를 현재보다 유리하게 할 수 없을 때의 자원 배분 상태를 말한다.

2절 비용편익 분석의 과정과 비용측정

1. 비용편익 분석의 과정

① 조직 또는 정책의 목표 확인

② 각종 대안과 세부대안의 검토

③ 검토 확정된 대안의 목표 부합여부 판단

④ 비용 및 편익의 비교 분석

⑤ 민감도 분석

⑥ 최종 의사결정

2. 비용의 측정

비용을 측정할 때는 사업이나 프로젝트의 모든 관련 주체들이 부담해야 하는 비용을 남김없이 포함하여야 한다. 이런 비용의 구분으로는 직접비용, 간접비용, 유형적 비용, 무형적 비용, 기회비용, 잠재가격이 있다.

1) 직접비용과 간접비용

① 직접비용: 원 재료비·연료비·임금 등 생산에 직접적으로 필요한 비용을 총칭한다.

② 간접비용: 감가상각비·광고 선전비·사무직 근로자의 급료 등 생산에 직접 관계되지 않는 비용을 포함한다.

예 도로건설 사업의 경우: 토목건설비(직접) 주변생태계 파괴 비용(간접)

2) 유형적 비용과 무형적 비용.

예 도로건설의 자재비(유형) 공해유발 비용(무형)

3) 기회비용(Opportunity Cost)

특정 대안의 선택에 따라 포기되어야 하는 가치나 다른 대안의 포기로 인한 손실을 의미한다.

4) 잠재 가격(Shadow Price)

시장가격이 존재하지 않을 때 마치 시장가격이 있는 것처럼 가격을 추정하여 비용과 편익을 계산할 때 사용한다.

• 추정 방법
  ① 자산가치의 변동을 감안하여 추정
  ② 지불의사, 수용의사를 조사하여 계산
  ③ 재화나 서비스의 사용을 위해 사용의사 시간의 가치에 대한 기회비용계산

3. 편익의 계산

보통 편익의 측정이 비용의 측정보다 어려움이 있다. 이는 편익이 무형적이고 간접적인 특성을 지니고 있어 잠재가격의 결정에 문제가 발생하기 때문이다. 또한 공공재의 경우, 같이 발생되는 외부효과(externality: 외부경제와 불경제)의 측정이 곤란하기 때문이다. 측정의 어려움을 이유로 무리한 방법과 가정을 동원하게 되면 편익의 과장, 확대, 축소, 은폐 등의 오류가 발생할 우려가 있다. 또한 이해 당사자 간의 상이한 방법 적용으로 사업의 타당성을 왜곡할 우려가 있다. 이를 극복하기 위한 방안으로는 다음과 같은 방법이 있다.

1) 자산가치의 증식 판별법

자산가치의 증식판단을 통해 유추 해석하는 방법이다.

2) 지불의사 조사를 통한 환산방법

수혜집단의 지불의사를 조사하여 편익의 크기를 환산한다.

> **예** '편익 획득에 대한 대가로 얼마를 지불할 의사가 있습니까?'라는 내용
> 의 서베이 조사를 통해 측정

3) 손실절감 판별법

시간가치, 손실절감 등의 환산 계산방법을 사용할 수 있다.

3절 현재가치와 사회적 할인율

1. 현재 가치(present value)

비용편익 분석방법은 환산된 현재가치의 비교를 통한 투자 접근 방법이다. 보통 정부 사업은 그 속성상 비용과 효과가 오랜 시간을 두고 발생한다. 따라서 서로 다른 시점의 가치를 일정시점으로 일치시키는 환산 작업이 필요하게 된다. 이를 위하여 현재의 가치로 환산해야 하는데, 현재 가치(present value)로 환산 시 적용되는 할인율이 투자 판단에 결정적 영향을 미친다. 보통 선진국은 3~5% 수준이고, 빠른 변화와 불안정이 특징인 개발도상국의 경우는 보다 높은 할인율이 적용된다. 공공사업에 사용되는 할인율은 민간할인율,[6] 사회적 할인율, 자본의 기회비용[7] 등이 있는데 대부분의 국가에서는 사회적 할인율을 주로 사용한다.

2. 사회적 할인율(Social Discount Rate)

공공부문의 비용편익 분석에서 주로 사용되는 개념으로 대부분의 국가는 중앙예산기구에서 사업 분석의 기준 할인율을 제시한다. 여기에는 특정사업에 소요되는 자원의 기회비용을 감안하여 할인율을 결정하는 사회적 기회비용과, 현재의 편익이 미래의 편익보다 더 가치가 있다는 전제가 깔린 사회적 시간 선호율이 있다.

---

6 민간자본시장에서 형성된 시장이자율을 중심으로 결정되는 할인율
7 최선의 투자안에 대한 투자 기회를 포기하고 차선의 투자안에 투자했을 때 얻을 수 있는 수익률

1) 사회적 기회비용(SOCR; Social Opportunity Cost Rate)

민간으로부터 정부부문으로 이전자원의 추정 가치를 사용한다. 여기에는 세전수익률(before-tax rate of return)과 세후 수익률(after-tax rate of return)로 구분하여 측정한다.

(1) 세전수익률

민간의 투자로부터의 이전시의 측정방법

예 민간 기업이 100만원을 투자하여 내년에 10%의 수익을 얻는다면 수익률은 10% 이다. 이를 정부부문에 투자함에 따른 기회비용은 10%가 되고 이보다 수익을 더 낼 수 있을 경우에 정부 부문에 투자 가치가 있다고 판단한다.

(2) 세후수익률

민간의 소비로부터의 이전시의 측정방법

예 민간기업이 소비하지 않고 저축을 한다고 가정하고 이자 소득에 세금을 공제한 순이익률(세후수익률)을 정부부문의 기회비용으로 계산하는 방법이다. 이자율 10%(년)에 이자소득세가 20%인 경우 세후 수익률은 8%가 되고 이를 할인율의 기준으로 측정한다.

2) 사회적 시간 선호율(STPR; Social Time Preference Rate)

사회 전체적 시각에서 미래 소비 가치를 평가하는 방법으로, 앞의 민간의 사회적 기회비용의 정부부문의 실제적용 가능성에 대한 반박으로 제시되었다. 민간부문은 현재의 가치를 후하게 평가하고 미래가치를 인색하게 평가하나 공공부문은 먼 미래세대의 후생까지를 고려해야 한다. 또한 민간의 할인율이 정부보다 높을 수밖에 없어 실제 적용이 곤란하다고 보며, 따라서 경제의 장기적 효과까지를 고려한 별도의 사회적 할인율이 필요하다고 본다. 그러나 이 방식의 문제점으로는

① 할인율 결정의 객관화가 어렵다.

② 민간의 할인율과 이중의 기준 존재의 가능성이 있다.

③ 민간보다 낮은 할인율 설정으로 비효율적인 정부 사업이 선택될 가능성이 있다.

4절 비용편익 분석의 비교평가 방법

비용편익분석의 실제 방식은 편익비용비율, 순현재가치, 내부수익률 비교의 세 가지가 있다.

〈표 23〉 비용편익방식 비교

평가기준	계산방법	판단기준
편익비용비	편익의 현재가치/비용의 현재가치	BCR > 1
순현재가치	편익의 현재가치-비용의 현재가치	NPV > 0
내부수익률	편익과 비용이 0이 되는 할인율	IRR 클수록 유리

1. 편익-비용비율(Benefit Cost Ratio: BCR)

이는 현재가치 기준의 비용에 대한 편익의 비율을 계산하는 방식으로서 이 비율이 높을수록 사업의 효과와 가치가 크다고 인정된다. 분석 방법으로는

$$편익비용비 = \frac{편익의\ 현재가치}{비용의\ 현재가치}\ 이다.$$

문제점으로는 적정 할인율 결정의 문제이다. 불완전 경쟁 시장 상황에서 존재하는 다양한 이자율 중에 어떤 이자율을 선택할 것인가가 문제가 된다.

또한 현실적 타당성의 문제이다. 이 방식을 사용하면 많은 경우 사업의 편익(효과)이 조기에 발생할수록 유리한 것으로 판정될 가능성이 높은데, 공공부문의 사업은 먼 미래의 후생가치를 감안해야 함에도 단기적 사업이 좋다고 결론을 내릴 가능성이 높기 때문에 문제가 될 수 있다.

> BCR > 1 = 사업의 타당성과 효과 가치가 인정됨

2. 순현재가치(Net Present Value: NPV)

현재가치 기준의 편익과 비용의 차이로 사업의 타당성을 판정하는 방식으로, 투자가치가 있는 사업은 NPV>0, 투자가치가 없는 사업은 NPV<0 이된다.

문제점은 상대적인 편익-비용비율(BCR)이 높아도 순현재가치(NPV)가 낮은 경우가 생겨 불합리하고, 사업규모가 클수록 순현재가치의 양은 커질 것이므로 투자 재원(input)을 고려하지 않을 가능성이 높은 문제점이 있다.

NPV > 0 = 투자가치가 있는 사업   NPV < 0 = 투자가치가 없는 사업

---

3. 내부수익률(Internal Rate of Return: IRR)

내부수익률은 투자에 소요되는 지출액의 현재가치가 기대 현금수입액의 현재가치와 동일한 할인율을 의미하며, 경영학 재무관리에서의 승인기각기준(accept or reject rule)의 개념과 동일하다고 볼 수 있다.

내부수익률을 구할 수 있는 식은 다음과 같다.

$$NPV = \sum_{t=0}^{N} \frac{C_t}{(1+r)^t} - C_o = 0$$

* C_t: t 시점에서의 편익(수입). C_o: 비용

위의 식에서 정의된 바와 같이, IRR(내부수익률)은 결과적으로 NPV(순현재가치)를 0으로 만드는 특정 할인율을 의미한다. 다시 말하면, NPV에서는 할인율 r이 시장에서 결정된 자본비용(시장이자율)으로서 미리 결정되는 데 반하여, IRR에서는 NPV를 0으로 만드는 특정 할인율의 값을 구하는 것이다. 즉, 내부수익률이란 '순현재가치= 0'이 되게 하는 할인율을 구하는 것이다.

IRR이 10%라 하면 투자원금이 계속 10%의 복리로 성장하는 자본의 복리증가율을 의미한다.

예를 들어 3,000만원의 비용을 들여 시작한 프로젝트가 아래 표와 같이 3년에 걸쳐 편익이 발생했을 때의 내부 수익률(IRR)은 10%가 된다.

지출(현재)	편익(1년 후)	편익(2년 후)	편익(3년 후)
3,000만원	1,100만원	1,210만원	1,331만원

순현재 가치(NPV)를 0으로 만드는 IRR을 구해보면,

$$NPV = 0 = \frac{1,331만원}{(1+r)^3} + \frac{1,210만원}{(1+r)^2} + \frac{1,100만원}{(1+r)^1} - 3,000만원$$

r＝10%＝IRR이다.

즉, 이 프로젝트의 내부수익률은 10%인데, 만일 이것이 사회적 할인율보다 크다면 사업의 타당성이 있다고 볼 수 있다.

이 방식은 미래의 후생 가치를 강조하는 공공투자에 있어 다른 방법에 비해 비교적 적합한 방법이라고 볼 수 있다. 그러나 문제점으로는 현실적으로 투자가 수차례 분산되어 나타나는데 각기의 IRR(내부수익률)이 존재한다. IRR(내부수익률)이 투자비용의 크기, 사업 내용 연수 등을 고려하게 되는데 내용 연수가 짧을수록 유리한 사업으로 판단될 가능성이 높아진다.

> IRR ＞ r ⇒ 이론상 투자할 가치가 있는 사업으로 인정

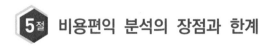# 5절 비용편익 분석의 장점과 한계

1. 비용편익 분석의 장점

① 이론체계가 우수하다. 비용편익 분석은 투자와 사업예산의 우선순위 결정에 체계적·분석적 기법을 제공하며, 여타 분석 방법에 비해 논리 구성이 우수하다.

② 계량적 방법에 의한 체계적인 사고와 사고과정의 명료화를 가능하게 하여, 인간의 불합리성을 보완하고 객관적 기준에 의한 대안 선택을 가능케 한다.

③ 복잡한 문제를 단순화한다. 즉, 다차원적 문제를 화폐 가치로 단순화 시켜 비교한다. (장점이자 단점의 양면성)

④ 객관적 기준에 의한 대안을 선택하게 함으로써 주관을 최소화하여 대안 결정 과정에서의 갈등과 논란을 감소시킨다.

2. 비용편익 분석의 한계

1) 공공부문의 성과 측정의 어려움과 비용-편익 적용의 어려움

보통 공공부문은 아래와 같은 특성으로 인해 성과나 편익의 측정이 어렵다.

① 공공 부문의 목표가 모호한 경우가 많다.

② 정치적 성과를 겨냥한 단기적 실적 위주로 사업이 편성되는 경우가 많다.

③ 외부효과의 발생 가능성이 높은 공공사업의 특성상 객관적인 미래 예측이 곤란하다.

④ 공공조직의 특성상 본질적으로 자체 평가가 불가능한 경우가 있다

(Wildavsky, 1979).

⑤ 성과 평가를 위한 객관적 측정 도구의 개발이 어렵다. 특히 공통원
가의 산정, 무형가치에 대한 측정 등에서 그러하다.

⑥ 화폐가치로 환산하기 힘든 분야의 적용이 어렵다. 예를 들면 교육
정책, 문화정책 등의 영역에서는 무형의 가치가 많은데, 이에 대한
측정이 어려운 경우가 많다. 또한 지나친 화폐가치 의존으로 분석
결과의 신뢰도가 저하될 우려가 있다.

위와 같은 문제들로 인해 공공부문에 비용편익분석을 적용하기 어렵다는
견해도 많다.

2) 분배의 문제와 가중치 부여 방식의 검토

비용편익 분석은 순사회편익 극대화의 논리에 매몰되어 분배의 문제에
소홀할 수가 있다. 정부는 자원 배분의 효율성과 소득분배의 개선으로 사회적
형평성 제고의 임무가 있다. 이를 해결하기 위한 방안으로서 분배 가중치 부
여 방식이 있는데, 그 방법으로는

① 소득집단의 편익에 가중치를 부여하는 방식

② 사회적으로 불리한 집단에 높은 가중치를 부여하여 의도적인 결과를
유도하는 방식이 있다. 물론 이 경우에도 주관적 가중치에 의한 합리
성의 전복, 왜곡 가능성이 있다.

다음의 가중치 부여의 예를 살펴보자.

〈표 24〉 비용편익 문제의 가중치 부여 결과

집단	순편익	가중치(1)		가중치(2)	
		부여 수치	순편익	부여 수치	순편익
1	-300	1	-300	1	-300
2	-150	1.2	-180	1.1	-165
3	50	1.4	70	1.2	60
4	100	1.6	160	1.3	130
5	200	1.8	360	1.4	280
편익합	-100		110		5
결과	채택 x		채택 O		채택 가능

임의적 가중치 부여로 사업 결정 순위의 역전과 자원의 비효율적 배분 문제가 발생할 수 있다. 위의 표에서 보는 바와 같이 집단별로 가중치를 어떻게 부여하는가에 따라 순편익의 합과 최종결과가 달라질 수 있다.

3) 위험과 불확실성의 문제

비용편익 분석은 실제 비용과 편익의 발생 이전에 행해져 불확실성, 혹은 위험의 구조를 가지고 있다.

① 불확실성(uncertainty): 사업 결과에 대한 발생 확률조차 부여할 수 없는 문제의 상황인데, 이 경우는 직관이나 주관적 판단에 의존하게 된다.

② 위험(risk): 불확실한 정부사업의 결과에 발생확률을 부여할 수 있는 상황으로, 이 경우 단순한 순이익의 평균을 비교하는 것보다는 위험의 분산을 고려한 분석 기준이 필요하다.

4) 악용 가능성과 정치적 요인의 배제

① 특정 대안의 배제를 의도한 편익과 비용의 과다, 과소 계상의 가능성이 있다.

② 정치적 요인과 분리된 분석에 대한 수용 가능성이 우려된다. 많은 경우 정치적 합리성과 상황판단을 배제하면 실효성에 문제가 생길 개연성이 높기 때문에 반드시 바람직하다고 볼 수 없다.

③ 비용편익 분석은 우선순위의 결정보다는 선택대안의 폭을 좁히는 역할이 바람직하다고 볼 수 있다.

④ 의사결정 권한의 합리적 배분이 바람직하다. 즉, 실무형 배분 사업의 경우 담당자에게 전담 결정권을 주면 되나, 정치적 자원 배분 시 고위 결정자의 의도가 전적으로 반영될 우려가 있다.

6절 비용효과 분석(Cost-Effectiveness Analysis)

1. 비용효과 분석의 의의

공공부문의 일반분석 모형은 크게 효과성 모형과 경제성 모형으로 나눌 수 있는데(Vedung, 1997) 사업의 성과를 사업 목표의 달성 정도로 보는 것이 효과성 모형이며 사업의 성과를 투입 비용 대비 산출 편익의 관점으로 보는 것이 경제성 모형이다.

앞에서 살펴본 비용편익분석은 대표적인 경제성 모형으로서 서로 다른 투자 대안을 비교하여 선택하는 결정 방식인 데 비해, 비용효과 분석은 특정 정책의 효과를 극대화할 수단의 선택 시에 주로 사용하는 모형이다.

1) 공공부문의 일반적 분석 모형

① 효과성 모형(effectiveness model): 대안선택의 결과 강조
- 목표달성 모형(goal achievement model)
- 부수효과 모형(side effect model)
- 목표배제 모형(goal free model)
- 고객지향 모형(client oriented model)

② 경제성 모형(economy model): 비용과 편익의 관점 강조
- 생산성 모형(productivity model)
- 효율성 모형(efficiency model)

③ 전문가 모형(expert model): 평가 주체에 초점

④ 의사결정 모형(decision making model): 의사결정의 미래결과를 평가의 주요 요소로 구성

2) 비용효과 분석의 사용 경우

① 사회편익의 계량화가 모호한 경우

② 편익이 변하지 않는 불변의 상황

③ 의사결정의 관심이 효과성에 집중되는 경우

④ 정책목표가 결정되어 있고 최선의 정책수단을 결정해야 할 경우

3) 비용효과분석의 두 가지 유형

① 주어진 예산의 범위(투자액 결정)에서 가치의 극대화나 비가치의 극
   소화 목적

  예 일정액수의 예산으로 특정 문제의 해결이 목적이거나, 주어진 예
   산으로 최대의 산출을 생산할 수 있는 대안의 선택 목적

② 특정 산출수량을 생산할 수 있는 대안 중 최소 비용의 대안 선택

비용효과분석은 단위원가 중심의 접근 방법으로서 단위원가 최소화되는
대안을 선택한다.

$$단위원가 = \frac{대안 \ 수행의 \ 소요 \ 비용 \ + \ 사회 \ 부담 \ 비용}{예상 \ 효과의 \ 수량}$$

2. 비용편익 분석과의 차이

적용영역과 가정 자체의 엄격한 차이에도 불구하고 비용편익 분석과 비용효과 분석은 혼용되는 경향이 있다.

1) 계량화의 차이

〈표 25〉비용편익과 비용효과의 측정

구분	비용편익 분석	비용효과 분석
측정 수단	화폐가치(반드시)	수량, 시간, 인원 등
측정의 용이성	가치 환산이 용이치 않음	비교적 용이

비용편익 분석은 효과로 나타난 결과(예 교육 이수 인원)를 금전적 가치로 환산해야 하는 복잡한 과정이 필요한데, 이것이 비용효과 분석과의 주요한 차이점이다. 그러나 비용효과 분석에서도 결과를 반드시 금액으로 나타내지 않는 것은 아니다.

2) 목적 및 적용대상의 차이

비용편익 분석은 서로 다른 분야 간의 투자 우선순위 분석에 주로 사용되나, 비용효과분석은 특정한 단일 정책에 대한 효과 극대화의 수단 선택시 많이 사용된다.

3) 적용의 용이성

비용편익 분석은 운영예산과 관련된 의사결정에는 사용하기 곤란하고 대규모 SOC 사업 등 자본예산사업에 적용이 국한된다. 이는 화폐로의 가치 환산에 주관적 요인, 개인 선호의 개입 가능성이 있기 때문이다. 비용효과 분석은 자본예산과 운영예산 의사결정 모두에 사용 가능하고 실제적인 예산 의사결정에 사용이 용이하다.

3. 비용효과 분석의 절차와 사례

비용효과 분석은 앞에서 살펴본 바와 같이 실용성은 높으나 상대적으로 규모가 작은 사업과 활동의 의사결정에 주로 사용되며, 경쟁적 대안 간의 선택에 사용된다. 또한 측정 가능 부분은 계량화하고, 측정이 곤란한 부분은 그 상태로 의사결정 상황에서 고려한다.

1) 비용효과분석의 절차

① 모든 자본비용의 금액과 발생 시기 확인
② 사업 존속 기간 중의 운영경비 추산
③ 사업 존속기간 중의 측정 가능한 산출물의 추산
④ 현존하는 활동비용과 수입의 효과 추산
⑤ 비용과 측정가능한 산출물을 비교 가능하도록 현재가치로 할인
⑥ 사업 결과 발생할 비계량 비용과 편익을 실질적 방법으로 환산하여 의사결정에 반영

2) 적용사례 1

〈컴퓨터 시스템 설치〉 문제

어느 조직에서 컴퓨터 시스템의 설치에 관하여 여러 대안을 비교 결정하려 한다. 어떤 방식이 적절한지를 비용효과 분석을 통해 살펴본다.

〈제1안〉의 비용과 효과분석
• 비용 = 컴퓨터시스템 가격, 유지비용, 운영에 따른 인건비, 기타 간접경비
• 효과 = 컴퓨터시스템 수명 5년
• 비용의 현재가치: 250,000,000원

〈제2안〉의 비용과 효과분석

• 비용 = 컴퓨터시스템 가격, 유지비용, 운영에 따른 인건비, 기타 간접경비

• 효과 = 컴퓨터시스템 수명 8년

• 비용의 현재가치: 480,000,000원

〈비용효과분석의 결과와 의사결정〉

대안의 성격이 유사하고, 정책대안이 아닌 조직운영에 관한 의사결정이며, 한 종류의 편익만 발생하므로 비용효과 분석이 적절하다고 볼 수 있다.

<제1안>의 단위원가 = 250,000,000 / 5년 = 50,000,000원

<제2안>의 단위원가 = 480,000,000 / 8년 = 60,000,000원

∴ 단위원가가 <제1안>이 낮기 때문에 <제1안>을 선택한다.

3) 적용사례 2

〈우이천 교량 건설문제〉

우이천에 보행자용 교량을 건설하기 위한 대안검토를 한 결과 두 가지 대안이 도출되었고 비용효과 분석을 하고자 한다.

〈표 26〉 교량건설 대안비교

대안	수명(년)	건설비용(만원)	유지비용(년, 만원)	이자율(%)
가. 목재교량	25	8,000	400	6
나. 철재교량	50	16,000	200	6

(1) 현재가치의 비교

목재와 철재교량 두 대안에 소요되는 건설비용과 유지비용의 총합을 현재가치로 전환시켜 비교를 해야 한다. 그런데 교량의 수명이 목재는 25년, 철재는 50년이므로 비교를 위해서는 목재교량을 25년 후에 한 번 더 건설하는 것으로 가정해야 철재교량과의 비교가 가능하다.

(2) 일시지출과 계속지출

미래가치를 현재가치로 전환하는 과정에서 고려해야 할 사항은 미래투자가 일시적인 지출인가, 유지비처럼 계속적으로 지출해야 하는 성격의 지출인가의 문제이다. 교량건설의 경우, 목재교량 비교를 위해서 25년 후에 한 번 더 건설한다는 것을 가정한다면 25년 후에 8,000만원을 일시지출하는 것이므로 25년 후의 8,000만원을 현재가치로 전환시켜 합산해 주어야 할 것이다.

한편 유지비용의 경우 50년 간 지속적으로 매년 지출해야 하는 비용이므로 이러한 50년 간의 계속지출을 현재가치로 전환시켜 주어야 한다. 일시지출과 계속지출의 현재가치로 전환과정에서 중요한 변수는 이자율이다.

미래의 일시지출과 계속지출을 현재가치로 전환시키는 간단한 방법으로 부록에 첨부한 표를 이용하는 것이다. 먼저 일시지출인가, 계속지출인가의 성격을 구분한 후, 일시지출-현재가치 요인점수표(SPPW: single payment present worth factor)와 계속지출-현재가치 요인점수표(USPW: uniform series present worth factor)에 나타난 연수와 이자율이 만나는 지점의 숫자가 현재가치의 요인점수가 되는 것이다.

(3) 실제 분석과정

① 목재교량

(건설비용) 8,000만원 + (25년 후의 2차 건설비용) 8,000만원×
(SPPW, $i=6\%$, $n=25$) + (유지비용) 400만원(USPW, $i=6\%$, $n=50$)

= 8,000만원 + 8,000만원(0.233) + 400만원(15.762)

= 161,68만원

② 철재교량

(건설비용) 16,000만원 + (유지비용) 200만원 (USPW, $i=6\%$, $n=50$)

= 16,000만원 + 200만원(15.762)

= 19,152만원

③ 결론

목재교량의 효과성이 더 높다.

여기서 만일 25년 후에 목재교량을 재건축한다고 가정할 때, 재건축 기간(예 1달) 동안 교량을 폐쇄해야 한다면, 그 기간 동안의 차량 우회비용 등을 고려해야 하므로 비용효과분석의 결론이 달라질 수도 있다.

0%와 100%는 생각의 중력

당첨확률이 0%인 로또는 아무도 구매하지 않을 것이다. 만약 당첨확률이 0.,00001%로 올라간다면 사람들은 로또를 구매할까? 일반적으로 0%와 0.,00001% 간의 차이는 거의 무시해도 될 수준으로 보인다. 로또의 당첨확률 (814만분의 1)을 백분율로 환산해 보면 0.00001%에 불과하다. 벼락 맞을 확률(50만분의 1)보다 낮은 당첨확률에도 기꺼이 지갑을 여는 사람들로 인해 우리나라 로또 판매 금액은 매주 수백억에 이른다.

이처럼 객관적으로 실제 발생할 가능성이 매우 낮음에도 불구하고, 주관적으로 발생 가능성을 필요 이상으로 과대평가하는 경향을 '가능성 효과'라고 한다. 다음을 보자.

A. 1억원을 받을 확률이 0%에서 5%로 상승.
B. 1억원을 받을 확률이 5%에서 10%로 상승.

A와 B 모두 1억원을 받을 확률이 5%포인트 높아졌다. 하지만 A의 경우 전혀 기대하지 않았던 상황에서 운만 좋으면 1억원을 받을 수 있다는 기대감이 생겼다는 점에서 우리의 뇌는 특별한 의미를 부여한다. 그러나 B는 1억원을 받을 확률이 수학적으로 두 배나 높아졌음에도 불구하고 심리적 기대감이 곧바로 두 배로 커지진 않는다. 이처럼 객관적으로 동일한 수치의 변화라도 우리의 뇌에서 받아들이는 가중치는 기준점에 따라 다르다. 위와 유사하지만 기준점이 다른 예를 보자.

C. 1억원을 받을 확률이 90%에서 95%로 상승.
D. 1억원을 받을 확률이 95%에서 100%로 상승.

C와 D 역시 확률적 변화량은 각각 5%포인트로 동일하다. 하지만 우리의 뇌가 주관적으로 느끼는 가치는 C보다 D가 더욱 크다. C와 같이 1억원을 받을

확률이 95% 수준으로 아무리 높다고 해도 운이 나쁘면 한 푼도 못 받을 가능성이 여전히 존재한다. 반면에 D는 그러한 불안감이 완전히 해소되기 때문에 동일한 변화량이라도 우리의 뇌는 D에 더 큰 가중치를 부여한다.

이처럼 실제 발생할 가능성이 매우 높음에도 불구하고 100% 확실하지 않다면 객관적 발생 확률보다 주관적으로 느끼는 발생 확률을 낮게 평가하는 경향을 '확실성 효과'라 한다. 즉 가능성 효과로 인해 우리의 뇌는 실제 발생 가능성이 낮은 확률을 과대평가하는 반면, 확실성 효과로 인해 실제 발생 가능성이 높은 확률을 과소평가하는 것이다. 가능성 효과와 확실성 효과는 손실 상황에서도 동일하게 작동한다. 다음을 보자.

E. 1억원을 잃을 확률이 0%에서 5%로 상승.
F. 1억원을 잃을 확률이 5%에서 10%로 상승.
G. 1억원을 잃을 확률이 90%에서 95%로 상승.
H. 1억원을 잃을 확률이 95%에서 100%로 상승.

E와 F는 손실 가능성이 각각 5%포인트씩 동일하게 증가하였다. 하지만 손실 가능성이 0%인 상황에서 일단 손실 가능성이 생겼다는 점에서 우리의 뇌가 느끼는 주관적 가중치는 F에 비해 E가 더욱 크다. 마찬가지로 G와 H 모두 손실 가능성이 90% 이상으로 높기는 하지만 100% 손실을 확정시킨 H의 변화에 더 높은 가중치를 부여한다.

우리의 뇌는 불확실성을 제거해주는 숫자에 본능적으로 끌린다. 0%와 100%는 '확실성 선호'라는 인간의 본능적 욕구와 닿아 있기 때문에 이 지점의 변화에 우리의 뇌는 더 민감하게 반응한다. 이로 인해 사람들은 완전히 불가능하다고 여기는 0%에서 일말의 가능성을 여는 최초의 도전에 주목한다. 또한 불확실한 세상에서 100% 확실성을 보장하는 것에 더 많은 가치를 부여한다. 0%와 100%는 마치 우리의 뇌에 작동하는 '생각의 중력'과 같다.

출처: 최승호의 생각의 역습, 중앙SUNDAY 제394호 2014.9.28.~2014.9.29.

1. 비용편익 분석은 장기적 안목에서 사업의 타당성과 사업의 우선순위를 판단하기 위한 개념적 틀이며 경제적 분석기법이다. 이는 특정한 대안의 수행의 결과로 발생하는 투입비용과 손실의 모든 비용을 그로부터 발생하는 모든 수익과 비교하여 타당성과 대안의 비교를 가능하게 하는 정보를 얻기 위해 실시하는 체계적인 분석기법이다.

2. 비용편익 분석방법은 환산된 현재가치의 비교를 통한 투자 접근 방법으로 서로 다른 시점의 가치를 이를 현재의 가치로 일치시켜 환산한다. 현재가치로 환산 시 적용되는 상이한 할인율은 투자 판단의 결정적 영향을 주게 된다. 이처럼 중요한 개념인 할인율은 민간할인율, 사회적 할인율, 자본의 기회비용이 있다. 이 중에서 공공사업에서는 사회적 할인율을 주로 사용한다.

3. 비용편익 분석의 장점으로는 투자와 사업예산의 우선순위 결정에 체계적·분석적 기법을 제공하고 객관적 기준에 의한 대안 선택을 가능하게 한다는 점이다. 또한 복잡한 다차원적 기준을 화폐 가치로 단순화하는 등 다른 분석 방법에 비해 이론 구성의 우수성이 있다.

4. 반면에 비용편익 계산의 어려움이 있는데, 이는 공통원가와 무형의 가치에 대한 계산의 어려움과 화폐가치로 환산하기 어려운 분야의 적용 소홀, 그리고 지나친 화폐가치 의존으로 분석의 신뢰도가 저하될 수 있다.

5. 비용효과 분석의 사용 배경으로는, ① 사회편익의 계량화 모호, ② 편익이 변하지 않고 불변의 상황, ③ 의사결정의 관심이 효과성에 집중되는 경우, ④ 정책목표가 결정되어 있고 최선의 정책수단을 결정해야 할 경우가 있다.

6. 비용효과 분석기법은 정책목표가 결정되어 있고 정책의 목표를 달성하기 위해 최선의 정책 수단을 결정할 때 사용되며, 한 정책의 효과를 극대화할 수단의 선택을 위해 사용되는 분석방법이다.

7. 비용편익 분석과 비용효과 분석의 차이점

비용편익 분석	비용효과 분석
대안으로 인한 편익 - (대안의 수행에 직접 소요되는 비용+대안으로 인해 사회가 부담해야 하는 비용)	(대안의 수행에 직접 소요되는 비용+대안으로 인해 사회가 부담해야 하는 비용)/예상되는 효과의 수량=단위원가
서로 다른 투자대안의 비교 선택의 결정 방식	특정한 정책의 효과를 극대화할 수단의 선택 시 사용
사업의 성과는 사업 목표의 달성의 정도 (효과의 관점)	사업의 성과는 투입 비용 대비 산출 편익 (효율의 관점)
운영 예산의사결정에 사용하기 어려움	자본예산+운영예산의사결정 모두 상대적으로 사용 용이
실제 예산의사결정에서 사용이 용이하지 않음	실제 예산의사결정에서 사용하기 용이함
화폐가치(반드시 측정 가능)	수량, 시간 인원 등(반드시 화폐가치로 환산이 가능하지 않음)
측정이 화폐 가치로 환산해야 하므로 용이하지 않음	측정이 비교적 용이

01 다음 중 비용편익 분석에서 비용의 계산에 포함되지 않는 것은 무엇인가?

① 직접 비용

② 유형적 비용

③ 기회비용

④ 특별 손실비용

02 다음 중 대안비교의 평가 기준으로 해당되지 않는 것은?

① 편익비용비

② 미래가치비

③ 내부수익률

④ 순현재가치

03 비용편익 분석 방법에서 통상적으로 분석은 언제 이루어지는가?

① 비용의 발생 이후

② 편익의 발생 이후

③ 비용과 편익의 발생 이전

④ 발생과 동시

정답   01 ④ 02 ② 03 ③

04 비용효과 분석 방법이 사용되는 배경으로 적합지 않은 것은?

① 사회편익이 계량화하기 곤란할 때

② 편익이 변하지 않을 때

③ 의사결정이 효과성에 집중되어 있을 때

④ 서로 다른 대안들 중에 사회적으로 적합한 것을 선택해야 할 때

05 비용편익 분석과 비용효과 분석 방법의 구분으로 틀린 것은?

① 비용편익 방법은 모두 화폐가치로 환산해야 한다.

② 비용효과 방법도 비계량 가치를 화폐가치로 환산해야 한다.

③ 비용편익 방법은 서로 다른 분야 간의 투자 우선순위를 분석한다.

④ 비용효과 방식은 단일 정책에 사용한다.

06 다음 중 비용편익 분석의 특징이 아닌 것은?

① 개별 투자 사업을 평가하는 경제적 분석의 한 단위이다.

② 사회비용과 사회 편익의 관점에서 분석한다.

③ 편익과 비용을 단기적이고 단편적 관점에서 평가한다.

④ 현실적 측면을 고려한 실무적인 측정 방법이다.

정답   04 ④   05 ②   06 ③

게임이론(Game Theory)

시장점유율

동일 업종 두 회사가 동일 시장에서 경쟁을 하고 있으며 현재 각 회사는 새
로운 제품의 추가 생산 가능성을 검토하고 있다. 각 회사는 새 제품도입 여부
를 조만간에 결정해야 한다.

두 회사를 중심으로 본 시장점유율 변화율은 다음과 같다.

		B회사	
		새제품 도입(B_1)	새제품 도입 안 함(B_2)
A회사	새제품 도입(A_1)	+2/-2	+6/-6
	새제품 도임 안 함(A_2)	-4/+4	0/0

제한된 시장규모에서 동일 업종 2개의 회사만이 경쟁하는 상황이기 때문에,
A회사 점유율이 증가하면 자동적으로 B회사 점유율은 감소하는 상황이다.

>> 생각해보기

이러한 상황에서 여러분이 A 혹은 B회사의 CEO라면 어떤 전략을 선택하겠는가? 그리고
최종적인 점유율 결과는 어떻게 나타날까?

1절 서론

게임이론은 1944년 노이먼(J.V.Neumann)과 몰겐스턴(O.Morgenstern)에 의해 소개되었는데 이는 경쟁적 상황에서 어떠한 전략의 선택이 가장 바람직한 이득을 가져오는지에 대한 체계적 접근에 관한 이론이다. 현대사회에서 경쟁은 불가피한 면이 있는데, 서로 상충되는 이해관계를 가진 둘 이상의 개인이나 집단 혹은 국가가 내리는 의사결정을 설명하는 데 유용성이 나타난다. 또한 앞으로도 모든 영역에서 경쟁은 가중되리라고 본다면 잠재적 적용가능성과 응용성이 높은 이론이며, 특히 국제경제학, 정치학에서 많이 활용된다.

2절 게임이론의 기본 가정

1. 갈등적 상황 하의 의사결정

일반 의사결정은 확률적이며, 고정적인 자연 상태에서 결정된다고 볼 수 있다. 그러나 경쟁상대가 있는 상황에서의 의사결정은 갈등적 상황에서의 의사결정을 의미한다. 여기에는 경쟁자의 수, 이해관계의 정도, 경쟁자들의 기본적 심리 특성, 경쟁 관계에 있는 한 당사자가 상대방에 부여할 수 있는 강제력의 크기, 선택된 노선의 시기적절성(타이밍), 연합과 역 연합의 가능성, 정보의 이용가능성 등 다양한 요소에 의해 의사결정의 내용과 결과가 달라진다.

2. 게임이론의 가정

① 게임 참여자는 합리적이고 지능적으로 행동한다.

② 게임 참여자는 이익을 극대화하고 손실을 최소화하고자 노력한다.

③ 참여 당사자 모두가 적절한 수준의 정보를 가지고 있다.

④ 게임 참여자는 상대방과 직접적 의사소통을 하지 않은 상태에서 개인적 의사결정을 한다.

⑤ 게임의 양측 참여자는 동시에 그들의 행동 노선을 결정한다.

⑥ 이득은 구체적으로 승패, 무승부 형태로 나타나며, 금전, 명예의 상실 혹은 취득 등으로 표현된다.

⑦ 행동 대안은 의사결정자가 취할 수 있는 전략(strategy)을 의미한다.

위의 가정들을 게임 상황에 대입하여 간단히 표현하면 다음과 같다.

① 자신의 목표달성을 위하여 택할 수 있는 전략을 일반적으로 두 가지 이상 가지고 있으며,

② 상대방이 택할 전략에 어떠한 것이 있는지도 알고 있지만,

③ 상대방이 그 중에서 어떤 전략을 택할지는 알지 못한다고 가정한다.

3절 게임이론의 구성요소와 종류

1. 구성요소

게임이론에 사용되는 개념들과 의미는 다음과 같다.

첫째, 게임에 참여하는 개인 또는 단체를 참여자라고 한다. 게임이론에서
는 참여자가 몇 명인가가 중요하다.

둘째, 게임의 정보이다. 게임이론에서 정보란 대안과 전략 그리고 수익에
영향을 미칠 수 있는 모든 것들을 말한다. 자신이 선택할 수 있는
전략에는 어떤 것이 있는지, 어떤 것을 선호하는지, 상대방이 사용
가능한 전략에는 어떤 것이 있는지, 어떤 것을 기피하는지, 또한
그에 따른 수익은 어떻게 달라지는지 등을 의미한다.

셋째, 전략 또는 대안이다. 전략은 게임에 참여하는 참여자가 게임에서
사용할 수 있는 방책 또는 의사결정을 말한다. 대안 또는 전략을
선택하는 의사결정의 내용과 방법이 중요하다.

넷째, 게임성과이다. 참여자가 의사결정을 한 경우 게임의 결과에 따른
수익을 말한다.

다섯째, 전략기준이다. 참여자가 게임에 이기기 위해 사용하는 원칙을 말
한다. 이는 게임에서 대안을 선택하는 의사결정의 기준으로 사용
된다.

2. 게임의 종류

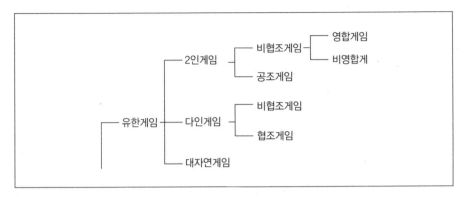

[그림 10] 게임의 종류

　　게임에는 참여자의 수에 따라 유한게임과 무한게임으로 나눌 수 있다. 유한게임에도 다수가 참여하는 다인게임과 2인 게임으로 나눌 수 있으며, 2인 게임도 서로 경쟁 상황을 가정하는 비협조 게임과 공조게임이 있다. 여기서는 2인 게임 중 비협조 게임 상황을 중심으로 그 논리를 살펴보고자 한다.

4절 영합 게임(Zero-sum Game)

영합(zero-sum) 게임은 2인 게임 중 비협조 게임의 한 상황이다. 이는 게임의 결과에 따라 나의 이익이 정확히 상대방의 손실, 나의 손실이 상대방의 이익이 되는 경우이며, '나의 이익(손실) + 경쟁자 손실(이익) = 0'이 되는 게임을 의미한다. 두 사람은 서로 갈등적인 경쟁 관계이고, 한편의 이익은 다른 한편의 손실을 가져온다.

1. 시장점유율 영합게임

사례-30 | 시장점유율 사례 〈해〉

소도시에서 동일 업종 두 회사가 동일 시장을 놓고 경쟁을 벌이고 있다. 각 회사는 현재 새로운 제품의 추가 생산 가능성을 검토하고 있는 중이다. 즉, 새 제품을 도입하든지, 안 하든지 결정해야 된다. A 회사의 점유율이 높아진다면, B회사의 점유율이 떨어진다는 것을 의미한다.

두 회사를 중심으로 본 시장 점유율, 증감률을 표시하면 다음과 같다.

		B회사	
		새제품 도입(B_1)	새제품 도입 안 함(B_2)
A회사	새제품 도입(A_1)	+2/-2	+6/-6
	새제품 도입 안 함(A_2)	-4/+4	0/0

① 게임 전략

논리적으로 볼 때 A사는 B사가 어떤 전략을 선택할 것인가를 고려해야 한다. B가 B_1을 선택 한다면 전략 A_1을 사용하여 2% 시장 점유율을 증가 시킬 수 있고, B가 B_2를 선택 한다면 역시 A_1을 선택하여 6% 시장점유율의 증가를 가져올 수 있다.

따라서 B가 B₁을 혹은 B₂를 선택하던 A는 A₁을 선택할 것이다. 이와 같이 상대방이 어떤 전략을 선택하건 관계없이 어느 한 전략의 이득(pay off)이 다른 전략의 이득보다 더 바람직하거나 최소한 동일할 때 전자가 후자를 지배하고 이것을 **지배 전략**이라고 한다.

한편, B사 입장에서는 A사가 A₁을 선택할 것이라고 판단하면, B₁을 선택하여 시장점유율을 2% 감소를 감내하게 된다. 이는 만약 B₂를 선택한다면 6% 시장점유율이 감소될 수 있기 때문이다. 따라서 B₁을 선택하여 손실 최소화를 도모해야 한다.

② 순수전략과 게임값

의사결정자의 입장에서 어느 한 전략이 다른 전략을 지배할 때 이를 **순수전략**(앞에서 A₁/B₁이 순수전략)이라고 한다. 이 경우 A₁, B₁이 최적 전략이며, 이때 각 회사에서 기대되는 결과 값, 즉, **게임 값**(game value)은 2% 증가(A회사) 2% 감소(B회사)이다.

③ 안장점(saddle point)

제로섬 게임에서 게임 참여자 2인이 순수전략을 채택한 결과, 한 참여자의 순수전략 성과와 상대방의 순수전략 손실이 같은 지점을 **안장점**이라고 한다. 게임 참여자 2인이 모두 순수전략을 채택하면 모두 한 결과에 귀착하게 되어 더 이상 전략 수정이 필요없다고 볼 수 있다.

④ 맥시민과 미니맥스

영합 게임에서 순수전략의 안장점을 구하는 방법으로는 맥시민(Maximin) 기준과 미니맥스(Minimax) 기준이 사용된다.
- 맥시민 기준: 이익의 입장에서는 최소이득 값 중에서 최대값을 구함
- 미니맥스 기준: 손실의 입장에서는 최대손실 값 중에서 최소값을 구함

		B회사		A회사의 최대값 (행의 최소값)
		새제품 도입 (B₁)	새제품 도입 안 함(B₂)	
A회사	새제품 도입 (A₁)	+2/-2	+6/-6	+2(Maximin)
	새제품 도입 안 함(A₂)	-4/+4	0/0	-4
B회사의 최대값 (열의 최대값)		-2(Minimax)	-6	

- A회사 A_1 선택 → 최소이익 +2% / A_2선택 최소이익 -4% 감소
  B회사 B_1 선택 → 최대손실 -2% / B_2선택 최대손실 -6%

순수 전략 게임의 경우 순수전략 해 = 균형점이며, 이때 행의 최소치와 열의 최대치는 동일하여 안장점이 되며, 게임 값은 2%이다.

2. 수강생 유치 영합게임

수강생 유치전략

지방 대도시에 국가공인자격증 취득 교육기관인 A학원과 B학원이 있는데 서로 수강생 유치를 놓고 경쟁하는 사이다. A학원은 최근 수강생 감소에 대한 전략회의 끝에 수강료를 감면하는 세 가지 안을 검토하기 시작하였다. 제1안은 수강료를 현재보다 30% 감면하는 안이고, 2안은 20%, 3안은 10%를 감면해주는 안이다. 즉, 수강생 확보를 위해 수강료를 인하하는 쪽으로 전략의 방향을 잡은 것이다. 이러한 정보를 입수한 B학원에서는 역시 대책회의를 개최한 결과 여러 가지 형편상 A학원처럼 수강료를 인하하기는 어렵고, 대신 교육의 질을 높이고 이에 대한 대대적인 홍보를 하는 방식으로 대처하기로 하였다. 홍보방식은 1안은 지역 TV광고, 2안은 온라인 광고, 3안은 지역신문에 광고를 내는 방안이다.

각 학원의 전략에 따른 A학원을 중심으로 본 학생 수 증가율(또는 B학원의 학생 수 감소율)은 <표 27>과 같다.

〈표 27〉 A학원 입장에서의 수강생수 증가율

A \ B	TV 광고 (B_1)	온라인 광고 (B_2)	신문 광고 (B_3)
전략 1 (30% 감면)(A_1)	12	13	14
전략 2 (20% 감면)(A_2)	10	11	12
전략 3 (10% 감면)(A_3)	7	10	11

1) 순수전략

A학원의 입장에서 최적전략 혹은 순수전략은 무엇일까?

첫째, A학원의 순수전략을 찾기 위해서는 B학원이 각 대안을 선택하는 경우에 A학원에 가장 높은 성과를 보장하는 전략을 선택해야 한다. 우선, B가 TV광고 전략 B_1을 사용할 때는, A가 전략 1을 선택할 경우의 증가율은 12, 전략 2를 선택할 경우의 증가율은 10, 전략 3을 선택할 경우의 증가율은 7이다. 따라서 A학원은 가장 큰 성과인 12를 얻는 전략 A_1을 선택한다.

둘째, B가 온라인 광고전략 B_2를 사용할 때는, A가 전략 1을 선택할 경우의 증가율은 13, 전략 2를 선택할 경우의 증가율은 11, 전략 3을 선택할 경우의 증가율은 10이다. 따라서 A는 가장 큰 성과인 13을 얻는 전략 A_1을 선택한다.

셋째, B가 신문광고 전략 B_3를 사용할 때, A가 전략 1을 선택할 경우의 증가율은 14, 전략 2를 선택할 경우의 증가율은 12, 전략 3을 선택할 경우의 수익은 11이다. 따라서 A는 가장 큰 성과 14를 얻는 전략 A_1을 선택한다.

이상에서 B학원이 어떤 전략을 사용하더라도 A는 언제나 수강료 30% 감면의 A_1전략을 사용하는 것이 최선의 전략임을 알 수 있다. 따라서 A_1 전략을 선택하는 것이 순수전략이다.

2) 안장점

첫째, A학원의 순수전략은 전략 A_1이었다. 그렇다면 B학원의 순수전략은 어떻게 될까? A의 경우와 마찬가지 방법으로 B의 순수전략을 구할 수 있다. 첫째, A가 전략 A_1을 사용할 때, B가 TV광고를 선택할 경우(전략 B_1)의 증가율은 -12, 온라인 광고전략을 선택할 경우(전략 B_2)의 증가율은 -13, 신문 광고를 선택할 경우(전략 B_3)의 증가율은 -14이다. 따라서 B는 가장 손실이 적은 -12의 TV 광고전략 B_1을 선택해야 한다.

둘째, A가 전략 A_2를 사용할 때, B가 전략 B_1을 선택할 경우의 수강생 증가율은 -10, 전략 B_2를 택할 경우의 증가율은 -11, 전략 B_3를 선택할 경우의 증가율은 -12이다. 따라서 B는 가장 적은 손실인 -10을 갖는 전략 B_1을 선택한다.

셋째, A가 전략 A_3를 사용할 때, B가 TV광고를 선택할 경우(전략 B_1)의 증가율은 -7, 온라인 광고전략을 선택할 경우(전략 B_2)의 증가율은 -10, 신문광고를 선택할 경우(전략 B_3)의 증가율은 -11이다. 따라서 B학원 가장 적은 손실인 -7을 갖는 TV 광고전략 B_1을 선택한다.

A가 어떤 전략을 사용하더라도 B는 언제나 B_1 전략을 사용하는 것이 최선의 전략임을 알 수 있다. 따라서 B_1 전략, 즉 TV광고 전략을 선택하는 것이 순수전략이다.

이상에서 A는 순수전략으로 A_1전략을, 그리고 B는 순수전략으로서 B_1전략을 채택하였다. 그 결과 A는 A_1전략을 선택함으로써 12만큼 수강생이 증대하게 되고, B는 B₁전략을 선택함으로써 12만큼 수강생이 감소하게 된다. 이때 A₁전략과 B₁전략이 만나는 지점이 안장점이 되고 그 값을 게임값(game value)이라고 한다. <표2>에서 A의 A₁전략과 B의 B₁전략이 만나는 지점, 즉 안장점의 값은 12이다.

3) 맥스민과 미니맥스 기준

영합게임에서 순수전략의 안장점을 구하는 방법으로는 맥시민(Maximin) 기준과 미니맥스(Minimax) 기준이 사용된다. 우선 맥시민 기준이란 의사결정이론의 맥시민과 같은 기준으로서, 각 전략의 성과들 중에서 최악의 성과를 비교하여 그 중 최선의 성과를 가질 수 있는 대안을 선택하는 방법이다. 맥시민 기준으로 순수전략을 구하기 위해서는 우선 가장 비관적인 입장에서 생각하도록 한다. 즉, 이익을 보는 사람의 입장에서는 최소값(최악의 경우)에서 최대값(이익을 최대로)을 구하는 것이다. <표 28>에서 A의 전략에 따른 최악의 경우는 각 행의 최소값으로 나타나고, 그 중 가장 큰 최대값인 12가 최선의 선택이다. 따라서 A₁이 순수전략임을 알 수 있다.

미니맥스 기준으로 순수전략을 구하기 위해서는 우선 가장 낙관적인 입장에서 생각하도록 한다. 즉 손실을 보는 사람의 입장에서는 최대값(최악의 경우)에서 최소값(손실을 최소로)을 구하는 것이다. <표28>에서 B의 전략에 따른 최악의 경우는 각 열의 최대값으로 나타나고, 그 중 가장 적은 최소값인 12가 최선의 선택이 된다. 따라서 B₁이 순수전략임을 알 수 있다.

A \ B	TV 광고 B₁	온라인 광고 B₂	신문광고 B₃	A의 최악의 경우 (각 행의 최소값)
전략 1(30% 감면) A₁	12	13	14	12 Maximin
전략 2(20% 감면) A₂	10	11	12	10
전략 3(10% 감면) A₃	7	10	11	7
B의 최악의 경우 (각 열의 최대값)	12 Minimax	13	14	

이익을 보는 A의 입장에서는 맥시민 기준을 사용한다.

첫째, A가 전략 A_1을 사용하는 경우, B가 B_1전략을 사용하면 수익은 12, B_2전략을 사용하면 수익은 13, B_3전략을 사용하면 수익은 14가 된다. 12, 13, 14의 수익 중 가장 적은 경우는 12이므로, <표 28>의 제일 오른쪽 위에서 첫 번째 칸은 A의 최악의 경우를 나타내는 12를 표기한다.

둘째, A가 전략 A_2를 사용하는 경우, B가 B_1전략을 사용하면 수익은 10, B_2전략을 사용하면 수익은 11, B_3전략을 사용하면 수익은 12가 된다. 10, 11, 12의 수익 중 최악의 경우는 10이므로, <표 28>의 제일 오른쪽 위에서 두 번째 칸은 A의 최악의 경우를 나타내는 10을 표기한다.

셋째, A가 전략 A_3를 사용하는 경우, B가 B_1전략을 사용하면 수익은 7, B_2전략을 사용하면 수익은 10, B_3전략을 사용하면 수익은 11이 된다. 7, 10, 11의 수익 중 최악의 경우는 7이므로, <표 28>의 제일 오른쪽 위에서 세 번째 칸은 A의 최악의 경우를 나타내는 7을 표기한다.

이상에서 A의 최악의 경우는 전략 A_1일 때 수익은 12, 전략 A_2일 때 수익은 10, 전략 A_3일 때 수익은 7이므로, 맥시민 기준을 적용하면 최악의 상황에서 최대값은 12이고 이는 전략 A_1을 채택할 때이다. 즉 <표 28>에서 A의 최악의 경우를 나타내는 제일 오른쪽 세 칸의 숫자 12, 10, 7 중 최대값이 12이므로 전략 A_1을 순수전략으로 하는 것이다.

다음, 손실을 보는 B의 입장에서는 미니맥스 기준을 사용한다.

첫째, B가 전략 B_1을 사용하는 경우, A가 A_1전략을 사용하면 손실은 12, A_2전략을 사용하면 손실은 10, A_3전략을 사용하면 손실은 7이 된다. 12, 10, 7의 손실 중 최악의 경우는 12이므로 <표 28>의 제일 아래 왼쪽에서 첫 번째 칸에 12를 기입한다.

둘째, B가 전략 B_2를 사용하는 경우, A가 A_1전략을 사용하면 손실은 13, A_2전략을 사용하면 손실은 11, A_3전략을 사용하면 손실은 10이 된다. 13, 11, 10의 손실 중 최악의 경우는 13이므로 <표 28>의 제일 아래 왼쪽에서 두 번째 칸에 13을 기입한다.

셋째, B가 전략 B_3를 사용하는 경우, A가 A_1전략을 사용하면 손실은 14, A_2전략을 사용하면 손실은 12, A_3전략을 사용하면 손실은 11이 된다. 14, 12, 11의 손실 중 최악의 경우는 14이므로 <표 28>의 제일 아래 왼쪽에서 세 번째 칸에 14를 기입한다.

이상에서 B의 최악의 경우는 전략 B_1일 때 손실은 12, 전략 B_2일 때 손실은 13, 전략 B_3일 때 손실은 14이므로, 미니맥스 기준을 적용하면 최악의 상황에서 최소값은 12이고 이는 전략 B_1을 채택할 때이다. 즉 <표 28>

에서 B의 최악의 경우를 나타내는 제일 아래쪽 세 칸의 숫자 12, 13, 14 중 최소값이 12이므로 전략 B_1이 순수전략이 되는 것이다.

따라서 A는 A_1전략을 순수전략으로 선택하여 12만큼 학생이 증가하게 되고, B는 B_1전략을 순수전략으로 선택하여 12만큼 학생 수가 감소하게 된다. 이때 A_1전략과 B_1전략이 만나는 지점이 안장점이 되고, 12가 게임값(game value)이 된다.

4) 혼합전략

순수전략이 성과표의 같은 지점에서 귀착되지 않을 때, 즉 안장점이 존재하지 않는 경우에는 맥시민과 미니맥스의 기준으로 게임이론의 최적해를 구할 수가 없다. 다음의 예를 보자. A시와 B시는 지역특산품 인삼을 직영으로 팔고 있다. 각 시는 시장점유율을 높이기 위한 전략을 수립하였는데, 각 전략에 따른 A시의 시장점유율의 변화가 <표 29>와 같다면 시장점유율을 최대로 할 수 있는 전략은 무엇일까?

〈표 29〉 인삼 시장점유율 문제

A시 ＼ B시	B_1	B_2
A_1	11	-8
A_2	-9	8

맥시민과 미니맥스 기준을 이용하여 안장점을 구해 보면 다음의 <표 29>에서 보는 바와 같이 보는 바와 같이 안장점이 존재하지 않음을 알 수 있다. A시의 최악의 경우는 맥시민 기준으로 −8과 −9이므로 최대값은 −8이 되고, B시의 최악의 경우는 미니맥스 기준으로 11과 8이므로 최소값은 8이 되는데, −8과 8은 같지 않으므로 안장점이 없고,

게임값이 존재하지 않는다. 안장점이 없다는 것은 결국 A시와 B시의 순수전략이 존재할 수 없음을 나타낸다. 그 이유는 A시와 B시 모두 상대방의 전략에 따라 계속적으로 전략을 수정하는 것이 최선의 전략이기 때문이다. 예를 들어 A시의 입장에서 B시가 B_1전략을 사용하면 A_1전략을 선택할 것이고(수익 11), B시가 B_2전략을 사용하면 A_2전략을 선택하는 것이(수익 8) 최선이기 때문이다. 반대로 B시의 입장에서는 A시가 A_1전략을 사용하면 B_2전략을 선택해야 하고(B시 입장에서 손실 -8 또는 수익 8), A시가 A_2전략을 사용하면 B_1전략을 선택해야 하기(B시 입장에서 손실 -9 또는 수익 9) 때문이다.

〈표 30〉 인삼 문제 해제

A시 ＼ B시	B_1	B_2	A시 최악의 경우 (행의 최소값)
A_1	11	-8	-8 Maximin
A_2	-9	8	-9
B시 최악의 경우 (열의 최대값)	11	8 Minimax	

이처럼 안장점이 없는 경우의 영합게임은 혼합전략을 사용하여 최적해를 구한다. 혼합전략의 최적해는 각 전략을 택하는 확률에 따른 기대값을 계산하여 구하여야 한다. 즉, 혼합전략은 상대방이 어떤 대안을 택하더라도 차이가 없도록 나의 대안을 선택하는 것이다. 이를 구하는 구체적인 방법은 복잡한 확률수식을 동원해야 하기 때문에 여기에서는 생략하도록 한다.

5절 비영합 게임(Non Zero-Sum Game)

대부분의 시장 상황이 제로섬 게임적 상황은 아니다. 많은 경우 동종업계가 동반성장을 하는 경우도 있고 동반하락을 하는 경우도 많다. 이러한 상황을 비영합게임 상황이라고 하는데 비영합(논 제로섬) 게임에서는 나의 이득과 경쟁자의 이득이 모두 플러스(+)가 될 수도 있고 모두 마이너스(-)가될 수도 있다.

예를 들어, 삼성핸드폰에서 대대적으로 5G 핸드폰 광고를 한다면 LG회사의 5G 핸드폰도 저절로 판매가 증가될 수도 있다. 이는 꼭 상대방의 손실에 의한 것이 아닌 것이다.

1. 예1: 치킨 런(Chicken Run) 게임

치킨 런 게임이란 외길에서 최대속력으로 서로 상대방을 향해 차를 몰고가 비키지 않기의 담력 보상 행렬게임을 의미한다.

〈표 31〉 치킨 런 게임표

A → 충돌 ← B		A의 전략	
		비킴	안 비킴
B의 전략	비킴	-2억/-2억	-10억/+10억
	안 비킴	+10억/-10억	사망

이 게임에서는 두 사람 모두 안 비키는 전략이 지배적이라고 볼 수 있다. 상대방이 비키건 안 비키건 자신은 비키는 것이 보다 적은 손해를 입는 방법이다. 그럼에도 불구하고 상대방이 안 비킬 수도 있다는 것을 안다면 그도 안

비킬 것이다. 왜냐하면 담력게임에서는 치욕이나 명예상실이 가장 큰 부담요소이기 때문이다. 결국 이러한 이유 때문에 둘은 서로 비키지 않아 사망을 초래하게 된다. 이를 치킨 런 게임의 딜레마 현상이라고 한다.

1) 비영합 게임의 특성

일반적으로 비영합 게임(non zero−sum game)은 다음과 같은 세 가지 특성을 가진다.

① 각 경기자는 상대방 경기자와 협동하는 전략과 협동을 거절하는 전략 두 가지를 갖는다.

② 각 경기자는 모두 지배적 전략을 갖는데, 그것은 협동하지 않는 전략이다. 치킨 런 게임에서는 비키지 않는 전략이 지배적 전략이다.

③ 지배적 전략에 의한 균형해는, 각 경기자에게 그들이 피지배전략을 택할 때에 비균형 상황에서 얻을 수 있는 것보다 보통 더 나쁜 결과를 가져온다. 치킨 런 게임 상황에서는 둘 다 사망하는 결과를 가져오게 된다.

2) 극복방안

① **게임의 반복**: 경기가 되풀이될 경우 각 경기자들은 속임수나 무모한 고집은 앞으로의 협조 가능성을 봉쇄할 수 있음을 알게 된다. 즉, 한 번의 속임수로 얻은 가치보다 앞으로의 협조를 통해 얻을 수 있는 이익이 더 크면 각 경기자는 자동적으로 속임수를 쓰지 않게 된다.

② **상벌의 활용**: 안 비킨 자가 이겼을 때 패자는 승자에게 10억에 비견될 수 있는 보복을 가할 수도 있다고 가정하면, 보복이 고려된 게임의 보상표는 재구성될 수도 있다. 재구성된 보상구조에 따라 각

경기자는 상대방이 협조하면 자신도 협조하는 것이 자신에게 가장 좋다는 것을 알게 된다.

③ 리더십의 발휘: 경기자들의 딜레마가 계속 될 수도 있는 상황이 리더십의 발휘를 통해 조정되거나 해결되는 사례가 국제정치에서나 기업에서 종종 발견된다. 이 경우 리더의 역할은 자연스럽게 재력이나 권력, 혹은 사업의 규모가 가장 크거나 지위가 확고한 경기자가 떠맡게 된다.

3) 비영합 게임의 결과

비영합 게임에서는 영합게임에서와 같이 이득의 합이 항상 0이 되지 않는다. 또한 영합게임에서와 같이 참여자의 효용곡선이 동일하다는 가정을 하지 않는다. 따라서 결과표의 성과는 각 참여자에게 독자적으로 할당된다.

2. 예2: 인삼 광고의 예

A시는 지역 인삼의 시장점유율을 높이기 위해 A시 인삼축제 개최를 고려하고 있다. 역시 인삼 생산지인 B시는 이와 같은 정보를 입수하고, 이에 대응하여 TV방송에 대대적으로 B시 인삼 광고를 할 것을 고려하고 있다. 각 결정에 따른 시장점유율의 증감은 아래의 결과표 <표 32>와 같다. 현재 A시와 B시는 똑같이 시장점유율 30%를 차지하고 있다고 가정한다.

〈표 32〉 비영합게임 전략표

A시＼B시	TV광고를 하지 않는다.	TV광고를 한다.
인삼축제를 개최하지 않는다.	(2, 2)(A, B)	(-15, 5)(A, B)
인삼축제를 개최한다.	(5, -15)(A, B)	(-10, -10)(A, B)

1) 순수전략

① A시

A시의 입장에서 B시가 TV광고를 안 할 경우, 인삼축제를 개최하지 않으면 2의 시장점유율이 증가하고 인삼축제를 개최하면 5의 시장점유율이 증가하므로, 인삼축제를 개최하는 것이 유리하다. 만약 B시가 TV광고를 할 경우에는, 인삼축제를 개최하지 않으면 15의 시장점유율이 감소하고, 축제를 개최하면 10의 시장점유율이 감소하므로, 인삼축제를 개최하는 것이 유리하다. 즉 B시가 TV광고를 하든 하지 않든 상관없이, A시는 무조건 인삼축제를 개최하는 의사결정이 최선의 선택이다.

② B시

B시의 입장에서 A시가 인삼축제를 개최하지 않을 경우, TV광고를 하지 않으면 2의 시장점유율이 증가하고 TV광고를 하면 5의 시장점유율이 증가하므로, B시는 TV광고를 한다. 만약 A시가 인삼축제를 개최할 경우에는 TV광고를 하지 않으면 15의 시장점유율이 감소하고, TV광고를 하면 10의 시장점유율이 감소하므로, TV광고를 한다. 즉 A시가 축제를 개최하든 하지 않든 상관없이, B시는 무조건 TV광고를 하는 의사결정이 최선의 선택이다.

2) 안장점

위와 같은 경우 A시와 B시의 순수전략이 존재하고 안장점의 게임값은 (−10, −10)이다. 그러나 <표 32>을 보면 보다 나은 대안이 있다. 즉 A시가 인삼축제를 개최하지 않고, B시가 TV광고를 하지 않으면, A시와 B시는 모두 +2의 시장점유율 증가를 가져올 수 있다. 즉, 순수전략을 사용한 안장점에서 두 도시 모두 10의 시장점유율이 감소하는 것과는 대조적으로,

비영합 게임에서는 두 도시 모두 +2의 시장점유율이 증가하는 대안이 존재하는 것이다. 이는 결국 많이 알려진 '죄수의 딜레마'(prisoner's dilemma) 현상이다. 즉 A시와 B시가 서로 신사협정을 맺어 인삼축제를 개최하지도 않고 TV광고도 하지 않으면 자연적으로 두 시 모두 시장점유율이 올라가는 것이다.

3) 맥스민과 미니맥스 기준

이 문제에 순수전략의 맥시민과 미니맥스 기준을 사용해 보아도 같은 결과를 얻을 수 있다. 다음의 <표 33>은 비영합게임에 순수전략 기준을 적용한 결과를 보여주고 있다.

〈표 33〉 비영합게임의 순수전략

A시 \ B시	TV광고를 하지 않는다.	TV광고를 한다.	최소값
인삼축제를 개최하지 않는다.	(2, 2)	(-15, 5)	-15
인삼축제를 개최한다.	(5, -15)	(-10, -10) → 최적해 아님	-10 Maximin
최대값	-15	-10 Minimax	

맥시민과 미니맥스 기준에 의하면, A시는 인삼축제를 개최하고 B시는 TV광고를 하여 모두 시장점유율이 10만큼 감소하게 된다. 앞서 살펴본 것처럼 비영합 게임에 있어서 최선의 대안은 A시와 B시 모두 아무것도 하지 않기로 약속하는 것이다. 그러나 문제는 약속을 어기고 B시가 TV광고를 하면, B시는 시장점유율이 5만큼 증가하지만 A시는 15만큼 감소하게 되고, 마찬가지로 약속을 어기고 A시가 선발대회를 개최하면, A시는 시장점유율이 5만큼 증가하지만 B시는 15만큼 감소하게 된다. 따라서 서

로의 담합이 필요한 것이다. 순수전략을 선택했을 때 두 시가 잃어버린 시장점유율 10은, 다른 도시의 인삼이나 값싼 중국산 인삼이 차지하게 된다. 이는 대표적인 '죄수의 딜레마' 게임으로, 비영합 게임의 경우에는 순수전략의 맥시민과 미니맥스 기준이나 혼합전략의 방법으로 최적해를 구할 수 없으며 협상과 담합이 최선의 방법이다.

3. 죄수의 딜레마(Prisoner's Dilemma)

게임이론에 등장하는 고전적 사례인 '죄수의 딜레마(prisoner's dilemma)'는 용의자의 딜레마라고도 한다. 이 게임의 두 참여자는 살인범죄를 저질렀다고 추정되나 아직 물증은 없는 용의자들이다. 범죄를 함께 저질렀다고 짐작되는 두 용의자에게 담당검사가 다음과 같은 경고를 했다.

"지금부터 당신들을 분리하여 심문하게 될 텐데, 만약 둘 다 순순히 범행을 자백한다면 살인죄 형량 중 가벼운 형벌인 징역 10년을 구형하겠다. 그런데 한 사람은 순순히 자백했는데 다른 사람이 부인한다면, 자백한 사람은 자백에 대한 보상으로 방면해 줄 것이나 부인한 사람은 최고형인 징역 20년을 구형하려 하오."

만약 둘 다 부인한다면 살인에 대한 부분은 물증이 없어 처벌이 어렵고 강도죄로 각 2년씩을 구형하도록 할 예정이다. 이 두 용의자가 같은 장소에서 함께 심문을 받는다면 서로 눈짓을 주고받으면서 범행을 부인해 가장 가벼운 형벌만 받을 수 있을 것이다. 그렇지만 이 두 사람 사이에 의사소통이 전혀 허락되지 않기 때문에 이같이 되기가 쉽지 않다. 만약 동료가 자백하지 않는다는 확신만 있으면 동지의식을 발휘해 같이 버티겠지만, 문제는 상대방이 어떻게 행동할지 전혀 짐작을 할 수 없다는 데 있다. 자신은 그를 믿고 버텼는데 그가 자백을 해 버렸다면 자신은 20

년 징역을 구형받는 신세가 된다. 이것이 바로 이 두 용의자가 처해 있는 딜레마이며, 이 상황은 마치 두 용의자가 하나의 게임을 하고 있는 것이나 마찬가지라고 할 수 있다.

각 용의자가 받게 될 처벌의 양을 일종의 점수로 환산하여 보수행렬을 만들어 보면 다음과 같다.

〈표 34〉 용의자들의 게임값 행렬표

구 분		용의자 2	
		부 인	자 백
용의자 1	부 인	(2, 2)	(0, 20)
	자 백	(20, 0)	(10, 10)

이러한 보수행렬에서는 두 용의자 모두 자백하는 것이 우월전략(dominant strategy)이 된다. 그러므로, 이 게임에서는 둘 다 자백하는 것이 우월전략 균형이 되며 이를 내쉬균형이라고 한다. 그러나 이러한 결과는 그들의 개별 입장에서 볼 때 결코 바람직하지 못하다. 만약 둘이 입을 맞추어 범행을 끝까지 부인하면 구형량을 10년에서 2년으로 줄일 수 있었는데 그렇게 하지 못한 것을 뜻하기 때문이다. 이 사실을 잘 알면서도 실제로는 두 사람이 모두 범행을 자백하고 말 가능성이 크다는 데 이 게임의 특징이 있으며, 그 결과 8년의 추가 구형을 감내해야 할 것이다.

그런데 용의자의 딜레마 문제에서 이 같은 결론을 도출하는 데 두 가지 사실이 중요한 역할을 하고 있다. 하나는 두 용의자를 격리시켜 심문하기 때문에 상호 의사전달을 통한 협조(cooperation)가 불가능한 상황이 조성되어 있다는 점이다. 또 한 가지 중요한 것은 이와 같은 게임이 단 한 번만 행해지는 것으로 상정하고 있다는 사실이다. 만약 이런 게임이 여러 번에 걸쳐서 행해진다면 상황이 달라지게 될 것이다. 동료가 자백을 했는데 부인하고 버티다가 무거운 벌을 받은 용의자가 다음 번 게임에서 자백을 함으로써 일종의 보복을 가할 수 있게 되기 때문이다. 게임이 여러 번에 걸쳐 행해질 때는 '눈에는 눈, 이에는 이' 전략(tit-for-tat strategy)이 활용될 여지가 생긴다.

참 고 읽 기

'2등 DJ'(1971년 신민당 대선 후보)를 박정희 대항마로 만든 건 전략적 표심

세상사는 대개 개별 인간들의 전략적 선택의 결과로 진화돼 왔다. 전략이라고 해서 모두 위법과 위선으로 흐르는 것으로 볼 필요는 없다. 자신의 이익을 위한 합리적 선택으로 보는 게 더 현실적인 관점이다. 그렇다면 인간을 이기적 존재로 전제하는 담론 자체를 비난할 이유도 없다. 오히려 자기 이익을 전략적으로 추구하는 행위가 공공이익에도 도움이 되도록 하는 제도가 바람직하다. 그런 면에서 전략의 정석이 통하도록 하는 것이 합법적이고 합리적인 사회를 구현하는 데에도 도움이 된다.

지금으로부터 딱 44년 전인 1970년 9월 29일 서울시민회관. 한국 현대정치사에서 두고두고 회자되는 역전극이 벌어졌다. 당시 제1야당 신민당의 대통령 후보 지명대회 얘기다.

1차 투표에서 김영삼(YS)은 421표를 얻어 김대중(DJ, 382표)에 앞섰지만, 투표자 885명의 과반수 획득엔 실패했다. 82표는 이철승을 포함한 다른 사람을 지지했던 무효표였다. 같은 날 2차 투표가 치러졌는데, 이를 앞두고 이철승 측 대의원들에 대한 양김의 적극적인 지지 호소가 있었다. 특히 DJ가 적극적이었다. 자신을 대통령 후보로 지지해 주면, 해줄 약속을 명함에 적어 준, 이른바 명함각서 등 많은 정치적 거래가 그 짧은 시간에 이뤄졌다. 몇 시간 후 실시된 2차 투표에서 총 투표 884표 가운데 DJ는 과반수인 458표를 얻어 410표를 얻은 YS를 눌렀다.

불과 몇 시간 만에 대의원들의 지지 성향이 바뀐 이유는 무엇일까. DJ의 기세였을까, 호남의 바람이었을까. 물론 그 날의 역전극을 보다 드라마틱하게 부각시키려면 그렇게 설명할 수도 있을 것이다. 하지만 그보다는 차선의 후보에 대한 전략적 고려가 작동했기 때문에 가능했던 결과다. 즉 2차 투표 당시, DJ가 자신에게 최선의 대안은 아니지만 적어도 YS보다는 나은 대안이라고 판단한 대의원들이 최소한 76명(DJ의 1,2차 득표 차)이 있었다는 의미다. 이들이 71년 대통령 선거의 신민당 후보를 결정했다고 보면 된다.

그로부터 17년 뒤이자 지금으로부터 정확히 27년 전인 87년 9월 29일 서울 남산외교구락부. 이번엔 DJ와 YS가 제13대 대통령 후보 단일화 담판을 했다. 하지만 결렬됐고, 두 사람 모두의 출마는 기정사실화됐다. 실제 둘 다 출마했다.

살얼음판 승부 좌우하는 '전략'

87년 대통령 선거의 실제 득표율은 어땠나. 노태우(TW) 36.6%, YS 28.0%, DJ 27.0%였다. DJ, YS 두 후보가 DJ로 단일화해 TW와 겨뤘다면 TW가 당선됐을 것이고, YS로 단일화했다면 TW가 낙선했을 것이라는 여론조사가 있었다. 만일 그 조사가 정확했고 또 DJ가 그 조사 결과를 믿고 YS에게 양보했다면, YS는 단일후보가 되어 제13대 대통령으로 당선됐을 수도 있다.

야권 단일후보 DJ가 TW에게 패하는 반면, 단일후보 YS는 TW에게 승리하도록 하는 유권자의 선호도 조합은 여러 가지다. 가장 간단한 조합의 예는 유권자 전체를 각각 3분의 1씩 차지하는 세 후보의 지지집단 D,T,Y의 후보 선호순서가 다음과 같을 경우다.

D: DJ > YS > TW(DJ, YS, TW의 순으로 선호)
T: TW > YS > DJ(TW, YS, DJ의 순으로 선호)
Y: YS > TW > DJ(YS, TW, DJ의 순으로 선호)

이에 따르면 DJ와 TW의 일대일 대결이 벌어진다면 D만 DJ에게 투표하고 나머지 T와 Y는 TW에게 투표하기 때문에 DJ는 TW에게 패배하게 된다. 반면 YS는 TW와의 대결에서 D와 Y의 지지로 TW에게 승리한다.

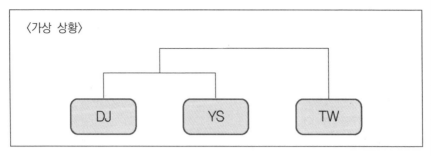

<가상 상황>

DJ YS TW

[그림 11] 야권단일화 국민투표 후 대통령선거

[그림 11]처럼 야권이 먼저 단일화를 추진하고, 이를 국민투표에 의해 결정한다고 가정해 보자. 선호 후보에 따라서만 투표한다면, DJ와 YS 간의 예선에서 유권자 집단 T와 Y는 YS에게 투표하는 반면, 유권자 집단 D는 DJ에게 투표할 것이다. 만일 YS가 예선에서 승리하여 TW와 최종결선을 치르게 되면, 유권자 집단 D와 Y가 YS에게 투표하기 때문에 YS가 최종승자가 된다. 이때 TW는 어떤 전략을 구사할 수 있을까. DJ와 YS 가운데 결선에서 자신에게 질 사람으로 단일화되도록 행동할 수 있다. 즉 TW를 지지하는 유권자 집단인 T는 DJ보다 YS를 더 선호하지만, 야권후보 단일화 투표에서 자신들이 가장 싫어하는 후보인 DJ에게 투표할 수 있다. 그러면 TW가 최종대결에서 야권 단일후보인 DJ를 이기고 당선될 수 있다. 이는 TW가 자신의 천적인 YS를 DJ로 이이제이(以夷制夷)하는 셈이다. 이처럼 자신의 선호대로 단순하게 후보를 선택하지 않고 최종결과를 염두에 두고 투표하는 것을 '전략적 투표(또는 전략투표)'라고 한다.

그럼 선거가 TW의 의도대로 진행될까. DJ가 결선에 가면 TW에게 패한다는 사실을 유권자 집단 D도 안다면, D 역시 다르게(전략적으로) 행동할 수 있다. D는 야권 후보 단일화 투표에서 자신이 가장 선호하는 DJ에게 투표한다면 결국 자신에게 최악의 후보인 TW의 당선을 초래할 수 있음을 인지한다고 하자. 그렇다면 D는 예선에서 최선의 후보 DJ가 아니라 차선의 후보 YS를 지지함으로써 결선에서 YS가 최악의 후보 TW에게 승리하게 만들 수 있다.

이 또한 전략적 투표다. 유권자가 프로라면 D와 Y 모두 YS를 줄곧 지지하게 되는 것이다.

이 상황에서 DJ와 YS 간의 단일화 투표라는 예비 대결은, 한 수를 미리 내다보면, 결국 DJ 대신 TW 그리고 YS간의 최종대결인 셈이다. 즉 전략적 국민의 투표에 의한 야권 후보 단일화는 본선에서의 YS 당선이고, 그런 방식을 주장할 측은 바로 YS 진영이다.

물론 87년 당시에는 선거 여론조사가 잘 공개되지 않아 모든 유권자들이 몇 수를 내다보고 투표할 여력이 없었다. 실제 단일화 투표를 하지도 않았다. 유권자들도 자신의 선호나 지지성향에 따라 투표했다. 하지만, 지금은 선거 여론조사 결과가 유권자들에게 속속 알려지고, 또 각 진영에서도 전략적 투표를 독려한다.

여론조사 발달로 전략투표 더 쉬워져

YS가 승리한 92년 대통령 선거에서 일부 유권자들은 자신이 제일 좋아하는 후보에게 투표하는 대신 당선가능한 차선의 후보에게 투표하기도 했다. 이 또한 전략적 투표다.

97년 대통령 선거에서는 김대중·이회창·이인제 간의 각축이 벌어졌다. 선거운동 기간 내내 이회창 측은 "이인제에게 투표하면 김대중이 당선된다"고 강조했고 이인제 측은 "이인제에게 투표하면 이인제가 당선된다"고 반박했다. 득표율은 DJ 40.3%, 이회창 38.7%, 이인제 19.2%였다. 이회창과 이인제가 얻은 표를 단순 합산하면 DJ의 득표를 웃돈다. DJ가 일대일로 대결해서는 이회창에게 이기기 어려웠을 것으로 추정되는 결과였다. 그런 의미에서 97년 대통령 선거는 DJ가 이인제 후보로 이회창 후보를 제압한 이이제이(以夷制夷)였다고 할 수 있다.

2012년 대통령 선거에서도 야권 후보 단일화 문제가 불거졌다. 당시 ▶박근혜·문재인·안철수의 3자 동시 출마의 경우엔 박근혜가 가장 앞서고 ▶박근혜와 문재인 간의 양자 대결에서도 박근혜가 앞서며 ▶박근혜와 안철수 간의 양자 대결에선 안철수가 앞서고 ▶야권후보 단일화 경쟁의 단순 지지도에선 문재인이 안철수를 앞선다는 여론조사가 있었다.

만일 문재인과 안철수 간의 국민경선이 치러졌다면 어땠을까. 물론 자신이 가장 선호하는 후보에게 투표하는 유권자가 많았을 것이다. 그와는 달리 안철수보다 문재인이 본선 경쟁력이 있다고 판단해서 문재인에게 투표하는 안철수 지지자도 있었을 것이고, 반대로 안철수가 박근혜에게 승리할 후보라고 판단해서 안철수에게 투표하는 문재인 지지자도 있었을 것이다. 또 두 사람 가운데 박근혜에게 패배할 가능성이 큰 후보에게 투표하는 박근혜 지지자도 있었을 것이다. 이 모두 전략적 투표다.

자신이 지지하는 후보가 당선될 가능성이 매우 낮다고 인식한다면 당선 가능성이 더 큰 차선의 후보에게 투표하는 전략적 투표 행위는 오늘날 민주정치에서 흔히 일어난다. 전략적 투표는 겉으로 2등이나 3등, 심지어 꼴등이던 대안이 1등을 제치고 최종승자가 되는 것을 가능하게 한다. 전략적 투표는 유권자들로부터 강한 호불호(好不好)를 받는 후보 대선에 차선으로 선호되는 후보에게 기회를 주어, 타협을 중시하는 민주정치를 가능하게 만드는 민주적 행위이기도 하다.

출처: 중앙SUNDAY 제394호 2014.9.28.~2014.9.29. 28면

1. 게임이론은 한 사람의 행위가 다른 사람의 행위에 미치는 상호의존적, 경쟁적 상황에서 의사결정이 어떻게 이루어지는가를 연구하는 이론이다. 게임이론의 중요한 특징 가운데 하나는 의사결정자들이 합리적으로 선택한다는 점이다. 즉, 의사결정자들의 선호는 명확하게 정의되어 있다. 또 다른 특징은 사람들이 상대방의 반응을 충분히 예상하고 의사결정을 내린다는 점이다. 이것이 바로 전략적 상황을 고려한 의사결정이다.

2. 영합(제로섬) 게임은 게임에 참가하는 양측 중 승자가 되는 쪽이 얻는 이득과 패자가 되는 쪽이 잃는 손실의 총합이 0(zero)이 되는 게임을 가리킨다. 즉, 내가 10을 얻으면 상대가 10을 잃고, 상대가 10을 얻으면 내가 10을 잃게 되는 게임이다. 실제로 주권국가와 주권국가의 관계로써 이룩되는 국제정치의 장에서 문제되는 것으로, 한쪽 나라의 이익이 다른 쪽 나라의 손해가 되는 경우가 이에 해당된다. 제각기 국가이익을 위해 조금의 양보도 하려하지 않는 국제정치에서는 제로섬게임의 양상이 나타난다.

3. 비영합(논제로섬) 게임은 한쪽의 이익과 다른 쪽의 손실을 합했을 때 제로(0)가 되지 않는 현상을 일컫는 용어다. 즉, 상대와 같이 승-승, 패-패, 승-패, 패-승할 수도 있다.

01 다음 중 게임이론의 설명이 아닌 것은?

① 한 사람의 행위가 다른 사람의 행위에 미치는 상호의존적 상황에서 의사결정을 이루는 연구이론이다.

② 의사결정자들의 선호는 명확하게 정의되어 있지 않다.

③ 현실에서 전략적 고려가 필요한 경우는 수없이 많다.

④ 의사결정자들은 합리적 선택을 하려고 한다.

02 게임이론의 전제조건 설명으로 바르지 않은 것은?

① 게임 참여자는 이익을 극대화하고 손실을 축소화하고자 한다.

② 양자 모두가 적절한 정보를 가지고 있지 않다.

③ 게임 참여자는 상대방과 직접적 의사소통을 하지 않은 상태에서 개인적 의사결정을 한다.

④ 게임의 양측 참여자는 동시에 그들의 행동 노선을 결정한다.

03 게임이론 중 제로섬 게임(2인 영합게임)의 설명으로 바르지 않은 것은?

① 단 하나의 최적 전략을 선택하는 것을 순수전략이라 한다.

② 한편의 이익은 다른 한편이 손실을 가져온다.

③ 게임 참여자가 합리성을 근거로 어느 것을 선택하느냐에 목표가 있다.

④ 나의 이득과 경쟁자의 이득이 모두 +가 될 수도 있고, -가 될 수도 있다.

정답   01 ②   02 ②   03 ④

04 게임이론 중 논제로섬 게임(비영합 게임-치킨 런 게임)의 설명으로 바르지 않은 것은?

> 치킨 런 게임: 외길에서 상대방을 향해 차를 몰고 비키지 않기의 게임을 한다. 갈 데까지 가자는 식으로 끝이 보이지 않는 상황이다. 어느 한 쪽이 포기하지 않으면 둘 다 파멸을 맞는다. 포기하자니 겁쟁이가 되고, 포기하지 않자니 파멸을 맞게 된다.

① 위 게임에서 두 사람 모두 비키는 전략이 지배적이다.
② 각 경기자는 상대방 경기자와 협동하는 전략과 협동을 거절하는 전략 두 가지를 갖는다.
③ 각 경기는 모두 지배적 전략을 갖는데, 그것은 협동하지 않는 전략이다.
④ 지배적 전략에 의한 균형해는 각 경기자에게 그들이 피지배전략을 택할 때에 비균형 상황에서 얻을 수 있는 것보다 더 나쁜 결과를 가져온다.

05 게임이론의 구성요소에 대한 설명으로 바르지 않은 것은?

① 게임이론에서 참여자가 몇 명인가는 중요하다.
② 게임의 정보란 대안과 전략 그리고 수익에 영향을 미칠 수 있는 모든 것을 말한다.
③ 대안은 참여자가 의사결정을 한 경우 게임의 결과에 따른 수익을 말한다.
④ 전략기준은 게임에서 대안을 선택하는 의사결정의 기준을 말한다.

정답 04 ① 05 ③

06 다음의 게임 성과표에서 안장값은 얼마인가?

갑 \ 을	전략 A	전략 B	전략 C
전략 X	10	8	9
전략 Y	12	-10	-12

① 10   ② 8   ③ -10   ④ 9

좋은 의사결정과
창의적 문제해결

|

제III편에서는 앞에서 살펴본 의사결정 모형과 문제해결 기법을 기반으로 하여, 최종적으로 좋은 의사결정과 창의적인 문제해결을 위한 과정을 다시 한번 점검해 본다. 이를 위해서 우선 의사결정의 과정과 결과 중 어느 측면이 더 강조되어야 하는 지를 검토해 보고 왜 그러한지를 살펴본다. 또한 바람직한 결과를 도출하기 위한 의사결정 과정은 어떠해야 하며 그 과정에서 고려해야 할 사항들은 어떠한 것이 있는지를 검토해 본다.

창의적 문제해결을 위해 수평적 사고방식의 중요성을 살펴보고 그 과정에서 잠재의식의 활용가능성과 단계를 고찰해 본다. 마지막으로 창의적 문제해결을 위한 최신 기법을 소개한다.

CHAPTER 01 좋은 의사결정

 1절 의사결정 방법 결정의 중요성

의사결정 전문가들은 의사결정의 첫 단계에 들어가기 전에 의사결정 과정 자체에 대한 결정을 위해 시간을 할애해야 한다는 것을 강조하고 있다. 이는 앞에서 살펴본 의사결정 모형 중 '최적모형'에서 Dror가 제시한 '결정을 위한 결정' 단계라고 볼 수 있다.

이 예비 단계에서는 도대체 무엇을 결정해야 하는지, 어떠한 프레임에 입각하여 결정해야 할 것인지, 가장 중요한 단계가 무엇인지, 각 단계에 어느 정도의 시간을 할당해야 하는지 등을 결정하게 된다. 학술적인 용어로 이런 결정을 '상위결정(meta-decision)'이라고 한다. 미국의 교육학자인 존 듀이(John Dewey)의 다음과 같은 표현이 이 단계의 중요성을 잘 대변하고 있다. "문제를 잘 이해하면 이미 절반을 푼 것이다." 사람들은 너무나 자주 시간에 쫓기고 해답을 빨리 내놓고 싶어서 다음과 같은 질문에 답해 보지 않은 채 결정 과정에 들어간다.

① 해결해야 할 문제의 본질은 무엇인가?
② 이런 종류의 결정은 어떻게 이루어져야 하는가?
③ 각 단계에 어느 정도의 시간을 할애해야 하는가?
④ 이와 비슷한 결정을 내린 적이 과거에 있다면 그로부터 배울 점은 있는가?
⑤ 나(조직)의 장점과 단점은 무엇인가?

많은 경우, 사람들은 이런 초기 질문들을 무시하고 곧바로 의사결정 과정에 뛰어듦으로써 시간을 낭비한다. 더 심각한 것은 문제를 잘못 진단하여 전혀 엉뚱한 문제를 해결하려고 한다. 신중하게 위와 같은 상위결정 질문들을 던지고 나면 시간과 비용을 절약할 수 있다.

예를 들어, 중요한 상위결정 질문들 중 하나는 결정을 홀로 내려야 할지 혹은 집단에서 내려야 할지에 대한 것이다. 집단 결정 과정은 결정의 초기 과정을 지연시키기는 하지만 이후의 실행과정을 단축해 준다.

결정의 방법을 현명하게 정하는 것은 집단 의사결정에서 더욱 중요하다. 왜냐하면 개인 의사결정의 경우 잘못된 방향으로 나아가다가도 쉽게 방향을 재조정할 수 있지만, 집단 의사결정의 경우는 마치 거대한 전함과 같아서 되돌리는 것이 더디고 힘들 수 있기 때문이다. 따라서 집단으로 의사결정을 내릴 경우에는 위의 마지막 두 질문을 추가로 던져 보아야 한다.

초기의 효과적인 진단은 필수적이다. 종종 탁월한 결정인가, 혹은 그렇지 못한 결정인가는 이 초기의 상위결정에서 판가름이 나는데, 정작 의사결정자 본인은 이 사실을 모르는 경우가 많다. '무엇'을 결정하기 전에 '어떻게' 결정할 것인가를 신중하게 결정하는 것이 의사결정 능력을 빠른 시간에 향상시키는 효과적인 방법이다.

2절 의사결정 과정과 결과

의사결정 상황에서 과정과 결과 중, 어느 것이 더 중요할까? 대부분의 의사결정자들은 '결과 중심주의'를 지향하는 경향이 있다. 실제로 대부분의 기업이나 공공부문에서는 직원들의 의사결정 결과에 근거하여 상을 주거나 혹은 제재를 가한다. 결국 중요한 것은 의사결정 결과라고 생각하기 때문이다. 결과가 좋으면 보너스나 연봉 인상 또는 승진과 같은 보상이 주어지지만, 결과가 나쁘면 그러한 혜택에서 제외되는 것이 보통이다.

조직이 이처럼 의사결정의 결과를 중시하는 것은 어찌 보면 당연하다고 할 수 있다. 그 이유 중 하나는 의사결정의 결과는 의사결정의 과정보다 평가하기가 용이하고 더 객관적인 평가의 기준이 존재하기 때문이다. 예를 들어, 새로운 서비스나 제품은 수익이 얼마나 났는지를 기준으로 평가할 수 있고, 부서장의 능력은 주어진 시간 내에 주어진 예산으로 과제를 얼마나 잘 완수하였는지 쉽게 평가할 수 있다.

결과 중심주의는 단순히 결과가 쉽게 평가될 수 있다는 점에만 기인하지는 않는다. 더 중요한 이유는 많은 사람들이 좋은 결과는 '필연적으로' 좋은 과정에서 비롯된다고 가정한다는 것이다. 물론 여기에는 나쁜 의사결정의 결과는 나쁜 의사결정 과정에 기인한다는 가정도 포함되어 있다.

오직 실적과 결과를 중시하는 조직 문화에서는 사람들이 의사결정을 내리는 것 자체를 두려워하게 되고 경우에 따라서는 결정을 미루거나 회피하려고 하게 된다. 게다가 한 사람의 성공이나 실패의 기록이 몇몇 '큰' 결정들에만 국한되고 빈번히 내려지는 작은 결정들은 무시된다면, 결과적으로 단지 운 좋은 사람들이 좋게 평가되고 운이 안 좋은 사람들은 벌을 받는 위험성을 수반하게 된다. 그러나 의사결정의 과정에 초점을 맞추어 결과를 살펴보면 누가 승진에 보다 적합한 적임자인지를 알 수 있다.

좋은 의사결정의 결과를 얻기 위한 가장 효과적인 방법은 좋은 의사결정 과정을 밟는 것이라고 볼 수 있다. 의사결정의 결과가 어떻게 나올 것인지는 사람이 좌지우지할 수 없지만, 적어도 의사결정의 과정만큼은 사람이 통제할 수 있기에 이에 초점을 맞추는 것이 보다 현명하다고 볼 수 있다.

의사결정의 과정과 결과 중 어느 것을 더 중시해야 하는지에 관한 딜레마를 이해하기 위해서는 좋은 의사결정의 결과라는 것이 무엇에 기인하는지를 살펴볼 필요가 있다. 크게 다음의 세 가지가 의사결정의 결과에 영향을 준다고 볼 수 있다.

1) 결정과정과 내용

어떤 과정을 거쳐 그러한 결정을 내리게 되었으며 그 내용은 무엇인가?

2) 실행과정

결정 내용을 실행에 옮기면서 통제할 수 있는 요인들을 얼마나 잘 통제하였는가?

3) 환경과 외부요소

결정과정과 실행과정을 둘러싸고 있는 외부환경과 통제할 수 없는 요인들은 무엇인가?

대부분의 일상적인 의사결정의 결과는 이러한 결정 과정과 내용, 실행 과정 그리고 통제불가 요인과 외부요소(운)의 복잡한 상호작용에 따라 결정된다.

좋은 의사결정 과정이 좋은 실행 과정으로 뒷받침된다고 해도 늘 100% 성공을 보장하지 못하는 이유가 바로 여기에 있다. 즉, 외부요인이

관여하기 때문이다. 그럼에도 좋은 의사결정의 결과를 최대한 보장해 주는 것은 좋은 의사결정 과정과 좋은 실행 과정이다. 어차피 외부요소와 운은 우리가 통제할 수 있는 것이 아니기 때문이다.

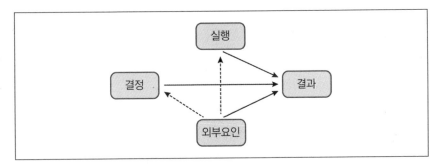

[그림 12] 결과에 영향을 미치는 요소

　의사결정의 질이 오직 결과에만 근거하여 평가되는 경향이 있다. 그러나 의사결정 과정 자체에 좀 더 중점을 두어야 할 필요가 있다. 결과가 중요하지 않다는 것은 아니지만, 결과에만 근거하여 판단하는 것은 옳은 결정을 내리는 데 필수적인 모험의 감행을 어렵게 한다. 의사결정이 평가되는 방식은 궁극적으로 의사결정 방식 자체를 결정하게 된다. 따라서 결과에만 근거한 평가가 아니라 의사결정 과정의 질에 근거한 평가가 이루어진다면 공무원이나 국민 대표들이 보다 효율적인 일을 할 것이고, 이것이 결국 국민에게 더 잘 봉사하는 길이라고 볼 수 있다. 좋은 의사결정 과정이 좋은 의사결정 결과를 낳는다. 절대적인 답을 피하고 불확실성을 인정해야 한다.

　좋은 의사결정 과정을 거쳐서 좋은 의사결정 결과를 내놓는 사람들은 다른 사람들의 칭찬을 받을 만하다. 그러나 좋은 의사결정 과정을 거쳤는데도 나쁜 결과에 직면한 사람들 역시 동일하게 인정을 받아야 한다. 그들이 단순히 운이 안 좋았을 수도 있기 때문이다.

3절 좋은 의사결정 과정(decision process)과 고려요소

지금까지 살펴본 다양한 의사결정 모형과 기법을 기반으로 좋은 의사결정이 되기 위한 의사결정 과정과 고려할 요소를 정리하면 다음과 같다.[1]

1. 단계 1: 좋은 의사결정 환경 조성

효과적인 의사결정을 위해서는 의사결정 친화적인 환경을 조성하는 것이 첫 번째로 중요하다. 지금까지의 의사결정 과정과 내용을 잘 살펴보면 어떤 결정을 할 때 바람직한 의사결정을 방해하는 요인들이 종종 영향을 미쳤다는 사실을 발견하게 될 것이다.

예를 들어 구성원들 간의 지나친 대립이나 언쟁은 합리적인 토론을 방해하며 그러면 건전한 의견 차이를 의사결정에 반영할 수 없게 된다. 또 명령과 통제가 우선시되는 문화에서는 힘을 가진 특정인의 선호에 따라 의사결정이 이루어지는 경향이 있다. 이런 상황에서는 정보가 아무리 충분히 제공되어도 모든 의사결정이 상식 밖으로 이루어지고 중요한 결정을 다루는 일관된 접근 방법은 무시당하게 된다.

일반적으로 의사결정 친화적 환경이 조성되면 이러한 문제들로부터 자유롭다. 또한 그 문제에 적합한 사람들이 의사결정 과정에 참여하도록 보장한다. 그리고 구성원들은 창의적인 사고와 진지한 논의를 권장하는 분위기에서 서로를 만나게 된다. 이와 더불어 의사결정 친화적 환경에서는 어떤 식으로 최종 결정을 내려야 하는지 규정하는 기본규칙이 존재하게 된다. 이는 다음 단계인 '결정의 틀' 짓기와 더불어 앞에서 거론했던 '결정을 위한 결정'에 해당한다고 볼 수 있다.

---

[1] 이 부분은 「Harvard Business Essentials, Decisin Making」, (2005), Harvard Business School Publishing Corporation에서 내용을 부분적으로 수정·인용하였음.

1) 의사결정 과정에 필요한 참여자

바람직한 의사결정이 가능한 환경을 조성하기 위한 첫 번째 관문은 적합한 멤버를 참여시키는 것이다. 여기서 말하는 적합한 참여자란 식견과 경험이 있고 의사결정 결과에 대해 이해관계를 가지는 사람들을 말한다. 여기에는 다음과 같은 사람들이 포함된다.

(1) 주요 이해관계자

이들은 의사결정으로부터 가장 영향을 많이 받게 될 사람들인데, 결과를 책임지거나 의사결정에 따라 집행하는 사람들이 여기에 포함된다. 집행하는 사람들은 자신이 참여한 의사결정을 더 지지할 가능성이 높기 때문에 이들을 의사결정 과정 초기부터 참여시키면 효과적인 집행을 보장할 수 있게 된다.

(2) 자원배정과 지원 권한을 가진 자

회의에는 예산과 자원배정 권한을 가진 사람이 포함되어야 한다. 많은 시간을 들여 의사결정을 한 결과가 경영진으로부터 무시되거나 거부되는 것을 피해야 한다. 그렇게 되면 참여자들의 사기가 떨어져 앞으로 의사결정을 하는 데 어려움을 겪게 될 것이다.

(3) 전문가

조직 내부 또는 외부에 있는 전문가들을 참여시켜 다른 참여자들이 그들의 전문지식을 공유할 수 있도록 한다. 전문가들은 대부분 검토 중인 이슈 가까이에서 찾을 수 있다. 전문가들은 대안들이 실행 가능한지에 관한 정보를 제공하는 역할을 한다.

(4) 반대자

회의장에는 의사결정에 반대하거나 집행에 저항할 가능성이 있는 사람들을 찾아서 참여시켜야 한다. 반대 주장에 근거가 있는 경우 그들의 논리를 이해하도록 노력하여야 한다. 반대자들이 참여함으로써 결과를 도출하는 데 시간이 더 소요될 수는 있지만 일단 결정된 후에는 잠재적인 저항을 감소시키는 효과를 거둘 수 있다.

(5) 찬성자

반대자가 참여하는 경우에는 찬성자도 참여하는 것이 적절하다. 찬성자들은 중립적인 시각을 제시하기보다는 반대자들이 그랬던 것처럼 특정한 찬성 논리를 주장하는 것이 바람직하다.

다양한 성격의 참여자들은 그들의 공통 목표를 유념하여야 한다. 참여자들은 각자 나름대로 바라보는 시각이 다르고 문제의식도 다를 수 있으나 조직이나 담당부서의 목표를 우선시하는 자세가 필요하다.

2) 의사결정 방식에 대한 사전합의

참여자의 선별이 끝나면 다음 단계에서는 의사결정 방식에 대해 결정해야 한다. 소집된 의사결정 집단은 앞으로 따라야 할 과정은 어떤 것인지 그리고 최종 의사결정 방식과 또 누가 최종 의사결정을 할지에 대해 알고 있을 필요가 있다. 의사결정 집단은 다음과 같은 방식을 통해 결정을 내릴 수 있다.

(1) 합의(consensus)

모든 참여자가 만나 제시된 제안에 대해 자유롭게 토론한 다음, 모든 사람이 받아들일 수 있는 최종 결정에 합의한다.

(2) 제한적 합의(qualified consensus)

의사결정 집단은 일단 합의를 도출하려고 노력한다. 합의에 실패하는 경우에는 책임자나 리더가 최종 의사결정을 한다는 데 동의하는 방식이다.

(3) 다수결(majority)

집단에서 투표를 실시하여 다수표를 얻은 제안이 채택된다. 집단에 확실한 리더가 존재하는 경우 그는 찬반동수인 경우에만 투표에 참여한다.

(4) 주도적 리더십(directive leadership)

리더가 결정하고 집단 전체에게 결정 내용과 그 근거를 설명한다. 이 방식은 조직의 위기 상황처럼 단호하게 결정하는 것이 적합하고, 또 그럴 필요가 있는 경우에 효과적이다.

주도적 리더십을 제외한 나머지 방식들은 참여자에게 권한과 책임감을 부여하는 정도에서 서로 차이가 있다. 그러나 어떤 방식에서든 갈등 소지를 회피하고 싶은 유혹을 누구나 느끼고 있다는 점에 주의하여야 한다. 논쟁거리를 피하는 것은 자기기만일 뿐이며 결국 언젠가는 고통을 초래하게 되는 불씨로 남는다. 관리자는 의사결정 방식이 무엇이든 팀원들이 모든 아이디어를 쏟아내도록 독려하여야 한다.

2. 단계 2: 쟁점 프레임의 명확화

성공적인 의사결정은 직면하고 있는 쟁점과 그리고 목표에 영향을 미칠 수 있는 수단에 대해 의사결정자가 어느 정도 명확히 이해하고 있느냐에 따라 좌우된다. 즉, 문제의 본질을 파악하는 것이 매우 중요하다. 문제가 무엇인지 명확히 파악하는 데 실패하게 되면 바람직한 의사결정이 어렵게 된다.

의사결정 과정의 두 번째 단계는 쟁점을 프레임하는 것이다. 여기서 **프레임**이란 어떤 문제나 상황 또는 기회를 바라보는 마음 속 창문을 말한다. 알랜 로우(Alan Rowe)는 프레임을 "세상을 바라보는 프리즘이며 이를 통해 우리는 바라보는 대상과 보는 방법을 결정한다"라고 말한다. 프레임은 매우 강력해서 경험에 근거한 증거가 있을 때에도 프레임이 원하는 방식대로 우리의 생각을 이끌게 된다.

우리는 모두가 심리적 프레임을 가지고 있으며 복잡한 세상에서 살아가는 데 때로는 이러한 프레임은 매우 유용하다. 특히 제대로 된 프레임을 가지고 있으면 잘못된 문제를 해결하는 데 고생할 필요가 없게 된다. 그러나 프레임 때문에 문제를 잘못 인식하게 되면 그 문제를 제대로 해결할 수 없게 된다. 우리가 가지고 있는 각각의 독특한 프레임들은 보통 자신의 관점, 목표, 교육, 경험, 기대 또는 선입관에 의해 영향을 받고 있다.

결정의 틀 짓기는 의사결정자가 주어진 문제를 어떻게 보는지의 관점을 결정하고, 그에 따라 중요한 정보는 무엇이고 중요하지 않은 정보는 무엇인지를 결정한다. 그리고 주어진 대안들 중 어느 대안이 더 나은지를 결정할 예비적인 준거도 마련해 준다. 이 단계에서 이 책의 제 I 편에서 다룬 다양한 의사결정 모형들은 결정의 프레임을 형성하는 데 도움을 줄 것이다.

프레임을 이해하면 프레임의 영향력도 이해할 수 있다. 즉, 쟁점이나 의제를 있는 그대로 인식할 수 있다면 의사결정도 원하는 방향으로 내릴 가능성이 높아질 것이다. 제프리 페퍼(Jeffrey Pfeffer)는 『권력경영(Managing with Power)』(1992)에서 "쟁점을 인식하고 의사결정을 하도록 하는 프레임을 어떻게 설정하느냐 하는 것은 종종 그 결과를 확정하는 것만큼이나 중요하다"고 말하면서 다음과 같은 제안을 하고 있다.

① 처음에 구성했던 프레임을 자동적으로 받아들여서는 안 된다. 항상 다음과 같이 질문해야 한다. "이것이 우리의 문제가 맞는가? 이것이 정말 쟁점인가?" 이런 질문을 던져야하는 이유는 프레임이 잘못되었거나 누군가가 자신의 특정 프레임으로 유혹하고 있는지도 모른다.

② 쟁점을 보는 여러 가지 시각을 가져야 한다. 어떤 결정을 하기 전에 다른 각도에서도 그것을 생각해본다. 그런 다음에는 그 가능성을 따져본다.

③ 자신을 포함하여 의사결정 집단에 속하는 다른 사람들이 가지고 있는 프레임을 찾아본다. 혹시 어떤 편견이 존재하지는 않는가를 살펴보아야 한다.

④ 지배적인 시각의 저변에 깔려 있는 전제를 찾아내서 문제점을 찾아본다. 이것이 다른 사람의 주장 방식에 현혹되지 않는 방법이다.

⑤ 다른 사람의 입장에서 문제를 파악해본다. 이런 방식을 '역지사지' 혹은 '역사고(opposite think)'라고 부른다.

3. 단계 3: 대안 발굴

쟁점의 프레임을 명확히 파악한 후에는 대안을 개발하여야 한다. 대안이 없다면 진정한 의미의 의사결정은 없다고 보아야 한다.

바람직한 의사결정은 일련의 실행 가능한 대안으로부터 나온다. 정보가 뒷받침된 의사결정에서는 의사결정자에게 선택의 여지를 준다. 대안이 바로 그러한 선택의 여지에 해당한다. 여러 대안들의 장점을 비교 검토한 후에야 비로소 주어진 상황에서 가장 최선의 의사결정을 할 수 있는 것이다.

대안이 없다면 단지 Yes 아니면 No 둘 중의 하나를 선택하여야 한다. 즉, 이것을 해야 되는지 하지 말아야 되는지 가부만이 있는 것이다. 그것은 제대로 된 선택이라고 할 수 없으며 효과적인 의사결정을 내리기가 거의 어렵게 된다.

1) 대안발굴 기법

대안을 탐색하기 위한 방법으로는 관련 자료나 사례를 찾아보는 전통적인 방식에서부터 전혀 새로운 방향에서 아이디어의 융합과 결합을 통해 새로운 대안을 만들어 나가는 혁신적인 방식이 있다. 후자의 경우 발산적 사고(divergent thinking) 도구와 수렴적 사고(convergent thinking) 도구 방식으로 분류할 수 있는데(Treffinger, Isaksen, & Dorval, 2006), 발산적 사고도구에는 브레인스토밍(brainstorming), 속성열거법(attribute listing), 강제결부법(forced fitting) 등이 있고 수렴적 사고도구에는 PMI(Plus, Minus, and Interesting), ALU(Advantage, Limitation, and Unique Qualities) 등이 있다.

(1) 발산적 사고도구

발산적 사고 도구란 많고, 다양한 가능성, 또한 독창적 가능성이 있는 방향으로 사고의 전개를 강조하는 방식이다. 기존의 틀에서 벗어나 의외의 발상과 모색을 강조한다.

① 브레인스토밍(brainstorming)

　　브레인스토밍은 혁신적인 대안과 문제해법을 탐색하는 대표적인 기법으로, 혼자서도 할 수 있지만 집단으로 하는 경우 훨씬 좋은 효과를 얻을 수 있다. 그 이유는 많은 사람들이 가진 식견과 경험을 모으면 각각 한 사람이 하는 것보다 보다 나은 아이디어를 도출해낼 수 있기 때문이다.

　　브레인스토밍을 대안발굴에 활용하기 위해서는 먼저 플립차트나 화이트보드를 준비한다. 그리고 참가자들에게 머릿속에 떠오르는 어떤 아이디어든 주저없이 제안하도록 하거나 각자 잠시 아이디어를 생각해보고 이것을 공개적으로 밝히도록 한다. 어떤 방식이든 여기서 나온 아이디어를 기록만 하되 절대 그 아이디어의 장점을 논하거나 비판하지 않도록 한다.

　　이런 과정을 지속하다 보면 자연스럽게 다양한 아이디어들이 한 방향으로 수렴되는 현상이 나타나는데, 이를 정리하면 새로운 대안이 되거나 최적해가 될 수도 있다.

② 속성열거법(attribute listing)

　　속성열거법은 미 네브라스카 대학의 Robert Crawford 교수가 제품공정에서의 아이디어나 서비스 개선의 기회를 찾기 위해 개발한 기법이다. 여기서 '속성'이란 '상황이나 대상이 가지고 있는 고유의 요소나 성질'을 말하는데, 이러한 속성들을 열거해 봄으로써 속성들의 개선이나 변형을 위한 아이디어의 창출에 유용한 도구가 될 수 있다. 이 방식은 특히 구성원들이 아이디어를 제대로 내지 못하거나, 제시된 아이디어가 너무 한편으로 치우칠 때 새로운 방향으로 이끌기 위한 훌륭한 도구가 될 수 있다.

③ 강제결부법(forced fitting)

겉으로 보기에 전혀 관계가 없어 보이는 두 가지 이상의 사물이나 아이디어를 강제로 연결시켜 새로운 아이디어를 생성하는 사고 기법이다. 사고의 유연성을 길러주며, 기존의 사고방식으로는 더 이상 아이디어가 생성되지 않을 때 유용하다.

1958년에 영국의 작가인 찰스 화이팅(Charles S. Whiting)이 개발한 사고 기법으로, '강제연결법'이라고도 한다. 고정된 사고의 틀에서 벗어나 어떤 사물이나 아이디어를 색다르게 생각해보는 기회를 제공해주어, 사고의 유연성을 길러주며 창의성 신장에 효과적이다. 강제결합법은 목록표 작성법, 카탈로그 기법, 임의의 강제결합법으로 나뉜다.

이 중 목록표 작성법은 여러 가지 사물, 인물, 배경, 사건이 기입된 목록표(도표)를 만든 뒤, 해결해야 하는 문제와 연결시키는 방법이다. 목록표의 단어는 문제와 관련성이 없을수록 좋으며, 목록표에서 미리 단어를 선택한 후에 문제를 제시하는 것이 좋다. 문제를 먼저 확인하고 목록표에서 단어를 선택하게 되면, 문제와 관련이 있을 만한 단어만 선택하기 쉽기 때문이다. 목록표에서 임의로 단어들을 선택했으면, 선택한 단어들에서 특성을 뽑아내고 문제와 강제로 결합한다. 특성을 하나씩 혹은 몇 가지씩 통합해서 문제와의 유사성, 관계, 연상에 관해 생각하도록 한다. 결합을 통해 생성된 아이디어들을 종이에 기록하고, 아이디어의 수정·실행·발전 가능성을 평가하는 작업을 거친다. plus(+) 또는 minus(−) 표시를 하여 아이디어를 평가하고, plus(+)를 받은 아이디어 중 최종적으로 하나의 아이디어를 선택한다.

(2) 수렴적 사고도구

발산적 방법으로 생성된 많은 정보나, 질문, 상태 등을 현재의 상황에 비추어 좀 더 잘 이해할 수 있도록 자료를 거르고, 분류하고, 조직화하는 사고가 수렴적 사고이다. 즉, 수렴적 사고는 생성된 정보와 아이디어를 여러 가지 기법을 통해 분류, 분석하여 가장 효과적이고 바람직한 대안이 창출될 수 있도록 이끌어 가는 사고라고 볼 수 있다.

① 히트(hits) 기법

수렴적인 기법들은 발산적인 사고 기법을 통한 많은 아이디어들을 바탕으로 이루어진다. 아이디어를 생성할 때는 판단을 유보하면서 거침없이 쏟아놓았기 때문에 먼저 목적에 맞는지 여부를 생각해 보아야 한다. 이때 활용하는 기법이 히트 기법이다. 문제에 적절하고 분명하고 흥미롭다는 생각이 들고 해결하고자 하는 목적에 부합된다고 생각이 되는 대안에 대하여 ✓표를 하면서 선택한다. 선택된 대안들은 다시 준거를 설정하여 평가하거나 하이라이팅 기법으로 분류할 수도 있다.

② 하이라이팅(highlighting) 기법

하이라이팅 기법은 히트 기법으로 선정된 그럴듯한 대안들을 몇 개의 같은 범주끼리 분류해 보는 것이다. 직관에 의하여 분류해 보는데, 먼저 히트한 대안에 번호를 부여하고 같은 성격의 아이디어이거나 대안들 간의 어떤 관계를 중심으로 공통 주제끼리 영역을 만들어 조직화한다. 조직화된 영역에서는 공통의 주제를 재진술한다.

하이라이팅 기법은 아이디어를 평가하고 선택하는 간단하면서도 효과적인 방법이다. 이렇게 일차적으로 평가된 대안들을 좀 더 구체적으로 분석해 볼 필요가 있을 때는 역브레인스토밍, ALU, PMI, P-P-C 대화기법 등을 활용할 수 있다.

③ 역브레인스토밍 기법(reverse brainstorming)

하나의 아이디어가 가질 수 있는 가능한 약점을 발견하고 실천될 때 잘못될 수 있는 부분을 예상해보는 기법으로 Hotpoint 회사가 하나의 집단 방법으로 생각해낸 방법이다(Whiting, 1958). 이미 생성해놓은 아이디어를 '비판'한다는 점에서 고전적인 브레인스토밍과 차이를 보인다. 이 기법은 일차적인 평가 과정을 거친 소수의 아이디어들을 심도 있게 분석하는데 적절하며 의견일치가 어려울 경우 '목표 스토밍(goalstorming)'을 실시한 후 '가장 그럴듯한 아이디어'를 선택한다. 선택 후 목표를 세분화하여 세분 목표가 평가될 때까지 한다.

④ PMI(Plus, Minus, Interesting)

PMI는 DeBono(1973)가 고안한 기법으로 주의집중의 도구이다. 주의를 먼저 의도적으로 P(강점)에 집중시킨다. 그 다음으로 약점(M)에 그리고 마지막으로 그 아이디어가 가지고 있는 I(흥미로운 점)에 주목하여 생각한다. 다시 말하면 제시된 아이디어에 대하여 좋은 점이나 좋아하는 이유를 먼저 살펴보고, 그 다음으로 그 아이디어의 나쁜 점이나 싫어하는 이유를 생각하고 마지막으로 제시된 아이디어와 관련되어 흥미롭게 생각되는 점 등을 따져보는 것이다.

⑤ 평가 행렬표(evaluation matrix)

이 기법은 하이라이팅된 대안들을 평가할 때나 생성된 대안이나, 행위계획을 위한 대안들을 평가할 때 활용되며, 대안들은 어떠한 준거에 따라 체계적으로 평정척도를 제시하여 평가하는 것이다.

⑥ 쌍비교 분석법(Paired Comparison Analysis, PCA)

이 기법은 많은 대안들이 모두 중요해서 어느 것을 먼저 실천해야 하며, 어느 것을 가장 먼저 생각하여 일을 처리해야 할지를 판단하고자 할 때 사용되는 기법이다. 즉, 우선순위를 정하여 대안을 선택하고 결정해야 할 때 활용되는 기법이다. 모든 대안들을 서로 한 번씩 비교해 보고 상대적으로 중요한 것을 확인하여 상대적인 우선순위를 정할 수 있다.

2) 바람직한 대안의 특성

대안 탐색 기법을 통해 발굴된 대안이 모두 바람직한 대인이라고 볼 수는 없다. 별로 바람직하지 않은 대안들만 발굴되었다면 여러 악 중에 하나를 선택해야 하는 상황에 처할 수 있다.

그러면 바람직한 대안이란 과연 어떤 것을 의미하는가? 『현명한 조직(The Smart Organization)』(1988)의 저자들에 의하면 바람직한 대안은 다음과 같은 특성을 가진다.

(1) 폭넓게 검토한 결과

대부분은 아니지만 그래도 많은 의사결정이 다양한 선택 가능성에 기초하여 내려진다. 예를 들어, 소비재 제품을 생산하는 회사가 가장 좋은 유통 전략을 탐색하는 경우 다양한 방법을 찾을 수 있을 것이다. 그중에는 재래식 소매점(쇼핑몰과 독립 상점), 카탈로그 판매, 온라인 판매,

여러 도매체인 등이 있을 수 있고 이들 중 일부 방식을 결합한 형태도 가능하다. 각각의 대안이 모이면 의사결정자는 다양한 선택을 할 수 있게 된다.

(2) 진정한 대안

'허수아비 대안'(straw man)은 근거가 빈약한 주장이나 대안을 의미한다. 허수아비 대안은 단지 다른 대안이 합리적이고 강력하게 보이도록 만들려는 목적에서 제시된 것이다. 허수아비 대안은 허위 선택을 의미하므로 대안에서 제외되어야 한다.

(3) 실행가능성

어떤 아이디어는 한 의사결정자에게 훌륭한 대안이 될 수 있지만 다른 사람에게는 실행 가능성이 없는 경우도 있다. 예를 들어, 어학실력 향상을 위해 1년 동안 해외연수를 다녀온다는 대안은 일부계층에게는 실행 가능한 대안이 되겠지만 경제형편이 어려운 계층에게는 감당할 자원이 없어 실현 가능성이 없는 대안이 된다.

대안을 탐색하기 위해 브레인스토밍을 할 때 넓게 생각하는 것이 항상 중요하지만 현실적으로 생각하는 것도 똑같이 중요하다. 대안의 실현 가능성은 평가단계에서 밝혀지게 된다. 그러나 평가는 시간이 소요되고 종종 비용도 든다. 그러므로 제안된 대안이 너무 비용이 많이 들거나 문제 범위가 너무 광범위하거나 또는 임시방편에 불과한 경우에는 명백히 실현 가능성이 없는 경우로 간주하고 이를 폐기하여야 한다. 결국 택하지 않을 대안을 검토하느라 소중한 자원을 낭비할 필요가 없다.

(4) 충분한 수의 대안

물론 의사결정자가 처리할 수 없을 정도의 너무 많은 대안은 바람직하지 않겠지만, 충분한 수의 대안을 제공하여 의사결정자에게 폭넓은 선택권을 제공하여야 한다. 그러나 그 대안들은 현실적이어야 한다는 것이다. 최종 리스트에 오른 대안에 대해서는 평가를 해야 하는데 이것은 시간과 많은 노력을 필요로 한다는 점을 유념하여야 한다.

참 고 읽 기

적당할 때 멈추면 행복한 이유

선택은 좋은 것이다. 눈앞에 펼쳐진 여러 대안 중 원하는 것을 마음껏 고를 수 있는 선택행위는 우리에게 '매우 자유롭다'는 느낌을 준다. 반대로 우리는 뭔가 선택의 여지가 없는 상황에 직면하면 마치 자유를 제한받는 느낌이 든다. 그렇다면 고를 수 있는 대안이 무한정 많은 상황은 늘 좋기만 한 것일까. 다음을 보자.

A. 6종류의 잼이 놓인 진열대
B. 24종류의 잼이 놓인 진열대

당신이 잼을 산다면, 6종류의 잼이 놓인 진열대(A)와 이보다 4배나 많은 24종류의 잼이 놓인 진열대(B) 중 어느 곳에서 잼을 고르겠는가. 이는 적당한 선택의 폭이 있는 경우(A)와 실제 필요한 수준보다 선택의 폭이 훨씬 넓은 경우(B) 중 사람들이 실제 어떤 선택을 하는가에 대한 질문이다. 실제 242명을 관찰한 실험연구에 의하면 A진열대를 방문한 사람의 비율은 40%인 반면 B진열대 방문 비율은 60%로 사람들은 선택의 폭이 넓은 진열대(B)를 조금 더 선호했다.
하지만 진열대 방문 후 실제 잼을 구매한 사람의 비율은 A진열대가 30%인

반면, B진열대는 단지 3%에 불과했다. 즉 사람들은 폭넓은 선택권이 있는 대안에 높은 관심을 가졌지만 막상 실제 선택 행위 자체는 주저한 것이다. 우리 뇌는 필요 이상으로 선택 대안이 많으면 오히려 잘못된 선택을 하지 않을까 하는 걱정을 하기 때문이다. 이러한 걱정이 망설임으로 이어져 결국 선택 행위 자체를 포기하는 것이다.

사람들은 그 많은 잼들 중에서 자신이 선택한 잼이 맛이 없다면 "잼을 잘못 골랐어"라는 손실감을 느낀다. 반대로 잼이 맛있더라도 "그렇게 많은 종류의 잼 중에서 이 잼보다 더 맛있는 게 있을지 몰라"라는 후회감을 느끼는 것이다. 결국 선택 대안이 필요 이상으로 많으면 결정을 하기 어렵고, 결정 이후에도 만족감이 높지 않다. 다음을 보자.

A. 6가지 고급 초콜릿에서 한 가지를 선택
B. 30가지 고급 초콜릿에서 한 가지를 선택

당신은 A와 B 중 어느 상황을 선호하는가. 일반적으로 선택의 폭이 훨씬 넓은 B상황을 선호할 것이다. 그러나 실제 실험에서 A상황에서 고른 초콜릿 맛에 대한 사람들의 평가(만족도)는 10점 만점을 기준으로 평균 6.25점이었다. 반면 선택의 폭이 넓은 B상황에서 고른 초콜릿 맛에 대한 사람들의 평가(만족도)는 5.5점으로 A상황보다 더 낮았다.

더욱이 실험을 마친 후 사람들에게 답례품으로 5달러와 초콜릿 상자 중 원하는 것을 선택하라고 제시한 결과 A상황을 선택한 사람들의 47%가 다시 초콜릿을 선택한 반면, B상황을 선택한 사람들이 다시 초콜릿을 선택한 비율은 12%에 불과했다. 그만큼 자신의 선택에 대한 후회감이 더 높았다는 것을 의미한다.

우리 뇌는 어느 정도 선택의 여지가 있는 상황을 선호한다. 하지만 필요 이상으로 너무 많은 선택 대안이 제시될 경우, 오히려 선택 행위 자체를 주저하는 경향이 있다. 또 지나치게 많은 대안은 일일이 비교 판단하기 어렵기 때문에 '혹시 잘못된 결정을 내리지는 않았을까' 하는 후회감이 선택 이후 만족도에까지 영향을 미친다.

필요 이상으로 많은 선택 대안의 존재가 오히려 만족감에 부정적 영향을 미친다는 연구 결과는 과잉사회를 지향하는 우리에게 의미있는 통찰을 준다. 그 끝을 알 수 없는 욕구를 채우기 위해 끊임없이 생산하고 소비하고 폐기하는 과잉사회가 지속되는 한 역설적으로 우리가 느끼는 만족감은 더 낮아진다. 적당할 때 멈추어야 행복하다.

출처: 〈최승호의 생각의 역습, 중앙SUNDAY 2015.2.01〉

4. 단계 4: 대안 평가

실질적인 대안 목록을 확보하면 대안 하나 하나의 실행 가능성과 리스크 및 그 영향을 평가하여야 한다. 평가를 위해서는 소프트웨어를 포함하여 많은 분석 도구들을 활용할 수 있다.

1) 벤자민 프랭클린의 대등교환법(Even swaps)

"저는 종이에 선을 그어 두 개의 열을 만들고 한쪽에는 장점을 다른 한쪽에는 단점을 적습니다. 그 다음 4,5일 동안 곰곰이 생각하면서 그때마다 머릿속에 떠오르는 장점과 단점을 기재합니다. 그리고 모두 다 작성하면 각각에 대해 중요도를 부여합니다. 그래서 장점 한 개와 단점 한 개가 같은 비중이라고 생각되면 이 둘을 함께 지웁니다. 또 장점 한 개와 단점 두 개가 같은 중요도를 가지면 이 세 개를 함께 지웁니다. 계속해서 장점 두 개와 단점 세 개가 같다고 판단되면 이 다섯 개를 모두 지웁니다. 이런 방식으로 계속하면 마침내 끝까지 남아 있는 것을 찾을 수 있습니다."

시대를 앞서가던 프랭클린은 17세기에 이미 오늘날 '대등교환법'(even swaps)이라고 불리는 의사결정 기법과 유사한 방법을 사용하고 있었던 것이다. 그는 대안을 평가하여 각각의 장단점을 비교하였다.

2) 대안을 평가할 때 고려해야 할 변수들

일단 대안탐색을 모두 마쳤다면 의사결정 과정을 시작할 때 세워놓은 목표에 어떤 대안이 적절한지 평가하여야 한다. 각각의 대안들은 목표를 달성하는 데 얼마나 많은 기여를 할 수 있을까?

이러한 질문에 답하기 위해서는 다음과 같은 변수를 고려하여 비교해 보아야 한다.

(1) 비용

각각의 대안은 얼마나 많은 비용이 소요되는가? 당장 경비를 절감하는 효과를 거둘 수 있는가? 아니면 장기간에 걸쳐 효과가 발생하는가? 간접비용이나 기회비용은 없는가? 장래에 추가 비용이 발생할 것인가? 이 대안은 우리 예산 범위 이내에서 가능한가?

(2) 편익

대안대로 이행하면 어떤 이익을 거둘 수 있을까? 우리 제품의 품질을 향상시킬 수 있는가? 고객만족도를 높일 수 있는가? 우리 조직의 대외적인 평판과 이미지를 제고시킬 수 있는가?

(3) 재정적 효과

이 선택으로 인한 금융비용과 이익을 순현재가치로 따지면 실질적인 효과가 있는 것으로 나오는가? 그와 같은 효과를 적절한 시기에 거둘 수 있는가? 대안을 집행하기 위해 자금을 빌려와야 하는가?

(4) 무형 자산

대안을 이행할 경우 조직의 명성에 도움이 되는가? 조직의 고객과 직원들의 만족도와 충성도는 높아질 것인가?

(5) 시간

대안을 이행하기까지 시간은 얼마나 소요되는가? 지체 가능성과 지체될 경우 스케줄에 미치는 영향과 지체비용은 얼마나 되는가?

(6) 실행 가능성

현실적으로 이행가능한가? 극복해야 할 장애물은 없는가? 대안을 이행할 때 조직 내부나 외부에서 있을 수 있는 저항은 없는가?

(7) 자원

대안을 이행하기 위해서는 인원이 얼마나 필요한가? 필요한 인원을 모두 현재 동원할 수 있는가 아니면 추가적으로 고용해서 교육해야 하는가? 직원들이 여기에 투입되면 다른 프로젝트들은 어떤 영향을 받게 되는가?

(8) 리스크

대안마다 어떤 리스크가 있는가? 예를 들어, 이윤이나 경쟁력을 상실하게 되지는 않는가? 다른 경쟁자들은 어떻게 대응할 것인가? 불확실성을 줄이기 위해 어떤 정보가 필요한가? 리스크를 줄이기 위한 정보를 수집하는 데 어떤 어려움이 있을 것이며 그 비용은?

(9) 윤리

윤리적으로 문제가 없는 대안인가? 고객과 직원 그리고 지역 사회를 위한 최상의 선택인가? 우리가 이 대안을 고려하고 있다는 것을 다른 사람들이 알아도 문제는 없는가?

5. 단계 5: 최선의 대안 선택

의사결정 팀에서 목표에 대해 합의하고 제4단계까지의 모든 의사결정 단계를 제대로 수행하였다면, 팀구성원들은 이제 각각의 대안에 대해 합리적으로 평가할 수 있는 수준에 도달하게 된다. 이상적인 상황이라면 최선안이 명확해져 있을 것이다.

6. 단계 6: 경험으로부터 학습

이 단계에서는 자신 혹은 팀이 내린 결정과 그 결정 과정을 분석하여 교훈을 찾아내야 한다. 의사결정 기술은 과거에 내린 의사결정의 결과로부터 체계적 배움을 통해 향상된다.

창의적 문제해결 과정과 기법

 창의적 문제해결과 수평적 사고

[그림 13] 강풍에도 뒤집어지지 않는 '센즈 우산'

장마철에 비바람이 세게 불면 우산이 뒤집어지거나 우산살이 꺾여 낭패를 본 경험이 있을 것이다. 또한 비가 사선으로 내리칠 경우 우산을 기울여도 옷이 젖은 경우도 있었을 것이다. 이런 문제를 일거에 가볍게 해결한 것이 거윈이라는 사람이 개발한 '센즈 우산'이라는 것이다. 접었을 때는 다른 우산과 비슷하지만 펼치면 양쪽 면의 반지름이 각기 다른 타원형이다. 보통 우산처럼 8개의 살로 지탱하지만 유체역학의 원리에 따라 두 개의 살은 길고 두 개는 짧아 시속 100Km의 강풍에도 견딜 만큼 튼튼하다. 이는 일상적인 문제를 창조적으로 해결한 예라고 볼 수 있다.

이와 같이 문제해결을 위해서는 기존의 틀을 벗어난 창의적 접근이 필요한 경우가 많다. 창의적 문제해결을 위해서는 무엇보다도 '사고의 틀'을 유연하게 유지하는 것이 중요하며 동시에 문제해결을 위한 통합적이고 입체적 시각이 필요하다. 사고는 크게 수직적 사고와 수평적사고로 구분할 수 있다. 문제해결을 위해서는 '사고의 틀'의 유연화와 입체적 접근을 위해서 '수평적(입체적) 사고기법'(John Adair, 2007)이 도움을 줄 수 있다. 수평적(입체적) 사고기법이란 한 단계씩 순서적으로 접근하는 방식을 포기하고 '한쪽으로' 치우쳐서 생각하는 것이다. 예를 들면 초창기에 차를 생산할 때에는 기술자들이 차 한 대를 완성하고 난 뒤에야 다음 차로 이동했다. 이 고정관념을 완전히 뒤엎은 대표적인 이가 바로 헨리 포드다. 그는 움직이는 벨트 위에 자동차 뼈대를 올려놓고 기술자들 사이를 지나가도록 했다. 바로 분업화된 조립 공정의 탄생이었다.

〈표 28〉 수직적 사고와 수평적 사고

수직적(관성적) 사고	수평적(입체적) 사고
선택한다	변화한다
무엇이 옳은지 찾는다	무엇이 다른지 찾는다
한 번에 한 단계씩 밟아 나간다	신중히 고려해 필요한 단계로 뛰어넘는다
연관성에 초점을 맞춘다	뜻밖의 기회를 적극 활용한다
가장 바람직한 방향으로 움직인다	전혀 아닐 것 같은 방향을 탐구한다

출처: Edward de Bono, 2005, 「The Five Day Course in Thinking」, 101.

수직적(관성적) 사고는 전통적인 의사결정이나 문제해결 틀에 입각한 사고 체계이며 수평적 (입체적)사고는 고정관념과 사고의 틀을 벗어나 보다 창의적 문제해결에 바람직한 사고체계라 볼 수 있다. 수직적 사고도 의사결정의 성격과 내용에 따라 중요할 때도 있지만, 창의적인 대안발굴이나 문제해결이 필요한 경우 수평적 사고에 의한 접근이 보다 큰 효과를 만들어 내는 경우가 많다. 이는 많은 경우 문제의 해결책이 의사결정자의 고정관념 바깥에 존재하고 있기 때문이다. 실제로 창의적인 사람은 문제에 부딪히면 해답을 구하고자 아주 멀리, 시공간을 벗어나 앞을 내다볼 줄 안다. 현대 농업의 창의자라고 불리는 제스로 툴(1664-1741)은 파종기를 발명했는데, 그는 오르간 연주자로서 겪었던 기존의 경험을 동원하여 씨뿌리는 방법을 변형·개발하여 버려지는 씨없이 생산성을 여덟 배나 높였다. 그는 한 영역의 기술을 다른 영역으로까지 전이할 줄 아는 창의적인 인물이었다. 하지만 보통 평균인들은 대부분 구획을 나누어 생각하고 전문 분야를 만들어 일하다 보니 아무래도 편협한 사고를 하게 된다. 사람들 사이에 널리 수용되고 있는 가정은 받아들이기 전에 항상 의심해보는 습관을 들일 필요가 있다.

이 책의 도입부에서, '작은 점 9개'와 '성냥개비 6개' 문제에서 본 것처럼 고정관념에서 벗어나면, 사람들 사이에서 아무런 비판의식 없이 널리 수용되지만 현실에 토대를 두지 않는 사고방식이나 습관 또는 가정을 감지할 수 있게 된다. 보통 현재 살고 있는 사회의 테두리 안에서 이러한 것들을 아무 의심 없이 그대로 받아들이며 이것들은 일상의 인습에 속하는 것으로, 별 생각 없이 진실로 받아들인다.

2절 창의적 문제해결과 잠재의식 활용

창의적인 사고는 강요한다고 해서 되는 것이 아니다. 만약 어떤 문제를 해결하려고 노력했지만 아무런 진전이 없다면 이를 잠시 내버려두고 잠재의식, 즉, 속마음에 넘겨보는 것도 큰 효과가 있다.

보통 사람들은 최종기한을 정해놓기를 좋아하지만 그렇다고 정확하게 움직이지는 않는다. 때로는 한밤중에, 혹은 느린 산책 중에 의사결정자의 머릿속에 좋은 해결책이 떠오를 때도 있을 것이다. 잠재의식을 이해하면 문제해결에 더 창의적인 방식으로 접근할 수 있다. 그러나 아직도 잠재의식이 부분들을 종합하여 새로운 것을 만들어내고, 각각 다른 활동에 속한 요소를 새롭게 연결하는 등 정신적으로 매우 중요한 기능을 수행한다는 사실을 모르는 경우가 많다.

◉ 창의적 사고와 문제해결 과정

〈과정 1〉 준비 단계

관련된 정보를 수집하고 분류하며, 문제를 철저하게 분석하고 해결책을 탐구하는 단계이다. 이는 매우 힘든 작업이나 이 단계가 충분이 준비되어야 이로부터 다음 과정과의 연결이 가능해진다. 이 과정은 일반적인 의사결정, 특히 합리모형에 의한 의사결정에서 문제정의, 목표설정, 그리고 대안탐색까지의 과정을 의미한다고 볼 수 있다.

〈과정 2〉 숙성단계

준비단계에서 수집되고 정리된 정보와 지식을 숙성시키는 단계이다. 이는 해결해야 할 문제의 내용을 완벽하게 이해하고, 그 문제와 관련된 최근 동향이나 이론, 트렌드 등을 알고 있는 상태에서 문제 자체에 대한 숙고

(deliberation)에 들어간다는 것을 의미한다. 숙고의 방식에는 ① 문제자체에 몰입하기 ② 문제를 접어두고 잠시 잊기(다른 문제 생각하기) ③ 몰입과 잊기(다른 문제 생각)를 반복하기 등이 있다.

이 단계는 잠재의식(속마음)이 작용하는 단계다. 분석하고 종합하고 평가하는 정신적인 작업이 잠재의식 속에서 일어난다. 더 나아가면 문제를 구성하는 부분들이 해체되고 새로운 결합이 일어나기도 한다. 또한 기억력 속에 저장되어 있던 의외의 다른 요소들이 등장하여 새롭게 연결되기도 한다.

숙성단계에서 중요한 점은 편안하게 사고의 숙성을 위한 충분한 시간을 부여해야 한다는 것이다. 만일 그러한 시간이 부족하다면 이 단계를 건너 뛸 수밖에 없고, 그렇게 되면 충분히 숙성된 아이디어나 대안이 나오기가 어렵게 된다.

〈과정 3〉 부화단계

갑자기 무릎을 치면서 "이거다!"라고 외칠 수 있는 새로운 아이디어가 의식 속에서 떠오른다. 천천히 떠오르기도 하고, 수면 위로 뛰어오르는 물고기처럼 갑자기 나타나기도 한다. 이러한 순간은 대개 문제에 대한 생각을 잠시 접어두고 편안한 마음 상태에 있을 때, 혹은 다른 일을 하는 중에 생각지도 않게 일어나는 경우가 많다. 또한 동일 문제에 대해 시간을 두고 반복적으로 새로운 아이디어가 꼬리를 물고 떠오르기도 한다.

〈과정 4〉 검증 단계

평가 기관이 작동하는 단계다. 새로운 아이디어, 통찰력, 직감, 해결책을 문제제기 목적에 비추어 철저하게 점검해야 한다. 특히 어떤 행동을 위한 기반을 만들어야 할 때는 반드시 필요한 과정이다. 검증단계에서 통과하지 못한 아이디어나 새로운 대안은 숙성단계로 다시 돌아가 문제점을 재점검해야 한다.

3절 창의적 문제해결 기법

창의적 문제해결을 위해 경영분야나 민간부분에서 다양한 기법들이 개발되어 소개되고 있다. 구 소련에서 발명특허 논리를 정리하여 개발한 TRIZ기법은 단순한 기술발명 차원을 넘어 경영, 행정, 사회적 문제해결 영역에까지도 적용이 시도되고 있다. 디자인 씽킹은 제품의 디자인 방식에 착안하여 디자인적 사고과정을 개발하여 경영이나 사회적 문제해결에도 도움을 주고 있다. 이외에도 CPS(Creative Problem Solving), 마인드맵 등 다양한 방법이 개발되어 경영현장에서 사용되고 있으나, 여기서는 디자인 씽킹과 TRIZ 기법을 살펴보도록 한다.

1. 디자인 씽킹

1) 디자인 씽킹이란?

점점 더 높은 삶의 질을 추구하는 현대의 소비자들에게는 제품의 품질이나 기술 수준도 중요하지만 디자인과 브랜드가 더욱 중요해지고 있다. 단순하면서도 직관적인 디자인으로 전 세계적인 열풍을 이끌어냈던 아이폰의 창조자 스티브 잡스는 "디자인은 제품이나 서비스의 연속적인 외층에 표현되는 인간 창조물의 영혼이다"라고 말했다. 이 말이 의미하는 바는 이제 인간은 단순한 신체적, 물질적인 만족만을 요구하는 게 아니라 영혼의 만족까지도 요구한다는 것이며, 디자인이 그러한 욕구를 충족시킬 수 있다는 것이다.

이처럼 디자인의 중요성이 점차 커지면서 많은 기업이 디자인에 관심을 기울이기 시작했다. 처음엔 단순히 제품의 외양에만 적용되던 디자인이 이제는 '고객을 만족시킬 수 있는 모든 것'에 적용되고 있다. 즉 제품 개발 단계뿐만이 아니라 제품의 기획, 마케팅, 관련 서비스 등 전 과정에 걸쳐 디자이너들의 감수성과 사고방식이 적용되고 있다는 것이다. 이것이 바로 디자인적 사고, 즉 디자인 씽킹(Design Thinking)이다.

디자인 씽킹이란 마치 디자이너처럼 문제를 창의적으로 풀어가는 데 도움을 주는 사고의 한 방식으로 정의할 수 있다. 일반적으로 관리자처럼 생각해서는 창의적인 아이디어가 나올 수 없다고 한다. 그 이유는 관리자는 자신의 관리모드 입장에서 생각하기 때문에 고객에 대한 공감능력이 떨어지고, 그렇기 때문에 고객이 원하는 제대로 된 제품이나 서비스가 나올 가능성이 떨어지는 것이다. 디자인은 공감능력(Empathy), 즉 디자인 하려는 대상에 대한 공감과 이해에서 출발한다. 그래서 자신의 입장보다는 고객의 입장을 먼저 생각하게 된다. 예를 들어 장애인들의 이동권 확보를 위한 '지하철 계단 가드레일 설치', 임신부를 위한 '대중교통 좌석 지정제' 등은 당사자들의 입장을 철저히 '공감'한 결과로 생겨난 아이디어일 것이다.

2) 디자인 씽킹의 지향가치(Orientation Value)

(1) **인간 가치(감성적 조건)**: 디자인 씽킹에서는 인간중심의 접근법을 중요시하는 데 필요나 어려움, 고통 속에 있는 사람들과의 공감을 통해 해결해야 할 문제를 찾아간다. 무엇보다도 감성적 공감을 중요시 한다.

(2) **실현가능성(기술/조건)**: 공감을 통해 발굴된 다양한 아이디어나 대안들은 구현기술을 비롯한 다양한 제약조건들을 충족시킬 수 있는지 여부에 대한 실행가능성(feasibility) 검증과정을 거친다.

(3) **경제성(수익/비용)**: 개발된 프로토타잎은 비용대비 수익성이 있는지에 대한 경제성 검증을 거친다.

3) 디자인 씽킹 과정(Design Thinking Process)

디자인 씽킹 고자정은 아래 그림처럼 보통 다섯 단계의 과정을 거친다.

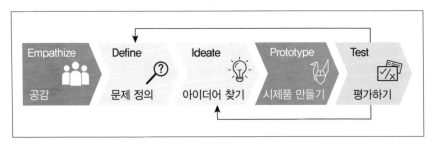

[그림 14] 디자인 씽킹 과정

(1) 공감하기(Empathize)

이는 디자인 씽킹에서 제일 중요한 핵심단계로, 고객 혹은 타인의 열정이나 깊은 감정 속으로 들어가는 것을 의미하며 일종의 감정이입이라고 볼 수 있다. 공감에서 출발하는 이유는 ① 최종 사용자나 해결해야 하는 문제 등으로부터 배우기 위함이고 ② 고객의 불편함, 진정한 본모습(Persona) 등을 파악하고 다음 단계인 '문제정의'로 넘어가기 위함이다.

공감하는 방법으로는 고객이나 정책대상자의 깊은 내면과 감정 속으로 들어가서 그들이 느끼는 고통이나 불편, 거리낌 등을 살펴보아야 한다. 이는 우선 타인과 공감을 할 수 있어야 그들을 설득을 할 수 있고 그로부터 아이디어의 단서를 찾아낼 수 있기 때문이다. 그러기 위해 관찰, 대화, 인터뷰, 지켜보기, 듣기 등의 방법을 사용한다.

(2) 문제 정의(Define)

공감단계에서 획득한 통찰로부터 의사결정을 진행하는 수렴적 사고단계이다. 문제정의를 위해서 대니얼 링(디자인씽킹 가이드북 저)은 공감단계에서 얻은 통찰을 바탕으로 다음과 질문을 던질 수 있어야 한다고 강조하고 있다.

① 꼭 해결해야 할 문제인가?

② 우리들이 지향하는 곳은 어디인가?

③ 도움을 줄 대상은 누구인가?

④ 고객에게 어떤 가치를 제공하는가?

⑤ 우리들은 어떤 상황에 있나?

⑥ 어떻게 그런 문제가 발생했나? 등이다.

그래서 중요한 것은,

① 제대로 된 문제의 발견

② 발견한 문제의 재해석

③ 문제의 정확한 정의

라고 보았다.

(3) 아이디어 도출(Ideate)

이 단계는 아이디어 창출에 집중하고 고객이나 정책대상자에게 적합한 해결방안을 제시하는 단계로서 창의성, 집단시너지, 생성과 평가의 분리가 중요하다. 아이디어는 많을수록 좋으며, 남의 의견에 대한 비판은 엄금해야 한다. 아이디어에 아이디어 더하기가 빼기보다는 좋고 효과적인 브레인스토밍을 위하여 자유롭게 말할 수 있고, 많이 듣고, 시각화도 해보는 것이 좋다.

촉발질문들(Trigger Questions)은 다음과 같은 것이 있을 수 있다.

① 촉매제가 될 만한 인용구나 스토리 활용: 실수는 인간적인 일, 용서는 신성한 일. You Only Live Once!

② 가설에 의심하기: 왜 색깔 있는 침대보를 사용하는 걸까(Starwood

Hotel), 왜 TV는 직사각형 형태만 있을까, 왜 은행은 오후 4시에 문을 닫을까?

③ 극단적인 지점 탐구하기: 1996년 Kodak이 "시장의 90%가 디지털 사진으로 옮겨간다면 우리는 어떤 상품을 팔아야 하지?", 우리 기관(조직)이 내년에 구조조정으로 폐쇄된다면?

④ 주체와 역할 바꿔보기: IKEA는 가구조립을 고객에게 떠넘김, 부서원들이 돌아가면서 '일일 팀장'되어 보기.

⑤ 다른 사람인 척 해보기: 내가 애플이라면, 구글이라면, 초등학생이라면, 노인이라면, 장애인이라면 어떻게 해결할까?

⑥ 미래에서 바라보며 재구성하기: 이미 목표를 달성한 미래에서 과거를 보면서 성공이유를 재구성 – 네이버와 제휴되었다, 국민연금재정국장이 되었다 등

(4) 프로토타입 만들기(Prototype)

아이디어를 빨리 시제품으로 만들어 보는 단계로서 단순하고 저렴한 비용으로, 빠르게 아이디어를 형상화는 단계이다. 제품이 아니라 프로그램이거나 사회정책적 아이디어라면 소규모 대상집단을 대상으로 사전테스트(pilot-test)를 해볼 수도 있을 것이다. 그래야 잠재고객과 소통하고 고객경험을 얻을 수 있기 때문이다. 일단 만들어서 만든 것으로 고객과 소통한다. 고객과 소통 시 어떻게 할지 사용 시나리오를 만든다.

(5) 테스트와 반복 (Test)

이는 프로토타입에 대한 피드백을 얻는 단계로서 사용자와 고객으로부터 배워 프로토타입을 개선해 나가기 위한 것이다. 이를 위해 첫째, 고객이나 정책대상집단에게 프로토타입을 보여주고(show) 사용하게 할 필요가 있다. 그리고 고객의 사용모습을 지켜보고 고객의 소리에 귀를 기

울여야 한다. 다음으로 고객이 경험하고 느낀 것을 말하게 하는 것이다.

2. TRIZ 기법

1) TRIZ 기법이란?

트리즈기법은 겐리흐 싸울로비츠 알트슈레르라는 러시아인이 고안해낸 발명 방법론으로, 「창의적 문제해결이론(Teoriya Resheniya Izobretatelskikh Zadach)」이라는 러시아 말의 줄임말이다. 이 기법은 특허 심사업무를 하다가 약 4만 건의 핵심 특허건을 분석해 창의적인 발명에서 공통적인 특성을 발견하고, 이를 체계화시킨 것으로, 문제가 발생된 근본 모순을 찾아내 이를 해결할 수 있는 방안을 모색하는 방법론을 말하다.

구체적으로 TRIZ기법은 주어진 문제의 가장 이상적인 결과를 얻어내는 데 관건이 되는 모순을 찾아내고 이를 극복함으로써 혁신적인 해결안을 찾아낼 수 있는 방법론이다. 처음엔 기술분야에만 적용되었으나 현재는 경영, 사회, 소프트웨어 등 비기술분야에서도 확장되어 사용되고 있다.

미국에서 브레인스토밍이 창의적 아이디어 발상기법의 대명사라면 러시아에서는 트리즈(TRIZ)가 유명했다. 이것은 공산국가에서 개발된 것이어서 한동안 서구 세계에는 잘 알려져 있지 않다가 최근에 전 세계적으로 보급되어 현재에는 차세대 경영혁신 도구로 각광을 받고 있는 기법이다.

2) TRIZ의 기본가정 및 원리

(1) TRIZ의 기본 가정

가. 규칙(Regularity)

주제와 시간에 관계없이 문제가 반복된다.

나. 모순(Contradiction)

모순을 타협하지 않고 분리하여 처리한다.

다 시스템 사고(System Thinking)

문제를 보는 시각을 점이 아닌, 선이나 면, 공간으로 보고자 한다.

라. 기술 진화(Technology Evolution)

기술도 사회나 자연과 마찬가지로 일정한 법칙에 따라 진화한다고 본다.

(2) 트리즈 기법의 기본원리

가. 모순의 해결

트리즈에 의하면 창의성이 필요한 문제에서 가장 효과적인 해결책은 모순을 극복하는 것이다. 시스템의 어떤 기술 특성을 개선하고자 할 때 동일한 또는 다른 기술 특성이 악화되는 경우 모순이 있다고 말한다. 시스템은 하위 시스템들을 가지며, 처음에는 전체 시스템에 대한 영향을 고려하지 않고 산발적으로 하위 시스템을 개선하여 오기 때문에 모순이 발생한다. 또한 시스템이 진화하면서 하위 시스템의 불균등한 발전으로 인해서도 모순이 발생한다. 이런 모순을 찾아서 해결함으로써 시스템은 보다 발전된 형태로 진화될 수 있고 문제에 내재된 모순을 극복하지 못하면 그 문제는 해결된 것이 아니다.

나. 시스템의'이상성'을 향상시킴

어느 시스템의 "이상성"은 그것이 완전한 시스템에 얼마나 근접되어있는가에 관한 척도이다. 완전한 시스템(트리즈에서는 "이상적 최종 결과"로 부름)은 비용이 들지 않고, 유해한 효과가 없이, 고객이 원하는 모든 장점을 갖는 시스템이다.

이에 따라서 시스템이 원하는 특성이 더해지거나 또는 원하지 않는 특성이 줄어들거나, 원가가 절감되고, 복잡도가 줄어드는 경우에 이상성이 증가한다.

다. 쉽게 이용 가능한 유휴자원을 사용

시스템의 눈에 보이지 않는 유휴 자원들을 겉으로 볼 때 양립되지 않는 목표를 얻기 위해 사용된다. 이러한 자원들은 시스템 내부 또는 인접한 곳에 있는 자원들로부터 쉽게 이용할 수 있는 에너지, 물질, 대상물, 정보 또는 물건 등을 포함한다.

3) 모순의 해결

(1) 모순의 종류

가. 행정적 모순

바람직하지 못한 상황을 피하고 가시적인 결과를 만들어내기 위해 무엇인가 필요하지만, 그 결과를 얻는 방법이 알려져 있지 않다.

예 생산성을 향상시키고 원가를 절감하고자 한다면 이를 위해 무엇인가가 필요하다는 것을 알지만 해답을 찾기 위한 방향을 알 수 없다. 국민들이 다양한 영역에서 복지확대를 원하고 있지만 국가재정 형편상 이를 시행하기 어렵다.

나. 기술적 모순

기술적 모순은 시스템의 하위 시스템 두 개가 서로 상충할 때 발생한다.

즉, 시스템의 어떤 특성을 개선하면 다른 특성이 악화되는 경우에 기술적 모순이 있다고 말하고 대개의 경우 기술적 모순이 있으면 이둘 사이를 상호 절충하여 문제를 해결해 왔다. 이런 해결책이 어느 정도의 효과를 거둘 수는 있지만 근본적으로 모순을 제거하지는 못한다. 이를 절충 모순(Tradeoff Contradiction)이라고도 한다.

예 비행기 속도를 증가시키기 위해 새롭고 보다 강력한 엔진을 탑재하였다. 이 엔진은 강력한 만큼이나 비행기의 무게를 증가시켰고 기존의 비행기 날개로는 이륙에 필요한 양력을 만들어낼 수 없었다. 따라서 비행기 날개를 더 크게 만들어야 했고 이는 공기저항을 증가시켜 비행기의 속도를 낮추는 요인이 되었다.

이러한 기술적 모순은 다음과 같은 경우에 발생한다.

① 하위 시스템에 유용한 기능을 새로 만들거나 강화시킬 때 이것이 다른 하위 시스템에 새로운 유해 기능을 발생하거나 기존에 있던 유해 기능을 강화시킬 때

② 하위 시스템에서 유해 기능을 제거하거나 축소하고자 할 때 이것이 다른 하위 시스템의 유용한 기능을 약화시킬 때

③ 하위 시스템에서 유용한 기능을 강화하거나 유해한 기능을 완화시키는 것이 다른 하위 시스템이나 전체 시스템에서 받아들일 수 없을 정도의 복잡성을 야기할 때

다. 물리적 모순

하위 시스템이 필요한 기능을 수행하기 위해 A라는 특성을 가져야 하고 동시에 문제 조건을 만족시키기 위해 A가 아니거나 A에 반대되는 특성을 가져야 하는 경우에 물리적인 모순이 있다고 말한다. 다시 말해 물리적 모순은 하위 시스템의 물리적 조건에 대한 요구 사항에 일관성이 없는 경우를 말한다. 이를 고유 모순(Inherent Contradiction)이라고도 한다.

예 • 면도날은 수염을 잘 자르기 위해 날카로워야 하며 동시에 피부 손상을 방지하기 위해 무뎌야 한다.
• 비행기 날개는 이착륙시에 양력을 받기 위해 넓어야 하지만 이륙 후에는 공기의 저항을 줄이기 위해 작아야 한다.

(2) 모순의 해결방법

트리즈는 상세한 개별적 해법이 아닌 개념적인 대안을 제시하기 때문에 이 대안으로부터 실제적 해법을 찾으려는 노력이 필요하다. 알트슐러는 특허 분석을 통해 문제, 모순과 해결책을 정리해서 트리즈라는 창의적 문제 해결 이론과 40개의 발명 원리를 만들었다. 트리즈는 과학기술 분야에서 창의적 사고 기술(skill)과 같은 심리적인 도구가 아닌 기술(technology)에 의해서 문제를 해결할 수 있는 도구이다. 이러한 기본 원리를 응용하여 사회공학적, 혹은 정책적 개선을 기할 수 있다.

4) 혁신을 위한 원리들 - 40가지의 문제해결 원리[2]

(1) 분할(Segmentation)

시스템이나 대상물을 독립적인 부분으로 나눈다. 대상물을 분해하기 쉽게 만든다. 분할이나 분열의 정도를 높인다.

> **예**
> - 커다란 하나의 케이크보다 컵케이크를 만든다. 그러면 사람들은 자기 취향에 따라 꾸밀 수 있고 다양한 입맛을 제공할 수 있다.
> - 약을 잘게 빻아진 가루 형태로 만든다.
> - 최저임금을 업종별로 분할하여 따로 정하도록 한다.

(2) 분리(Separation)

대상물 또는 시스템에서 필요한 부분(또는 성질)만 분리하거나 방해되는 부분이나 성질을 제거한다.

> **예**
> - 정비와 운영 업무를 외주한다.
> - 고위공직자 인사청문회시 '개인 사생활' 부분과 '정책 역량' 분야를 분리 검증한다.

(3) 국소적 성질(Local Quality)

대상물의 각 부분 또는 사용하는 시스템의 기능을 그 작동에 가장 적합한 조건으로 만든다. 대상물들의 각 부분들을 차별적이고 유용한 기능을 수행하게 한다.

> **예**
> - 지우개가 달린 연필
> - 못뽑이가 있는 망치(장도리)
> - 식당 내의 아이들 구역(키드 존) 설치
> - 도서관 내 '그룹 스터디'방 설치

---

2 40가지 문제해결 원리는 트리즈 소개 서적이나 인터넷상에 공개되어 있는데 창시자의 각 예시(주로 물리적 예시)를 저자가 사회공학적, 사회정책적 예시로 전환하여 제시하였음.

(4) 대칭 변환(Symmetry Change)

대상물 또는 시스템의 모양을 대칭에서 비대칭으로 바꾼다. 만약 대상물이 비대칭이면 비대칭 정도를 증가시킨다.

- 예 • 부서의 예산을 모두 일률적으로 올리거나 내리는 것이 아니라 부서마다 각각 다르게 정한다.
  - 고속도로 휴게실의 여자화장실 수를 남자화장실보다 늘린다.

(5) 통합(Merging)

동일하거나 비슷한 대상물을 모아서 가까이 또는 통합하여 놓는다.

- 예 • 종이가 책으로 만들어지고, 책은 도서관으로 집결된다.
  - 전화와 컴퓨터 망
  - 노인복지시설과 노인상담센터

(6) 다기능성(Multifunctionality)

대상물 또는 시스템의 부분이 여러 가지 기능을 할 수 있도록 만든다면 다른 부분의 필요성을 제거한다. 부품과 작업 횟수가 줄고 유용한 특성과 기능은 유지된다. 다용도 원리는 사람에게도 적용된다. 교차기능 훈련은 하나의 기능 대신 다기능을 보유하기 때문에 고용의 안정성을 보장한다.

- 예 • 팀 리더가 기록자와 관리자의 역할을 수행
  - 원 스톱 쇼핑
  - 슈퍼마켓에서 보험, 은행 업무, 연료, 신문 등을 판매
  - 학생증에 도서관 출입증과 체크카드 기능 탑재

(7) 포개진 인형(Nested doll)

한 개의 대상물을 다른 것 안에 넣는다. 각 대상물을 차례로 다른 것 안에 넣는다. 한 부품이 다른 부품 안에 있는 빈 공간을 통과하게 만든다. 이 원리는 러시아의 나무로 된 인형들이 다른 인형 안에 각각 포개어지는 것을 보고 만들어졌다.

> 예 · 계량 컵이나 계량 스푼
> · 기름 탱크의 이중 벽

(8) 무게보상(Weight Compensation)

시스템이나 대상물의 무게를 상쇄시키기 위하여, 양력을 제공하는 다른 대상물과 결합한다.

> 예 회사는 판매가 지지부진한 제품을 잘 팔리는 제품과 묶어서 판매함으로써 매출을 증대 시킨다.

(9) 선행 반대 조치(Preliminary counteraction)

해로운 효과와 유용한 효과가 함께 작용할 필요가 있다면, 이 작용은 해로운 효과를 제어하기 위해 반대 작용으로 변경되어야 한다.

> 예 · 변화와 혁신은 일반적으로 조직에서 저항을 받게 된다. 그러나 영향력 있는 사람들을 끌어들이면 그들이 변화의 계획 수립에 잘 참여하게 되고 두려워하지 않게 된다.
> · 필기시험을 치르기 전에 '정직서약서'에 사인을 하게 하면 부정행위가 줄어든다.

(10) 선행 조치(Preliminary action)

대상물 또는 시스템의 필요한 변화는 요구가 있기 전에 부분, 혹은 전체로 사전에 준비하여 그것을 시행한다.

> 예 • TV방송 출연 요리사는 항상 모든 재료를 사전에 계량하여 깔끔한 작은 접시에 담아둔다.
> • 시장 조사를 하고, 다가올 미래에 대해 연구하며, 변화에 대비하여 준비금을 마련한다.

(11) 사전 보상(Beforehand Compensation)

시간이 지나 대상물 또는 시스템의 신뢰도가 상대적으로 낮아지는 것을 보상하기 위해서 사전에 비상수단을 준비한다.

> 예 상가분양시 5년 동안 '연 10% 수익 보장' 광고

(12) 높이 맞추기(Equipotentiality)

위치 에너지에 맞서서 일해야 하는 필요성을 제거하기 위해 동작 조건을 변경한다.

> 예 계층적 조직을 좀 더 수평적인 조직으로 변경한다.

(13) 다른 길로 돌아가기(The other way around), [반대로 하기(do it in reverse)]

문제 해결에 사용되는 작용을 반대로 한다. 움직일 수 있는 부분은 고정시키고 고정된 부분은 움직이게 한다.

> 예 • 패스트 푸드 대신 슬로우 푸드
> • 늘어나는 출퇴근 시간 대신에 재택근무
> • 팀원들이 팀장 평가하기

(14) 곡률증가(Curvature increase)

정사각형, 직사각형, 정육면체, 도는 평평한 부품, 또는 외형을 이용하는 대신에 곡선 또는 둥근 형태를 이용한다. 평면을 구면으로 바꾼다.

> 예 • 팀 리더를 돌아가면서 하기
> • 가구를 운반할 때 사용하는 다리 바퀴는 원통형 바퀴에서 공 모양으로 바뀜

(15) 동적 부품(Dynamic parts)[역동성 (dynamicity)]

대상물 또는 시스템을 각각 상대적으로 움직일 수 있는 부분으로 갈라놓는다.

> 예 카페테리아식 보험은 직원들이 원하는 보험의 종류, 건강 적용 범위를 선택하게 해줌

(16) 과부족 조치(Partial or excessive actions)

100% 만족스런 효과를 얻기 힘들면 어느 정도의 효과를 거두는 대신 문제를 단순화한다.

> 예 아동수당은 '만 7세 미만 모든 아동'으로 확대되었는데, 소득 수준에 따른 지급대상 구별에 들어가는 과정이 복잡하여 일괄 지급으로 변경

(17) 차원 바꾸기(Dimensionality change)

2차원 또는 3차원 공간으로 대상물 또는 시스템을 이동한다.

> 예 • 3차원 사진인 홀로그램
> • 3차원 효과가 있는 VR 체험

(18) 기계적 진동(Mechanical vibration)

대상물 또는 시스템을 진동하게 한다.

예 • 소리 대신에 진동은 이동 전화에서 전화 또는 메시지의 착신을
알려줌
• 알람신호

(19) 주기적 작동(Periodic action)

연속적인 작동 대신에 주기적인 또는 맥동적인 작동을 이용한다. 만
일 작동이 이미 주기적이라면 주기의 크기 또는 주파수를 변경한다.

예 • 정오 시간의 낮잠은 지적 작업의 효율을 높여준다고 연구자들
은 제안함
• 작업 도중 휴식 시간을 교육에 이용

(20) 유익한 작용의 지속(Continuity of useful action)

작업을 지속적으로 수행하며, 대상물 또는 시스템의 모든 부품을 항
상 최대 부하에서 작동시킨다. 쉬거나 간헐적인 작용은 모두 제거한다.

예 • 이동하면서 공부하기
• 무단 변속기(CVT)
• 집중 워크샵(Intensive Workshop)

(21) 서두르기(Hurrying)

작업공정중 파괴적이거나, 해롭고 위험한 공정단계를 고속으로 처리
한다.

예 • 우유를 저온 살균하는 전통적인 방법은 15초 동안 72℃까지 가
열하는 것이지만 초고온 살균법은 단지 2초 동안 138℃까지 가
열하여, 우유의 저장시간을 증가시킨다.

- 사업에서 천천히 완전한 작업을 수행하는 것보다 때로는 신속하게 행하는 것이 더 중요할 수도 있다. 시장 1등의 중요성은 새로운 표준을 확립하기 위한 e-비즈니스 경제에 대한 많은 연구에서 강조되고 있음

(22) 전화위복("Blessing in disguise"), [해로움을 이로움으로(Convert harm into benefit)

전화위복은 "레몬을 레몬수"로 만드는 것과 같다. 긍정적인 효과를 얻기 위해서 해로운 인자(특히 환경이나 주위의 해로운 효과)를 사용한다.

<blockquote>
예
- 조직에서 불평과 파괴적인 비판은 부정적인 "부담"이지만 이것이 조절되고 해결되면 긍정 변화를 가져옴
- 특정 시장에서 경쟁력이 부족하여 일찍 빠져 나온 것이 더 큰 파산을 막는 계기가 됨
- 예방접종은 해로운 바이러스로부터 인간을 보호하기 위해서 해로운 바이러스를 어떻게 다루어야 하는지를 가르쳐주는 고전적인 예임
</blockquote>

(23) 피드백(Feedback)

프로세스 또는 작동 방식을 개선하기 위해서 피드백을 도입한다. 만약 피드백이 이미 사용되고 있다면, 그 크기 또는 영향력을 강화시킨다.

예 강의 평가 비중을 업적평가에서 강화시킨다.

(24) 매개체(Intermediary)

중간매개 전달자 또는 중간매개 공정을 사용한다.

- 예 •중립적인 제삼자는 힘든 협상의 매개체 역할을 할 수 있다. 판매 촉진을 위해서 소비자가 공평한 전문가라고 인정하는 중개자를 추천할 수 있다.
  - •최저임금위원회

(25) 셀프서비스(Sel Self Service)

대상물이나 시스템이 유용한 보조기능을 수행하게 함으로써 스스로 서비스하게 한다.

- 예 •셀프서비스 패스트 푸드 식당
  - •어떤 검색 엔진은 웹 사이트를 사용하는 빈도를 가지고 품질의 척도로 쓰며, 더 많은 사람이 방문할수록 더 높은 추천 순위를 기록한다. 이것은 피드백과 셀프서비스의 조합이다.

(26) 복제(Copying)

이용할 수 없거나 비싸거나 깨지기 쉬운 물건 대신에 간단하고 값싼 복제물을 사용한다.

- 예 •실제 모형 대신 가상 모형을 사용
  - •직접 측정하는 대신 사진으로 측정
  - •대상물 대신에 모의실험을 사용한다. 이것은 제품이나 서비스 뿐만 아니라 많은 비즈니스 과정에 적용됨
  - •출장 가는 대신 화상 회의
  - •희귀한 고서적이나 문서 등은 스캔을 하면 모두 사람들이 다 열람할 수 있고 원본도 보존할 수 있음

(27) 값싼 일회용품(Cheap disposables)

어떤 품질은 손해 보면서 몇 개의 값싼 물건으로 비싼 물건을 대체한다.

예 •일회용 종이와 플라스틱 식기

•일회용 수술 도구, 장갑

(28) 기계적 상호작용의 대체(Mechanical interaction substitution)

기계적인 방법을 감각(광학, 음향, 맛 또는 냄새) 방법으로 대체한다.

예 •우리는 의사소통과 비즈니스에서 새로운 상호작용이 증가하는 것을 볼 수 있다. 인간 사회가 시작되었을 때 모든 대화는 얼굴을 맞대고 했지만 지금은 글, 전신, 전화, 팩스, 전자우편, 화상 회의 그리고 그 밖의 다른 수단으로 대화를 한다.

•서식을 채우는 대신 터치스크린 방식으로 소매 소비자가 데이터를 입력함

(29) 공기압과 수압(Pneumatics and hydraulics)

대상물 또는 시스템의 고형 부품 대신에 기체 또는 액체(예를 들면 공기로 부풀리기, 액체로 채우기, 공기쿠션, 액체 정역학)를 사용한다.

(30) 유연한 막과 얇은 필름(Flexible shells and thin films)

3차원 구조물 대신에 유연한 막과 얇은 필름을 사용한다. 유연한 막과 얇은 필름을 사용하여 대상물 또는 시스템을 외부 환경과 격리한다.

예 음료용의 무거운 유리병은 알루미늄 같은 얇은 금속 또는 얇은 플라스틱 재료로 만든 캔으로 대체되었다. 음료의 압력은 캔을 단단하게 만든다. 강도가 약해지지 않으면서 무게가 감소된다.

(31) 다공질 재료(Porous materials)

대상물을 다공질 재료로 만들거나 다공질 재료를 첨가한다(삽입, 코팅 등).

> 예 첨단 기술의 극세사는 이제 잘 알려져 있다. 작은 구멍은 물의 통과는 막지만, 습기의 증발은 가능하다.

(32) 광학특성 변경(Optical property changes)

대상물 또는 그 외부 환경의 색깔이나 투명도를 변경한다.

> 예 •기업 색깔의 창조(맞춤 색깔의 사용으로 강력한 브랜드 이미지를 창출한다.) 삼성은 파란색, SK는 빨간색, S−OIL은 노란색
> •비즈니스 스쿨의 사례 연구는 종종 위기관리의 형태로서 투명한 기업의 행동에 대한 존슨 앤 존슨의 사례를 인용한다. 타이레놀 제품에 혼입 사건 문제가 있었을 때, 회사는 즉시 약을 회수하고 그 사실에 대한 모든 정보를 사람들에게 알려주었다. 그러한 상황에 대한 빠르고 정직한 발표로 타이레놀은 명예 회복이 되었고, 회사는 좋은 이미지를 유지하게 되었다.

(33) 동질성(Homogeneity)

대상물을 똑같은 재료 또는 동일한 특성을 가진 팀과 상호작용을 하게 한다.

> 예 •같은 곳에 배치된 프로젝트 팀
> •복지시설 종사자 협의회

(34) 폐기와 재생(Discarding and recovering)

기능을 완수한 대상물의 일부를 폐기하거나 작동하는 도중에 그것을 변경시킨다.

> 예 비즈니스에서 프로젝트 조직은 폐기와 재생의 좋은 예이다. 좋은 프로젝트는 끝마쳐야만 하고, 조직은 결국 해체될 것이다. 그 조직원들은 새로운 프로젝트에서 다시 자신의 기술을 사용할 수 있다. 모든 업무에서 지식과 기술은 일하는 동안과 재교육을 받는 동안에 직접적으로 새로워지고 개선될 수 있음

(35) 파라미터 변경(Parameter changes)

대상물의 물리적 상태를 바꾼다. 농도 또는 밀도를 바꾼다. 유연성의 정도를 바꾼다.

> 예 고객 주문 생산 시스템은 고객 자신이 원하는 것에 딱 맞게 제품을 설계할 수 있도록 더 많은 유연성을 고객에게 부여함

(36) 상태전이(Phase transitions)

상태전이 과정에서 생기는 현상을 이용한다. 예를 들면 부피변화, 열의 손실 또는 흡수 등이다.

> 예 • 조직이 구조 변경을 할 때(인수와 합병 또는 내부 변화), 이에 수반되는 현상은 상태전이에 있어서의 열과 유사하다. 즉, 많은 혼란이 있게 된다. 이 혼란 기간을 이용하기 위한 건설적인 방법은 새로운 전략으로 비즈니스 시스템을 배열하는 새로운 방식 찾기, 고객 또는 공급자와 새로운 제휴 맺기, 그리고 쓸모없는 관습 폐기하기 등을 포함
> • 프로젝트의 각 단계, 즉 개념화 – 출생 – 발전 – 성숙 – 쇠퇴 단계상의 모든 요구 사항을 알아차림

(37) 열팽창(Thermal expansion)

물질의 열팽창(또는 수축)을 이용한다.

예 특정 신상품에 대한 소비자들의 열광적 반응과 급격한 냉각주기를 살펴 변화를 추구함

(38) 강산화제(Strong Oxidants)

일반 공기를 산소가 풍부한 공기로 대체한다. 산소가 풍부한 공기를 순수 산소로 대체한다.

예 강의 형태의 교육 훈련 대신 모의실험과 놀이 등을 사용함

(39) 불활성 환경(Inert atmosphere)

보통의 환경을 불활성 환경으로 바꾼다.

예 고립된 장소로 들어가 일정기간 동안 외부환경과 소통을 단절하고 특정 문제에 대해 생각을 몰입함

(40) 복합 재료(Composite materials)

균일 재료를 복합(다층)재료와 시스템으로 바꾼다.

예 조직에서 각 전문 분야 협력의 프로젝트 팀이 한 분야의 전문가 집단들보다 더 효과적인 경우가 가끔 있다. 마케팅, 교육, 학습 및 오락에서도 한 가지 매체실행 보다 멀티미디어 프레젠테이션이 훨씬 더 나음

1. 의사결정은 흔히 결과에 집착하기 쉽지만 과정에 보다 집중해야 한다. 과정이 옳지 않은 좋은 결과란 확률적으로 기대하기 어렵기 때문이다. 또한 의사결정 과정이 체계화되어야 더욱 효과적이고 의사결정의 질이 일관성을 유지하게 된다. 프로세스가 제대로 정립되지 않으면 의사결정은 운이나 외부적인 통제불가 요소에 의해 좌지우지되기 쉽게 된다.

2. 의사결정 프로세스 5단계는 의사결정의 목표를 선정한 후 첫째, 과정에서 성공으로 이끄는 환경을 조성하고, 둘째, 쟁점의 프레임을 명확히 파악하며, 셋째, 여러 가지 대안을 탐색하고, 넷째, 각각의 대안을 평가하며, 끝으로 최선의 대안을 선택하는 것을 의미한다.

3. 창의적 사고와 문제해결을 위해서는 수평적(입체적) 사고를 통한 접근이 중요하다. 이는 많은 경우 창의적인 해결책은 일반적인 인식의 틀에서 벗어나야 보이는 경우가 많기 때문이다. 또한 창의적 사고과정은 준비단계, 숙성단계, 부화단계, 검증단계의 순서를 거치게 된다.

4. 창의적 문제해결 기법에는 대표적으로 TRIZ, Design Thinking, 등이 있다. TRIZ 기법은 시스템의 모순의 해결을 통한 창의적 문제해결을 도모하는 기법인데 모순에는 기술적 모순(절충모순)과 물리적 모순(고유모순)이 대표적이다. 이러한 모순해결 방식으로 분리, 통합 등을 포함한 40개 문제해결원리를 제시하고 있다.

5. 디자인 씽킹 기법은 공감하기, 문제정의하기, 아이디어 생성하기, 프로토타입 만들기, 테스트하기 등의 일련의 과정으로 이루어진 창의적 문제해결 기법이다.

01 의사결정 프로세스(과정) 단계에 대한 기술로 틀린 것은?

① 1단계: 의사결정 친화적 환경조성

② 2단계: 쟁점프레임의 명확화

③ 3단계: 목표설정

④ 4단계: 대안평가

02 의사결정 결과를 결정하는 요인으로 보기 어려운 것은?

① 의사결정자의 결정

② 결정 내용의 실행

③ 대안의 수

④ 외부요소와 운

03 의사결정 프로세스(과정)에서 대안을 평가할 때 고려해야 할 변수에 대한 설명으로 바르지 않은 것은?

① 비용: 이 대안은 우리 예산 범위 내에서 가능한가?

② 재정적 효과: 이익을 순현재가치로 따지면 실질적인 효과가 나오는가?

③ 무형 자산: 대안을 이행할 경우 조직의 명성에 도움이 되는가?

④ 자원: 극복해야 할 장애물은 없는가?

정답 01 ③ 02 ③ 03 ④

04 다음 보기에서 설명하는 합리적 의사결정을 하기 위한 요인은 무엇인가?

> 의사결정자가 주어진 문제를 어떻게 보는지의 관점을 결정하고, 그
> 에 따라 중요한 정보는 무엇이고 중요하지 않은 정보는 무엇인지를
> 결정한다. 그리고 주어진 대안들 중 어느 대안이 더 나은지를 결정할
> 예비적인 준거도 마련해 준다.

① 결정의 틀 짓기
② 확증편향
③ 사회적 검증
④ 가용성 편향

05 의사결정 방식에 대한 사전 합의 결정방식으로 적합하지 않은 것은?

① 제한적 합의
② 쟁점부각
③ 다수결
④ 지시적 리더십

정답 ㅣ 04 ① 05 ②

06 창의적 문제해결을 하기 위한 방법으로 바르지 않은 것은?

① 사고의 틀을 유연하게 한다.

② 수직적 사고를 한다.

③ 수평적 사고를 한다.

④ 고정관념을 버린다.

07 수평적 사고에 대한 설명으로 바르지 않은 것은?

① 수평적 사고는 무엇이 다른지 찾는다.

② 신중히 고려해 한 번에 한 단계씩 사고의 단계를 넘는다.

③ 뜻밖의 기회를 적극 활용한다.

④ 전혀 아닐 것 같은 방향을 탐구한다.

08 트리즈기법의 모순의 종류에 해당하지 않는 것은?

① 환경적 모순

② 행정적 모순

③ 기술적 모순

④ 물리적모순

정답   06 ②   07 ②   08 ①

09 　디자인 씽킹의 순서가 바르게 된 것은?

　　① 문제정의 – 아이디어 생성 – 공감하기 – 프로토타입 – 테스트

　　② 문제정의 – 공감하기 – 아이디어 생성 – 테스트 – 프로토타입

　　③ 공감하기 – 문제정의 – 아이디어 생성 – 프로토타입 – 테스트

　　④ 공감하기 – 문제정의 – 프로토타입 – 아이디어 생성 – 테스트

정답　09 ③

기획재정부. 「열린재정」, WWW.openfiscaldata.go.kr

김명언·최인철 (역) (2010). 「이기는 결정」, 학지사. 원저: J. Edward Russo & P. j. H Schoemaker, 「Winning Decisions」 (Doubleday, a division of Random House, Inc, 2001).

노화준 (2012). 「정책학원론」. 서울. 박영사.

두행숙 (역) (2012). 「스마트한 생각들」, 걷는나무. 원저: Rolf Dobelli, (Die) Kunst des klaren Denkens(Carl Hanser Verlag, Munich/FRG, 2012).

송일 (역) (2001). 「75가지 위대한 결정」, 더난출판사, 원저: Stuart Crainer, 「THE 75 GREATEST MANAGEMENT DECISIONS EVER MADE and 21 of the Worst」 (AMACOM, a division of the American Management Association, International, 1999).

신정호 (2017). 「트리즈 씽킹」, 와우팩토리

윤석철 (1993). 「계량적 세계관과 사고체계」, 경문사.

이순희 (역) (2006). 「판단력 강의 101」, 에코의 서재, 원저: David R. Henderson and Charles L. Hopper, 「MAKING GREAT DECISIONS IN BUSINESS AND LIFE」(David R. Henderson and Charles L. Hopper, 2006).

임재주 (역) (2007). 「경영의 완성 의사 결정의 기술」, 웅진윙스. 원저: Harvard Business School, 「HARVARD BUSINESS ESSENTIALS Decision Making」 (Harvard Business School Publishing Corporation, 2005).

전상경 (2005). 「정책분석의 정치경제」. 서울. 박영사.

정철현 (2001)「행정의사결정론」, 다산출판사.

정정길 (2005). 정책학원론, 대명출판사.

조영지 (역) (2008). 「명쾌한 의사결정·문제해결」, 비즈니스맵. 원저: John Adair, Decision Making & Problem Solving Strategies(John Adair, 2007).

조준동 (2015). 「창의융합 프로젝트 아이디어북」, 한빛아카데미.

중앙일보, 중앙SUNDAY

현호형 (역) (2019). 「하버드 디자인 씽킹 수업」, 유엑스리뷰. 원저: Idris Mootee, Design Thinking for Strategic Innovation (2019).

Allison, G.T (1971). *Essence of Decision: Explaining the Cuban Missile Crisis*. Boston: Little, Brown and Company.

Baybrooke, D. and C. E. Lindblom. (1963). *A Strategy of Decision*. New York: Free Press.

Buchanan, J. M., and G. Tullock. (1962). *The Calculus of Consent*. Ann Arbor: University of Michigan Press.

Cohen, M., J. March, and J. Olsen (1972). "A Garbage Can Model of Organizational Choice," *Administrative Science Quarterly* 17, 1: 1−25.

Cyert, R. M. and James G. March. (1963). *A Behavioral Theory of the Firm*. N.Y.: Prentice Hall.

Dan Locallo and Daniel Kahneman, July (2003). Delusions of Success: How Optimism Undermines Executives' Decisions, *Harvard Business Review*.

Dearlove, Des., (1998). "Key Management Decisions", *Financial Times*. London

Davis, M. D. (1970). *Game theory, A Nontechnical Introduction*. New York: Basic Books.

Downs, Anthony (1972). "Up and Down with Ecology−the Issue−Attention Cycle," *The Public Interest* 28: 38−50.

Dye, Thomas R. (2005). *Understanding Public Policy* (11th ed.). Englewood Cliffs, N. J.: Prentice−Hall, Inc.

Easton, David. (1965). *A Framework for Political Analysis*. Englewood Cliffs, N.J.: Prentice−Hall, Inc.

Edward de Bono, (2005). *The Five Day Course in Thinking*. Vermilion.

Etzioni, Amitai (1967). "Mixed−Scanning: A 'Third'Approach to Decision-Making", *Public Administration Review* 27:385−92.

Harmon, Michael., (1986). *Organization Theory for Public Administration*, Little Brown

Henry, Nicholas. (1989). *Public Administration and Public Affairs*. 4th ed. Englewood Cliffs, New Jersey: Prentice−Hall, Inc.

James Surowiecki, (2004). *The Wisdom of Growds*, New York: Doubleday.

Lindblom, Charles (1959). "The Science of Muddling Through," *Public Administration Review* 19:79－88.

Matheson. David, & Matheson. Jim., (1988). *The Smart Organization*, Boston: Havard Business School Press.

Nigro & Nigro, *Modern Public Administration*, (1980). Harper &Row

Pfeffer Jeffrey, (1992). *Managing with Power*, Havard Business Review Press.

Scott Plous, (1993). *The Psychology of Judgment and Decision making*, New York: McGraw－Hill.

Simon, H. A. (1995). "A Behavioral Model of Rational Choice," *Quarterly Journal of Economics* 69, 1: 99－118.

Treffinger, D. J, Isaksen, S. G & Dorval, K. B., (2006). *Creative Problem Solving*, CCL., FL.

Wilson, James Q. (1980). *American Government: Institutions and Politics*. Lexington, Mass.: D.C. Heath and Co.

일시지출현재가치(Single Payment Present Worth Factor)

n	0.75%	1%	1.50%	2%	2.50%	3%	4%
1	0.9926	0.9901	0.9852	0.9804	0.9756	0.9709	0.9615
2	0.9852	0.9803	0.9707	0.9612	0.9518	0.9426	0.9246
3	0.9778	0.9706	0.9563	0.9423	0.9286	0.9151	0.889
4	0.9706	0.961	0.9422	0.9238	0.906	0.8885	0.8548
5	0.9633	0.9515	0.9283	0.9057	0.8839	0.8626	0.8219
6	0.9562	0.942	0.9145	0.888	0.8623	0.8375	0.7903
7	0.949	0.9327	0.901	0.8706	0.8413	0.8131	0.7599
8	0.942	0.9235	0.8877	0.8535	0.8207	0.7894	0.7307
9	0.935	0.9143	0.8746	0.8368	0.8007	0.7664	0.7026
10	0.928	0.9053	0.8617	0.8203	0.7812	0.7441	0.6756
11	0.9211	0.8963	0.8489	0.8043	0.7621	0.7224	0.6496
12	0.9142	0.8874	0.8364	0.7885	0.7436	0.7014	0.6246
13	0.9074	0.8787	0.824	0.773	0.7254	0.681	0.6006
14	0.9007	0.87	0.8118	0.7579	0.7077	0.6611	0.5775
15	0.894	0.8613	0.7999	0.743	0.6905	0.6419	0.5553
16	0.8873	0.8528	0.788	0.7284	0.6736	0.6232	0.5339
17	0.8807	0.8444	0.7764	0.7142	0.6572	0.605	0.5134
18	0.8742	0.836	0.7649	0.7002	0.6412	0.5874	0.4936
19	0.8676	0.8277	0.7536	0.6864	0.6255	0.5703	0.4746
20	0.8612	0.8195	0.7425	0.673	0.6103	0.5537	0.4564
21	0.8548	0.8114	0.7315	0.6598	0.5954	0.5575	0.4388
22	0.8484	0.8034	0.7207	0.6468	0.5809	0.5219	0.422
23	0.8421	0.7954	0.71	0.6342	0.5667	0.5067	0.4057
24	0.8358	0.7876	0.6995	0.6217	0.5529	0.4919	0.3901
25	0.8296	0.7798	0.6892	0.6095	0.5394	0.4776	0.3751
26	0.8234	0.772	0.679	0.5976	0.5262	0.4637	0.3607
27	0.8173	0.7644	0.669	0.5859	0.5134	0.4502	0.3468
28	0.8113	0.7568	0.6591	0.5744	0.5009	0.4371	0.3335
29	0.8052	0.7493	0.6494	0.5631	0.4887	0.4243	0.3207
30	0.7992	0.7419	0.6398	0.5521	0.4767	0.412	0.3083
31	0.7932	0.7346	0.6303	0.5412	0.4651	0.4	0.2965
32	0.7873	0.7273	0.621	0.5306	0.4538	0.3883	0.2851
33	0.7815	0.7201	0.6118	0.5202	0.4427	0.377	0.2741
34	0.77757	0.713	0.6028	0.51	0.4319	0.366	0.2636
35	0.7699	0.7059	0.5939	0.5	0.4214	0.3554	0.2534
40	0.7416	0.6717	0.5513	0.4529	0.3724	0.3066	0.2083
45	0.7145	0.6391	0.5117	0.4102	0.3292	0.2644	0.1712
50	0.6883	0.608	0.475	0.3715	0.2909	0.2281	0.1407

일시지출 현재가치(Single Payment Present Worth Factor)

n	5%	6%	8%	10%	12%	15%	20%
1	0.9524	0.9434	0.9259	0.9091	0.8929	0.8696	0.8333
2	0.907	0.89	0.8573	0.8264	0.7972	0.7561	0.6944
3	0.8638	0.8396	0.7938	0.7513	0.7118	0.6575	0.5787
4	0.8227	0.7921	0.735	0.683	0.6335	0.5718	0.4823
5	0.7835	0.7473	0.6806	0.6209	0.5674	0.4972	0.4019
6	0.7462	0.705	0.6302	0.5645	0.5066	0.4323	0.3349
7	0.7107	0.6651	0.5835	0.5132	0.4523	0.3759	0.2791
8	0.6768	0.6274	0.5403	0.4665	0.4039	0.3269	0.2326
9	0.6446	0.5919	0.5002	0.4241	0.3606	0.2843	0.2938
10	0.6139	0.5584	0.4632	0.3855	0.322	0.2472	0.1615
11	0.5847	0.5268	0.4289	0.3505	0.2875	0.2149	0.1346
12	0.5568	0.497	0.3971	0.3186	0.2567	0.1869	0.1122
13	0.5303	0.4688	0.3677	0.2897	0.2292	0.1625	0.0935
14	0.5051	0.4423	0.3405	0.2633	0.2046	0.1413	0.0779
15	0.481	0.4173	0.3152	0.2394	0.1827	0.1229	0.0649
16	0.4581	0.3936	0.2919	0.2176	0.1631	0.1069	0.0541
17	0.4363	0.3714	0.2703	0.1978	0.1456	0.0929	0.0451
18	0.4155	0.3503	0.2502	0.1799	0.13	0.0808	0.0376
19	0.3957	0.3305	0.2317	0.1635	0.1161	0.0703	0.0313
20	0.3769	0.3118	0.2145	0.1486	0.1037	0.0611	0.0261
21	0.3589	0.2942	0.1987	0.1351	0.0926	0.0531	0.0217
22	0.3418	0.2775	0.1839	0.1228	0.0826	0.0462	0.0181
23	0.3256	0.2618	0.1703	0.1117	0.0738	0.0402	0.0151
24	0.3101	0.247	0.1577	0.1015	0.0659	0.0349	0.0126
25	0.2953	0.233	0.1406	0.0923	0.0588	0.0304	0.0105
26	0.2812	0.2198	0.1352	0.0839	0.0525	0.0264	0.0087
27	0.2678	0.2074	0.1252	0.0763	0.0469	0.023	0.0073
28	0.2551	0.1956	0.1159	0.0693	0.0419	0.02	0.0061
29	0.2429	0.1846	0.1073	0.063	0.0374	0.0174	0.0051
30	0.2314	0.1741	0.0994	0.0573	0.0334	0.0151	0.0042
31	0.2204	0.1643	0.092	0.0521	0.298	0.0131	0.0035
32	0.2099	0.155	0.0852	0.0474	0.0266	0.0114	0.0029
33	0.1999	0.1462	0.0789	0.0431	0.0238	0.0099	0.0024
34	0.1904	0.1379	0.073	0.0391	0.0212	0.0086	0.002
35	0.1813	0.1301	0.0676	0.356	0.0189	0.0075	0.0017
40	0.142	0.0972	0.046	0.0221	0.0107	0.0037	0.0007
45	0.113	0.0727	0.0313	0.0137	0.0061	0.0019	0.0003
50	0.0872	0.0543	0.0213	0.0085	0.0035	0.0009	0.0001

계속지출 현재가치(Uniform Series Present Worth Factor)

n	0.75%	1%	1.50%	2%	2.50%	3%	4%
1	0.9926	0.9901	0.9852	0.9804	0.9756	0.9709	0.9615
2	1.9777	1.9704	1.9559	1.9416	1.9274	1.9135	1.8861
3	2.9556	2.941	2.9122	2.8839	2.856	2.8286	2.7751
4	3.9261	3.902	3.8544	3.8077	3.762	3.7171	3.6299
5	4.8894	4.8534	4.7826	4.7135	4.6458	4.5797	4.4518
6	5.8456	5.7955	5.6972	5.6014	5.5081	5.4172	5.2421
7	6.7946	6.7282	6.5982	6.472	6.3494	6.2303	6.0021
8	7.7366	7.6517	7.4859	7.3255	7.1701	7.0197	6.7327
9	8.6716	8.566	8.3605	8.1622	7.9709	7.7861	7.4353
10	9.5996	9.4713	9.2222	8.9826	9	8.5302	8.1109
11	10.5207	10.3676	10.0711	9.7868	9.5142	9.2526	8.7605
12	11.4339	11.2551	10.9075	10.5753	10.2578	9.954	9.3851
13	12.3423	12.1337	11.7315	11.3484	10.9832	10.635	9.9856
14	13.243	13.0037	12.5434	12.1062	11.6909	11.2961	10.5631
15	14.137	13.8651	13.3432	12.8493	12.3814	11.9379	11.1184
16	15.0243	14.7179	14.1313	13.5777	13.055	12.5611	11.6523
17	15.905	15.5623	14.9076	14.2919	13.7122	13.1661	12.1657
18	16.7792	16.3983	15.6726	14.992	14.3534	13.7535	12.6593
19	17.6468	17.226	16.4262	15.6785	14.9789	14.3238	13.1339
20	18.508	18.0456	17.1686	16.3514	15.5892	14.8775	13.5903
21	19.3628	18.857	17.9001	17.0112	16.1845	15.415	14.0292
22	20.2112	19.6604	18.6208	17.658	16.7654	15.9369	14.4511
23	21.0533	20.4558	19.3309	18.2922	17.3321	16.4436	14.8568
24	21.8891	21.2434	20.0304	18.9139	17.885	16.9355	15.247
25	22.7188	22.032	20.7196	19.5235	18.4244	17.4131	15.6221
26	23.5422	22.7952	21.3986	20.121	18.9506	17.8768	15.9828
27	24.3595	23.5596	22.0676	20.7069	19.464	18.327	16.3296
28	25.1707	24.3164	22.7267	21.2813	19.9649	18.7641	16.6631
29	25.9759	25.0658	23.3761	21.8444	20.4535	19.1885	16.9837
30	26.7751	25.8077	24.0158	22.3965	20.9303	19.6004	17.292
31	27.5683	26.5423	24.6461	22.9377	21.3954	20.0004	17.5885
32	28.3557	27.2696	25.2671	23.4683	21.8492	20.3888	17.8736
33	29.1371	27.9897	25.879	23.9886	22.2919	20.7658	18.1476
34	29.9128	28.7027	26.4817	24.4986	22.7238	21.1318	18.4112
35	30.6827	29.4086	27.0756	24.9986	23.1452	21.4872	18.6646
40	34.4469	32.8347	29.9158	27.3555	25.1028	23.1148	19.7928
45	38.0732	36.0945	32.5523	29.4902	26.833	24.5187	20.72
50	41.5664	39.1961	34.9997	31.4236	28.3623	25.7298	21.4822

계속지출현재가치(UniformSeriesPresentWorthFactor)

n	5%	6%	8%	10%	12%	15%	20%
1	0.9524	0.9434	0.9259	0.9091	0.8929	0.8696	0.8333
2	1.8594	1.8334	1.7833	1.7355	1.6901	1.6257	1.5278
3	2.7232	2.673	2.5771	2.4869	2.4018	2.2832	2.1065
4	3.546	3.4651	3.3121	3.1699	3.0373	2.8555	2.5887
5	4.3295	4.2124	3.9927	3.7908	3.6048	3.3522	2.9906
6	5.0757	4.9173	4.6229	4.3553	4.1114	3.7845	3.3255
7	5.7864	5.5824	5.2064	4.8684	4.5638	4.1604	3.6046
8	6.4632	6.2098	5.7466	5.3349	4.9676	4.4873	3.8372
9	7.1078	6.8017	6.2469	5.759	5.3282	4.7716	4.031
10	7.7217	7.3601	6.7101	6.1446	5.6502	5.0188	4.1925
11	8.3064	7.8869	7.139	6.4951	5.9377	5.2337	4.3271
12	8.8633	8.3838	7.5361	6.8137	6.1944	5.4206	4.4392
13	9.3936	8.8527	7.9038	7.1034	6.4235	5.5831	4.5327
14	9.8986	9.295	8.2442	7.3667	6.6282	5.2745	4.6106
15	10.3797	9.7122	8.5595	7.6061	6.8109	5.8474	4.6755
16	10.8378	10.1059	8.8514	7.8237	6.974	5.9542	4.7296
17	11.2741	10.4773	9.1216	8.0216	7.1196	6.0472	4.7746
18	11.6896	10.8276	9.3719	8.2014	7.2497	6.128	4.8122
19	12.0853	11.1581	9.6036	8.3649	7.3658	6.1982	4.8435
20	12.4622	11.4699	9.8181	8.5136	7.4694	6.2593	4.8696
21	12.8212	11.7641	10.0168	8.6487	7.562	6.3125	4.8913
22	13.163	12.0416	10.2007	8.7715	7.6446	6.3587	4.9094
23	13.4886	12.3034	10.3711	8.8832	7.7184	6.3988	4.9245
24	13.7986	12.5504	10.5288	8.9847	7.7843	6.4338	4.9371
25	14.0939	12.7834	10.6748	9.077	7.8431	6.4641	4.9476
26	14.3752	13.0032	10.81	9.1609	7.8957	6.4906	4.9563
27	14.643	13.2105	10.9352	9.2372	7.9426	6.5135	4.9636
28	14.8981	13.4062	11.0511	9.3066	7.9844	6.5335	4.9697
29	15.1411	13.5907	11.1584	9.3696	8.0218	6.5509	4.9747
30	15.3725	13.7648	11.2578	9.4269	8.0552	6.566	4.9789
31	15.5928	13.9291	11.3498	9.479	8.085	6.5791	4.9824
32	15.8027	14.084	11.435	9.5264	8.1116	6.5905	4.9854
33	16.0025	14.2302	11.5139	9.5694	8.1354	6.6005	4.9878
34	16.1929	14.3681	11.5869	9.6086	8.1566	6.6091	4.9898
35	17.1591	14.4982	11.6546	9.6442	8.1755	6.6166	4.9915
40	17.7741	15.0463	11.9246	9.7791	8.2438	6.6418	4.9966
45	18.2559	15.4558	12.1084	9.8628	8.2825	6.6543	4.9986
50	18.6335	15.7619	12.2335	9.9143	8.3045	6.6605	4.9995

저자소개

박종구(朴鍾九)

pparkcg@kw.ac.kr

경희대학교 행정학과 졸업
Florida State University 행정학박사(Ph.D)

광운대학교 행정학과 교수
광운대학교 학생처장, 교무처장
사회과학대학장, 중앙도서관장
상담복지정책대학원장, 대학원장

한국행정학회 부회장
전국행정대학원장협의회 회장
행정고시, 입법고시 출제위원
각종 정부자문 및 평가위원

의사결정과 문제해결(박영사, 2019)
유비쿼터스 행정서비스(들샘, 2007)
정부개혁의 모델(공저, 지샘, 1999),
지방재정론(공저, 대영문화사, 1993)
외 논문 다수

의사결정과 문제해결

초판발행	2019년 8월 30일
지은이	박종구
펴낸이	안종만·안상준
편 집	전채린
기획/마케팅	이영조
표지디자인	이미연
제 작	우인도·고철민
펴낸곳	(주) **박영사**
	서울특별시 종로구 새문안로3길 36, 1601
	등록 1959. 3. 11. 제300-1959-1호(倫)
전 화	02)733-6771
f a x	02)736-4818
e-mail	pys@pybook.co.kr
homepage	www.pybook.co.kr
ISBN	979-11-303-0807-4 93350

정 가   26,000원

이 연구물은 2019년도 전반기 광운대학교 연구년 수행의 결과물임